Oliver Schubbe (Hg.)

# Therapeutische Hilfen gegen sexuellen Mißbrauch an Kindern

Mit einem Vorwort von
Andrew Vachss

Vandenhoeck & Ruprecht
Göttingen · Zürich

*Die Deutsche Bibliothek – CIP-Einheitsaufnahme*

*Therapeutische Hilfen gegen sexuellen Mißbrauch an Kindern /*
Oliver Schubbe (Hrsg.). Mit einem Vorw. von Andrew Vachss. –
Göttingen; Zürich:
Vandenhoeck und Ruprecht, 1994
ISBN 3-525-45763-4
NE: Schubbe, Oliver [Hrsg.]

Das Buch wird herausgegeben auf Initiative des Vereins
KIND IM ZENTRUM e.V., Berlin.

© 1994 Vandenhoeck & Ruprecht, Göttingen
Printed in Germany
Satz: Competext, Heidenrod
Druck und Einband: Hubert & Co., Göttingen

# Inhalt

# Vorwort

Die Rolle der Psychotherapie im Kampf gegen sexuellen Mißbrauch an Kindern zeigt ihre wunderbare Kraft, gebrochene Menschen aufzurichten, aber auch die in ihr verborgenen Gefahren. Wir können nicht erwarten, daß sexuell mißbrauchte Kinder aus sich heraus den Weg zur »Heilung« finden – die Dynamik und die Folgen sexuellen Mißbrauchs sind oft zu kompliziert und erfordern zu ihrer Behandlung eine besondere Kombination aus Empathie und Sachkenntnis, die gleichzeitig die Risiken im Auge behält. Erhält Therapie die Rolle eines Allheilmittels, das für Opfer und alle Arten von Mißbrauchern gleichermaßen gelten soll, so ist sie nicht nur zum Scheitern verurteilt, sondern verurteilt selbst unzählige Kinder wieder zu Opfern.

Die Fachmeinungen gehen auseinander. Neuerdings gipfelt die Darstellung in den Medien in überspannt polarisierten Sichtweisen, die in ihren Grundsätzen als quasi-religiös beschrieben werden müssen, weil sie jeder wissenschaftlichen Grundlage entbehren. Die eine »Schule« versucht, uns mit ungesicherten Statistiken zu ergötzen: »7 von 10 Kindern werden sexuell mißbraucht, bevor sie das Erwachsenenalter erreichen«, oder mit Verallgemeinerungen wie: »Kinder lügen nie über sexuellen Mißbrauch«. Den anderen Pol besetzt die Partei, die unverdrossen behauptet, sexueller Mißbrauch sei ein »Phantasieprodukt der Medien«, eine »moderne Hexenjagd«: in Wirklichkeit seien es die Helfer, die »Mißbrauch mit dem Mißbrauch« trieben. Solche Positionen kennzeichnen nicht verschiedene Punkte einer Skala, sondern Basislager verfeindeter Interessengruppen. Die Wahrheit liegt – wie so oft – in der Mitte.

Erwachsene, die Kinder sexuell mißbrauchen, lassen sich in drei Kategorien beschreiben: Zunächst gibt es die Unangepaßten und von ihrer Entwicklung her meist Jugendlichen, die von einer Vielzahl therapeutischer Maßnahmen profitieren können; andere leiden an genau abgrenzbaren psychischen Störungen und zeigen Verbesserungen in dem Maße, in dem Psychotherapie der zugrundeliegenden Störung begegnet. Eine dritte Gruppe ist böswillig – ein Begriff, der bei Therapeuten nicht gerade beliebt ist, der aber genau der Grundhaltung dieser Gruppe entspricht. Der böswillige Pädophile ist sozial gestört, zeigt eine chronisch fortschreitende Symptomatik, er ist »unheilbar« – zumal Psychotherapie aktive Beteiligung, nicht nur passive Teilnahme erfordert. Und diese kann niemandem gegen seinen Willen aufgezwungen werden.

Wir wissen, daß Kinder sexuell mißbraucht werden. Während wir systematisch unsere Kenntnisse erweitern, sind wir auf der anderen Seite mit rückschrittlichen Mythenbildungen konfrontiert. Der bekannteste dieser Mythen lautet, Gerichtsverfahren seien grundsätzlich schädlich für das Kind; Mißbraucher aber seien nur Kranke, die eine gewisse Pflege brauchten. So sehr sexueller Mißbrauch das Produkt von dysfunktionalen Familien, Mißbrauch von Alkohol und anderen Drogen oder von gestörten Psychen ist, eines ist er gewiß immer: ein Verbrechen. Wenn wir versäumen, ihn als solches zu behandeln, verharmlosen wir das Leid und die Angst unserer Kinder. In meiner täglichen Arbeit als Anwalt mißbrauchter Kinder in New York City sehe ich, wie die Kinder, die von therapeutischer wie von juristischer Seite gut vorbereitet und vertreten wurden, gestärkt – nicht traumatisiert – den Gerichtssaal verlassen. Die Fähigkeit, dem eigenen Unterdrücker in einer sicheren Umgebung gegenüberzutreten, die Gelegenheit, die Wahrheit ans Licht der Öffentlichkeit zu bringen und Zweifel zu verbannen, sind zu wertvoll, um sie aus äußeren Gründen einfach aufzugeben.

Insgesamt müssen wir alles bekannte Wissen nutzen, während wir nach neuem forschen. Therapie mit ehemaligen Opfern sexuellen Mißbrauchs hat sich bewährt. Sie kann Menschen und Familien in einen funktionalen Zustand zurückführen. Andererseits bietet die Therapie von Mißbrauchern keine umfassende Lösung. Sie sollte in ihren Möglichkeiten genau geprüft, von uns als Gesellschaft aber keinesfalls passiv als »die« Antwort auf die Herausforderung verstanden werden, die die Wirklichkeit sexuellen Mißbrauchs an uns stellt. Eine der Antworten heißt Abschreckung von Tätern und Schutz potentieller Opfer. Diese ermöglicht nur die Zusammenarbeit mit der Justiz.

Opfer von heute sind Täter von morgen. Es gibt keinen genetischen Code für den böswilligen Pädophilen, den sadistischen Vergewaltiger oder den Massenmörder. Wir machen unsere eigenen Monster, und der Tiegel, in dem wir sie formen, heißt Mißbrauch und Mißhandlung. Wenn wir es versäumen, pragmatisch zu intervenieren, setzen wir den Kreislauf fort – einen Kreislauf, der ursächlich teil hat an der Gewalt und Zerstörung unserer Kultur.

*Andrew Vachss*

# Einleitung

Ziel und Maßstab therapeutischer Hilfen gegen sexuellen Mißbrauch ist das Wohl des betroffenen Kindes. Wenn die kindlichen Entwicklungsinteressen rücksichtslos und brutal übergangen und Kinder sexuell ausgebeutet werden, treten Mitglieder der unterschiedlichsten Berufs- und Interessengruppen auf den Plan: aus Pädagogik, Sozialarbeit, Psychologie und Medizin ebenso wie Feministinnen und Familientherapeutinnen, Wissenschaftler, Polizisten und Juristen. Alle wissen, daß sie Kinder nur zuverlässig schützen können, wenn sie sich fallbezogen auf ein gemeinsames Vorgehen einigen und einander aus verteilten Rollen heraus zuarbeiten. Über die Art und Weise dieser Kooperation und Hilfeleistung gibt es jedoch eine Vielzahl von Ansichten, der manchmal nicht nur die Verständigung und die Zusammenarbeit selbst, sondern auch die vitalen Interessen des betroffenen Kindes zum Opfer fallen.

Wenn Kontroversen richtig geführt werden, schaffen sie Klarheit und schärfen das Urteil. Das rasch steigende Wissen und die zunehmenden Erfahrungen aus Praxis und Forschung benötigen ein Forum, auf dem der Austausch darüber ohne den Druck schnell zu fällender Entscheidungen eingegangen und fruchtbar fortgesetzt werden kann. Nur so kann diese Diskussion den Wurzeln sexueller Gewalt auf den Grund kommen und unser Verständnis von Kindern, von ihrer Entwicklung und ihrer Reaktion auf Streß und Traumata insgesamt erweitern.

1990 gestaltete der Berliner Verein »Kind im Zentrum« ein solches Forum in Form des ersten internationalen Kongresses der Bundesrepublik zum Thema: »Sexueller Mißbrauch von Kindern und Jugendlichen in der Familie«.

Nach diesem viertägigen Austausch, an dem hunderte von Fachleuten teilgenommen hatten, fragten viele nach einem Kongreß-Reader. An dessen Stelle beschloß der Verein »Kind im

Zentrum«, diesen Sammelband aus neueren schriftlichen Beiträgen der Referenten und weiterer Autorinnen entstehen zu lassen, um die begonnene Diskussion weiterzuführen. Auf dem Kongreß hatten bereits JACQUIE ROBERTS, Dr. ARNON BENTOVIM, Dr. MATHIAS HIRSCH, Prof. KLAUS-JÜRGEN BRUDER und Prof. DAVID FINKELHOR herausragende Beiträge dargeboten. Hinzugekommen sind Autorinnen, die aktuelle und thematisch wichtige Impulse beisteuern.

An der Wiege dieses Buches standen alle engangierten und ehrenamtlichen Mitglieder von »Kind im Zentrum«, die den Kongreß planten, organisierten und auch diese Veröffentlichung finanziell unterstützten. Ihnen gebührt mein herzlicher Dank.

Es gibt keine einheitliche Erfahrung sexuellen Mißbrauchs, keine spezifischen Symptome und entsprechend auch keine universelle Intervention oder Therapie gegen sexuelle Gewalt. Die meisten Einrichtungen für sexuell mißbrauchte Kinder – wie auch »Kind im Zentrum« – bieten daher eine bunte Palette von Leistungen, die von Fall zu Fall neu zugeschnitten und kombiniert werden: von der Telefonberatung, Krisenintervention, Einzelberatung, Spieltherapie, Familien- und Gruppentherapie bis zu Öffentlichkeitsarbeit, Fortbildungen, Fachberatungen und Helferkonferenzen.

Sexueller Mißbrauch an Kindern ist – von den wenigen Fällen reiner Fremdtäter abgesehen – ein Problem der ganzen Familie. Häufig setzt sich der Kreislauf über Generationen hinweg fort. Mißbrauchte Frauen, die ihre eigene Erfahrung verdrängen, wählen nicht selten wieder Partner, die Kinder mißbrauchen und selbst in ihrer Kindheit vernachlässigt oder mißbraucht wurden. Viele der mißbrauchenden Erwachsenen nehmen sich trotz ihrer tatsächlichen Macht gegenüber dem Kind selbst in erster Linie als Opfer wahr und beanspruchen, keinen Ausweg aus ihrer Verstrickung zu kennen. Es ist notwendig, die Gewalterfahrungen therapeutisch zu bearbeiten, um den Weg freizulegen, der aus dem zerstörerischen Kreislauf herausführt.

Die natürliche Loyalitätsbindung von Kindern an ihre Eltern erfordert es, zum Wohl des Kindes die Eltern in die therapeutische Arbeit miteinzubeziehen. Betroffene Kinder sind über ihre widersprüchlichen Gefühle gegenüber ihren Eltern verwirrt und verzweifelt. Solange Kinder Eltern brauchen, stehen sie in der schwierigen Auseinandersetzung, ihre Mißbrauchserfahrungen bearbeiten und trotzdem ihre Eltern nicht verlieren zu wollen. Erst die

Arbeit mit der Familie schafft den nötigen Spielraum für eine parteiische Arbeit mit den Mädchen und Jungen, die es diesen gestattet, ihre Erlebnisse zu bewältigen und zu selbstbewußten und beziehungsfähigen Erwachsenen heranzureifen.

Jedes Verständnis der Situation sexuell mißbrauchter Kinder muß sich auf Äußerungen dieser Kinder stützen, um nicht bei bloßen Interpretationen stehenzubleiben. So naheliegend es ist, die betroffenen Kinder über ihre Mißbrauchserfahrung zu befragen, so viele Bedenken sind andererseits dagegen geäußert worden. Insbesondere bedeutet jede wissenschaftliche Befragung sexuell mißbrauchter Kinder, aus einer Machtposition heraus ein Stück weit in die Privatsphäre von Kindern einzudringen. Kürzlich gelang es einem Team aus Schottland, den hohen Anforderungen, die an die Interviewforschung mit mißbrauchten Mädchen und Jungen gestellt werden müssen, in kreativer und vorbildlicher Weise gerecht zu werden. JACQUIE ROBERTS und CATHY TAYLOR beschreiben ihr methodisches Vorgehen, zu dem auch eine präzise Definition sexuellen Mißbrauchs gehört. Ausführlich lassen sie die betroffenen Kinder selbst zu Wort kommen.

Die vielen Kinder, die ihr Trauma noch nicht ausreichend verarbeitet haben, um es in Worte zu fassen, können in Befragungen erkannt, aber nicht gehört werden. Diesen Kindern bleiben symbolische Mittel der Mitteilung wie Spiele, Gesten, Laute, Symptome und Zeichnungen. In den vergangenen Jahren spielten Zeichnungen eine zunehmend bedeutsame Rolle für die Aufdeckungsarbeit mit Kindern, bei denen Mißbrauch zunächst nur vermutet wurde. Es gab allerdings bis heute keinen Überblick über die Forschungsprojekte, welche verbindende Merkmale von Menschzeichnungen sexuell mißbrauchter Kinder ermittelt haben. OLIVER SCHUBBE vergleicht die Leitmotive von Märchen über mißbrauchte Mädchen mit den Auffälligkeiten der untersuchten Kinderzeichnungen, um Anregungen für die therapeutische Arbeit zu geben.

Therapie mit sexuell mißbrauchten Kindern benötigt einen Rahmen aus Helferkonferenzen, Kriseninterventionen und Familienarbeit. Die bekanntesten dieser Konzepte integrierter Fallarbeit stammen von HENRY GIARRETTO aus Kalifornien und ARNON BENTOVIM aus London, von denen der zweite hier exemplarisch vorgestellt wird. BENTOVIM hat der Britischen wie auch der internationalen Kinderschutzbewegung bedeutende Impulse verliehen, die auch zur Gründung der »International Association for Child Abuse and Neglect« führten. In der größten Kinderklinik Europas, den Londoner »Hospitals for Sick Children«, arbeitet er seit 1966 als Kinderpsychiater und richtete dort wie auch in anderen Kliniken Großbritanniens eine Beratungsstelle für sexuell mißbrauchte Kinder ein.

Da in Deutschland bisher in erster Linie Konzepte für die ambulante Arbeit mit sexuell mißbrauchten Kindern entwickelt und praktiziert wurden, stellen URSULA BUSS und OLIVER SCHUBBE hier ein Pilotprojekt innerhalb eines Kinder- und Jugendheimes vor. Dieses Berliner Kinder- und Jugendheim entwickelte die Voraussetzungen für ein gezieltes Angebot für sexuell mißbrauchte Kinder und deren Integration in Wohngruppen nicht mißbrauchter Kinder. Die spieltherapeutische Gruppenarbeit erscheint dabei sowohl als Ergänzung des üblichen Unterbringungsangebotes als auch als angemessene Antwort auf die Forderungen des deutschen Kinder- und Jugendhilfegesetzes.

Während es in Fällen akuten Mißbrauchs darum geht, Hilfsangebote unterschiedlicher Berufsgruppen, Settings und Therapiearten miteinander zu vernetzen, ist in einem späteren Stadium therapeutischer Hilfeleistung die individuelle Antwort einer jeden Therapeutin oder Therapieschule auf die besonderen Problemstellung sexuellen Mißbrauchs gefragt. Unter den deutschen Psychoanalytikern hat bisher MATHIAS HIRSCH am deutlichsten zur Problematik sexuellen Mißbrauchs Stellung bezogen. Die in jüngster Zeit häufig theoretisch diskutierte Frage, ob psychoanalytische Therapie für Opfer sexuellen Mißbrauchs geeignet sei, stellt HIRSCH auf die Basis seiner Praxis.

Für die Arbeit mit mißbrauchenden Männern stellt KLAUS-JÜRGEN BRUDER eine Form themenzentrierter Gruppenarbeit vor, die aus der praktischen Erfahrung von »Kind im Zentrum« entwickelt wurde. Darin wird deutlich, daß es weder das Ziel noch die Aufgabe von Therapie sein kann, mißbrauchende Erwachsene zu verurteilen, zu bestrafen oder anzuzeigen. Schon vor der Therapie müssen Mißbraucher und Kind getrennt werden, schon vorher müssen klare Grenzen gesetzt und das Familiengeheimnis ans Licht der Öffentlichkeit gebracht werden.

Wenn davon geredet wird, daß mißbrauchende Erwachsene in der Mehrzahl Männer sind, wird meist die Minderheit mißbrau-

chender Frauen und ihre spezifische Problematik ganz vernachlässigt. HELGA G. I. HANKS und JACQUI SARADJIAN hinterfragen das
übliche Mutterbild und beschreiben charakteristische Eigenschaften von Mißbraucherinnen. Ihre Studie steht für den Beginn einer
neuen Blickrichtung der Forschung.

Zur Diskussion über sexuellen Mißbrauch gehört auch die
ebenfalls heftige Debatte über sinnvolle Formen von Präventionsarbeit. Da in den Vereinigten Staaten die umfangreichsten Erfahrungen mit solchen Programmen gesammelt wurden, geben DAVID
FINKELHOR und NANCY STRAPKO vom international beachteten »Family Violence Research Program« der Universität von New Hampshire zunächst einen Überblick über die bisherige Evaluations-
forschung. Auf deren Hintergrund, aber mit kritischem Blick und
ausgerichtet auf die deutschen Verhältnisse, entwickelte ANNE
KNAPPE von der Universität Bamberg ein neues Präventionsprogramm. Es richtet sich nicht nur an Kinder, sondern auch an deren
Eltern. Ausgewertet wird dazu eine Befragung von Eltern zu deren
Vorstellungen von Prävention und über das Präventionsprogramm.

Auf der gesellschaftlichen Ebene beginnt Prävention sexuellen
Mißbrauchs bei Gerechtigkeit und Gleichberechtigung. In Spanien
wird eine Gruppe von zehn Mädchen und einem Jungen generell
mit »Chicos« (»Jungen«) angesprochen. Unter der Leserschaft
werden sich erfahrungsgemäß überwiegend Frauen befinden, die
sich – oft beruflich – mit sexuellem Mißbrauch befassen. Zur
Abwechslung und um der leichteren Lesbarkeit willen soll hier da,
wo eine überwiegend weibliche Therapeutenschaft gemeint ist,
von »Therapeutinnen« die Rede sein. Die Leser dürfen die weibliche Form auf sich beziehen – Frauen tun dies umgekehrt schon
lange. Für die meist männlichen Mißbraucher wird die konventio-
nelle Form beibehalten, wie auch für die kindlichen Opfer, um
Mädchen nicht schon sprachlich auf die Opferrolle festzulegen.
Die zunehmend sichtbar werdende Anzahl sexuell mißbrauchter
Jungen soll ausdrücklich einbezogen werden.

*Oliver Schubbe*

JACQUIE ROBERTS UND CATHY TAYLOR

# Sexuell mißbrauchte Kinder und Jugendliche berichten[1]

»Es wird niemals ganz vorbei sein. Es ist wie eine unendliche Geschichte. Es verfolgt mich noch immer.« »Ich denke häufig darüber nach. Es ist ein Erlebnis, das ich am liebsten vergessen würde. Nicht, daß ich vierundzwanzig Stunden am Tag darüber nachgrüble, aber ich habe es ständig im Hinterkopf.« (Zwei Kinder aus Schottland)

Die Literatur über die kurz- und langfristigen Folgen sexuellen Mißbrauchs bezieht sich hauptsächlich auf die Aussagen Erwachsener. Erstens finden wir dort bewegende Zeugnisse zumeist weiblicher und inzwischen erwachsener Opfer. Ein besonders eindrucksvolles Beispiel ist der Fall von Maya Angelou, die ihre Sprachlosigkeit nach ihrer Mißbrauchserfahrung schildert. Sie beschreibt deutlich, auf welche Weise ihre Leidensgeschichte als Farbige in einer rassistischen Umgebung durch den sexuellen Mißbrauch verschärft wurde (ANGELOU 1984). Dieser und andere Berichte, wie beispielsweise *Cry Hard and Swim* von JAQUELINE SPRING (1989), zeigen deutlich die langfristig gravierenden Folgen sexuellen Mißbrauchs. Sie wurden durch Forschungen bestätigt. STEIN et al. (1988), die im Kindesalter sexuell mißbrauchte Erwachsene mit einer Kontrollgruppe verglichen haben, die nicht mißbraucht worden war, ermittelten einen Zusammenhang zwischen psychischen Problemen im Erwachsenenalter und sexuellem Mißbrauch in der Kindheit. Ohne den Mut und die Entschlossenheit der Betroffenen, offen über ihre Leidensgeschichte zu berichten, wäre das Geheimnis sexuellen Mißbrauchs nicht so überzeugend aufgedeckt worden. Dennoch haben die meisten betroffenen Erwachsenen während ihrer Kindheit niemals über ihre Erfahrung gesprochen.

Neben den Berichten aus erster Hand gibt es zweitens Berichte von Erwachsenen darüber, was Kinder ihnen in verschiedenen

15

Phasen therapeutischer Intervention anvertraut haben. FINKELHOR und BROWNE beschreiben den Kern der psychischen Schädigung aufgrund der von ihnen auf diese Weise gesammelten Aussagen als »traumatische Sexualisierung, Stigmatisierung, Betrogenheit und Machtlosigkeit«. Diese Schädigungen unterscheiden sich von den Folgen andersartiger Kindesmißhandlung (FINKELHOR UND BROWNE 1985, S. 530). Es bleibt jedoch unklar, ob Kinder ihre Erfahrungen, wenn sie direkt befragt würden, auf dieselbe Art beschreiben würden.

Zum dritten muß festgestellt werden, daß selbst diejenigen Untersuchungen, welche standardisierte Fragebogen verwandten, auf den Aussagen der Eltern basierten. Die Perspektive der Erwachsenen stand im Vordergrund, wie dies auch bei FRIEDRICH, URQUIZA UND BEILKE (1986) der Fall ist. Eine neuere Übersicht über die Forschung zu den kurzfristigen Folgen sexuellen Mißbrauchs an Kindern von BEITCHMAN, ZUCKER, HOOD, DA COSTA UND AKMAN (1991) bespricht 42 Studien, die sowohl Kinder als auch Erwachsene einbezogen haben. In keiner dieser Untersuchungen wurden in bezug auf ein und dasselbe Kind gleichzeitig Interviews, Fragebogen und standardisierte Tests eingesetzt. Nur wenige Untersuchungen verwandten eine teilweise Kombination dieser Verfahren.

Daher ist es wichtig, weder die Berichte von Erwachsenen über ihren eigenen Mißbrauch in der Kindheit zu verallgemeinern, noch anzunehmen, daß die von Erwachsenen an Kindern beobachteten Folgen sexuellen Mißbrauchs die Sicht der Kinder richtig wiedergeben könnten. Die hier vorgestellte Untersuchung versucht, die offensichtliche Lücke der Forschung über sexuellen Mißbrauch zu füllen, daß die Wahrnehmungen und Einstellungen der Opfer über ihre eigenen Mißbrauchserfahrungen bisher nicht genügend Beachtung gefunden haben (BEITCHMAN et al. 1991, S. 552).

Der Beitrag beruht auf einer schottischen Untersuchung.[2] Sie befaßt sich mit den Auswirkungen sexuellen Mißbrauchs auf die betroffenen Kinder und ihre Eltern zum Zeitpunkt der Aufnahme und ein Jahr danach. Die Studie begann als Auswertung von Daten einer Spezialklinik für sexuellen Mißbrauch an Kindern im *Dundee Department of Child and Family Psychiatry* (WILL 1983, S. 229). Weil während des einjährigen Untersuchungszeitraumes in der Klinik nur 26 Kinder behandelt worden waren, bezogen wir weitere 119 Kinder aus der Region Tayside in die Studie ein, die ebenfalls als sexuell mißbraucht gemeldet worden waren. 84 dieser Kinder erklärten sich bereit, an der Untersuchung teilzunehmen. Die Vielzahl der berücksichtigten Informationsquellen über die Kinder stellt eine Verbesserung gegenüber früheren Untersuchungen dar. Es werden Selbstaussagen der Kinder in Form teilweise strukturierter Interviews und standardisierte, von den Kindern selbst zu beantwortende Fragebögen eingesetzt. Zusätzlich werden die Eltern über ihre betroffenen Kinder befragt.

Die Stärke der Studie besteht darin, daß 67 der 84 Kinder zumindest teilweise einen direkten Beitrag geleistet haben.

## Methodische Überlegungen

### Eine Fortsetzung des Mißbrauchs der Macht Erwachsener?

Die neuere Literatur betont, daß sexueller Mißbrauch an Kindern wesentlich ein Mißbrauch der Macht Erwachsener über Kinder zu sexuellen Zwecken ist. Auch das Befragen betroffener Kinder über die Mißbrauchserfahrung und deren Folgen kann, wenn es nicht besonders einfühlsam gehandhabt wird, den Mißbrauch eines Machtgefälles darstellen. Besonderer Wert wurde deshalb darauf gelegt, daß die Kinder und ihre Familien selbst entscheiden konnten, ob und inwieweit sie sich an der Untersuchung aktiv beteiligen wollten.

Die Untersuchung begann damit, daß eine Sozialarbeiterin oder eine Mitarbeiterin der Spezialklinik für sexuellen Mißbrauch die Familie fragte, ob sie zu einem Treffen mit einer Mitarbeiterin und zur Untersuchung bereit wären. Auf eine positive Reaktion folgte dann ein Besuch zu Hause. Dort wurden alle Teilnehmer über den Zweck der Untersuchung unterrichtet. Es wurde ihnen erklärt, was mit den Ergebnissen geschehen sollte. Die Mitarbeiterinnen nahmen sich mit den Kindern viel Zeit, um ihnen zu erklären, daß es eine Menge Fragen an sie gäbe und daß sie, wenn sie einmal eine Frage dumm, unangenehm oder zu schwierig finden würden, dies der Interviewerin ruhig sagen sollten. Sie erlaubten den Kindern, das Interview an einer solchen Stelle abzubrechen, und zeigten ihnen, wie sie dies tun konnten. Gleichzeitig wurden die Kinder ermutigt, alles, was sie für wichtig hielten, hinzuzufügen, falls die Fragestellung für sie nicht die richtige sein sollte. Durch die positive Einstellung der Interviewerinnen ermutigt, haben viele Kinder den Ablauf des Interviews wesentlich mitbestimmt. Viele haben sich nicht nur befragen lassen, sondern ebenso persönlich zurückgefragt. Im Ablauf der gesamten Untersuchung taten die Fragestellerinnen ihr Bestes, verbale und nonverbale Signale zu erkennen, die andeuteten, daß sie sich zurückziehen oder das Thema wechseln sollten.

Die oberste Priorität der Untersuchung war es, den Kindern jederzeit zu ermöglichen, den Ablauf mitzubestimmen. Folglich beantworteten verschiedene Kinder auch verschiedene Fragen. Es gibt keine wohlgeordnete Tabelle von Ergebnissen. Das Ergebnis besticht jedoch durch die Ehrlichkeit und Klarheit, mit der sich die Kinder ausgedrückt haben. Sie haben sich sehr für die Untersuchung engagiert, in der Hoffnung, mit ihrer Geschichte anderen helfen zu können. Es war für sie wichtig, etwas Positives aus einer Erfahrung zu machen, die zunächst nur negativ war. Andere wollten genau wissen, auf welche Weise die gewonnenen Informationen ausgewertet würden. Würde irgend etwas, das sie sagten, wichtig genug sein, um einmal in einem Buch zu erscheinen? Konnten wir ihnen absolute Vertraulichkeit gewährleisten? Wir hoffen, daß wir durch die Art und Weise, wie wir dieses Kapitel verfaßt haben, unseren Teil beigetragen haben, diese Wünsche nicht zu enttäuschen.

Geschlecht der Interviewer

Eine Grundprämisse unserer Untersuchung war, daß es sich bei sexuellem Mißbrauch von Kindern um einen Mißbrauch vorwiegend männlicher Macht handelt, wobei zahlreiche Faktoren zur Wahl der Opfer beitragen und die Gelegenheiten für Täter beeinflussen (FINKELHOR 1986, S. 119). Da die Mehrheit der Kinder und der Sorgeberechtigten weiblich und alle Täter bis auf einen männlich waren, wurde beschlossen, daß Frauen die Interviews durchführen sollten. Es ist offen, ob dies Jungen bei der Teilnahme an der Untersuchung beeinträchtigte. Wie in *Tabelle 1* sichtbar, wurden 58 % der Mädchen während des Untersuchungszeitraumes – zum

Zeitpunkt der Aufnahme und bei einer Folgeuntersuchung – interviewt, während von den Jungen sieben (37%) nur zum ersten und fünf (26%) nur zum zweiten Termin befragt wurden. Auch bei der vollständigen Beantwortung der standardisierten Befragungen war der Anteil der Jungen geringer, wie in *Tabelle 1* zu sehen. Obwohl sich viele Mädchen offenbar mit den Interviewerinnen wohl fühlten und sich auch über männliches medizinisches und Polizeipersonal beklagten, mag es im nachhinein als eine verpaßte Gelegenheit erscheinen, die Jungen nicht nach ihren diesbezüglichen Gefühlen befragt zu haben. NASJLETI (1980) berichtet aus Therapiesituationen, daß heranwachsende Jungen unabhängig vom Geschlecht der Therapeutin große Schwierigkeiten hätten, über ihre Mißbrauchserfahrungen zu berichten.

*Tabelle 1*

| Anzahl der Kinder, die an der Untersuchung teilgenommen haben | | | |
|---|---|---|---|
| Zeitpunkt der Aufnahme | Selbstbewußt-seins-Skala | Fragebogen zur Depressivität | Direktes Interview | Gesamtzahl der Kinder |
| männlich | 63% (n = 12) | 47% (n = 9) | 37% (n = 7) | 19 |
| weiblich | 81% (n = 53) | 71% (n = 46) | 58% (n = 38) | 65 |
| Zeitpunkt der Nachuntersuchung | Selbstbewußt-seins-Skala | Fragebogen zur Depressivität | Direktes Interview | Gesamtzahl der Kinder |
| männlich | 31% (n = 6) | 31% (n = 6) | 26% (n = 5) | 19 |
| weiblich | 69% (n = 45) | 69% (n = 45) | 58% (n = 38) | 65 |

Unvollständige und widersprüchliche Informationen

Informationen über ein so heikles Thema wie sexuellen Mißbrauch sind selten vollständig. Es ist außerdem fraglich, inwieweit die Gruppe der untersuchten Kinder repräsentativ für die Gesamtheit sexuell mißbrauchter Kinder ist. Zum Vergleich wurden sämtliche Fälle sexuellen Mißbrauchs an Kindern, die bei der Polizei von Tayside 1989 gemeldet worden waren, in einer Häufigkeitstabelle zusammengefaßt (ROBERTS, DEMPSTER, TAYLOR UND MACMILLAN 1991). 265 Kinder und Jugendliche unter 17 Jahren wurden dort registriert. Es muß darüber hinaus von einer Dunkelziffer ausgegangen werden. Alle bisherigen Untersuchungen zeigen übereinstimmend, daß nur ein Bruchteil der sexuell mißbrauchten Kinder von ihrer Erfahrung berichtet, und daß die Zahl derjenigen, deren Fall schließlich rechtlich und therapeutisch betreut wird, einen noch kleineren Anteil ausmacht. Dies ergaben Befragungen Erwachsener, die als Kinder niemals über ihren sexuellen Mißbrauch geredet hatten (HAUGAARD UND REPPUCCI 1988, S. 40-51).

In der vorliegenden Untersuchung wurden dieselben Daten parallel aus verschiedenen Quellen gewonnen. Durch kreuzweise Vergleiche wurde schnell klar, daß sich die »Fakten« teilweise widersprachen. Ein Teil dieses Widerspruchs erklärt sich aus dem Zeitpunkt, zu dem die Informationen gesammelt wurden. So kann es beispielsweise vorkommen, daß eine Familie mit beiden Elternteilen offiziell als solche registriert wird, aber bereits zwei Tage später die Mutter alleinerziehend ist. Andere »Fakten« werden von verschiedenen Menschen auf verschiedenste Weise interpretiert und sind möglicherweise nicht direkt verifizierbar, wie zum Beispiel das Alter eines Kindes zu Beginn der Mißbrauchshandlungen, Art und Dauer des Mißbrauchs, die Beziehung des Kindes zum Mißbraucher und die Frage, ob die Mutter dem Kind geglaubt hat. Wenn die Möglichkeit widersprüchlicher oder veränderlicher Informationen zu falschen Prämissen und einfachen Übertragungsfehlern führt, wird klar, daß eine Untersuchung über sexuellen Mißbrauch von Kindern, die sich ausschließlich auf eine einzige Quelle schriftlicher Aufzeichnungen verläßt, von fraglichem Wert sein muß. Folglich müssen wir die Forschungsergebnisse immer im Lichte ihrer Grenzen betrachten.


Kontrollgruppen

Die Studie begann zu einer Zeit, als die Forderung laut wurde, die Konsequenzen sexuellen Mißbrauchs näher zu untersuchen. FINKELHOR (1986) beispielsweise vertrat die Auffassung, daß sexuell mißbrauchte Kinder mit einer anderen Gruppe nicht mißbrauchter Kinder in Behandlung verglichen werden sollten. Auch BEITCHMAN,

ZUCKER, HOOD, DA COSTA UND AKMAN (1991) empfahlen in ihrer Übersicht über kurzfristige Folgen von sexuellem Mißbrauch an Kindern dringend, eine nicht mißbrauchte Kontrollgruppe einzubeziehen, sowie eine »Kontrollgruppe psychisch gestörter Personen, [...] um die spezifischen Auswirkungen auf optimale Weise zu ermitteln«.

Die Bemühungen, für diese Untersuchung eine psychisch ähnlich beeinträchtigte Kontrollgruppe nicht mißbrauchter Kinder zu finden, die auch hinsichtlich Alter und Geschlecht vergleichbar sein sollten, hatten keinen Erfolg. Die anvisierte Kontrollgruppe schrumpfte, als ein signifikanter Teil der Kinder die Frage, ob sie sexuell mißbraucht worden seien, positiv beantwortete. Von dieser unerwarteten Entdeckung wurde bereits an anderer Stelle berichtet (DEMPSTER UND ROBERTS 1991). Die Validität einiger anderer untersuchter Kontrollgruppen muß aufgrund dieses Ergebnisses in Frage gestellt werden. So geht die wissenschaftliche Suche nach Folgen sexuellen Mißbrauchs weiter, während die Kinder wohl selbst am besten wissen, was ihnen weh tut und warum. Wenn Therapeutinnen besseren Zugang zu den Gefühlen der Kinder bekommen, wird es auch möglich sein, daß den Kindern besser geholfen wird.

## Standardisierte Fragebogen

HAUGAARD UND REPPUCCI (1988) haben darauf hingewiesen, daß die einzige effektive Möglichkeit, die Folgen sexuellen Mißbrauchs an Kindern zu untersuchen, darin besteht, eine große Population mit Hilfe psychologischer Testreihen zu befragen und Veränderungen zu beobachten, die mit sexuellem Mißbrauch korrelieren. Wenn Kinder solche Untersuchungen mit Tests, Wiederholungen von Tests und mehrfache Befragungen über die Mißbrauchserfahrung über sich ergehen lassen müssen, kann dies zu zusätzlichen Verletzungen führen. Darüber hinaus gäbe es Probleme mit dem Einverständnis der Erziehungsberechtigten. Eine Alternative besteht darin, sexuell mißbrauchte Kinder zu bitten, Fragebögen auszufüllen, die mit Hilfe einer Population nicht mißbrauchter Kinder standardisiert worden sind. Ein solches Vorgehen wurde bei der vorliegenden Untersuchung bevorzugt, wobei wir uns durchaus der durch die verschiedenen Populationen begrenzten Aussagekraft bewußt sind.

Klinische und empirische Literatur sowie eigene Erfahrungen haben dazu geführt, daß in unserer Untersuchung bei den Kindern, die sexuell mißbraucht worden sind, Skalen für Depressivität, Selbstbewußtsein und Verhaltensprobleme angewendet wurden. Obwohl in der klinischen Literatur Depressionen durchaus festgestellt wurden, sind doch nur selten konkrete Zahlen genannt worden, die zeigen würden, daß sie besonders typisch für kindliche Opfer von sexuellem Mißbrauch sind. Wir anerkennen durchaus, daß die Diagnose »kindliche Depressivität« noch immer umstritten ist (BIRLESON 1980), hielten es aber für wichtig, zu untersuchen, ob in unserer Untersuchungsgruppe vermehrt Depressionen vorkommen.

In der neueren Literatur wird die Ansicht vertreten, daß es einen Symptomkomplex gebe, den man unter der Bezeichnung »posttraumatische Belastungsstörungen« zusammenfassen könne. Zu dieser Symptomatik gehören »Wiederholungen« wie sexualisiertes Verhalten und Alpträume, »vermeidende/dissoziative Störungen« wie Sprachstörungen, Einnässen und Einkoten, Depressionen und Interesselosigkeit sowie »Symptome autonomer Übererregung« wie erhöhte Reizbarkeit, Aggressionen und Konzentrations- oder Schlafstörungen. Es wird angenommen, daß ein solcher Symptomkomplex die direkte Konsequenz sexuellen Mißbrauchs sei (DEBLINGER, MCLEER, ATKINS, RALPHE UND FOA 1989). Umstritten ist, ob es ein für sexuellen Mißbrauch spezifisches »Syndrom« überhaupt gibt.

Die Ergebnisse der standardisierten Tests zeigen zweierlei: Erstens und in groben Zügen, welche Probleme die Stichprobe der sexuell mißbrauchten Kinder auszeichnen, im Vergleich zu nicht mißbrauchten Kindern. Zweitens geben sie einen Eindruck von den relativen Fortschritten innerhalb der zwölf Monate, die zwischen Aufnahme und Nachuntersuchung lagen.


Die Stichprobe

Die Stichprobe umfaßt 84 Kinder aus der Region Tayside in Schottland, die offiziell als »sexuell mißbraucht« gemeldet und

22

zwischen August 1989 und Dezember 1990 an eine der folgenden Einrichtungen überwiesen wurden: an die *Child Protection Case Conference* des zuständigen Jugendamtes oder an die Spezialklinik für sexuell mißbrauchte Kinder des *Department of Child and Family Psychiatry* des »Dundee Royal Infirmary«. Die Stichprobe umfaßte ursprünglich 145 Kinder, von denen sich 84 Kinder aus 78 Familien schließlich bereiterklärten, interviewt zu werden und (oder) die Fragebögen auszufüllen. Die Definition von sexuellem Mißbrauch richtete sich nach der Definition, die vom *Tayside Social Work Department* benutzt wird:

Sexueller Mißbrauch schließt ein: Inzest, Vergewaltigung, Sodomie, Geschlechtsverkehr mit Kindern, obszöne, auf sexuellen Lustgewinn gerichtete oder homosexuelle Praktiken mit Kindern, obszöne Fotografien von Kindern, Anstiftung von Kindern zur Prostitution und das Vorführen von pornographischem Material vor Kindern. Jedes unmündige Kind kann als sexuell mißbraucht betrachtet werden, sobald eine andere Person, absichtlich oder unbeabsichtigt, das Kind in eine Aktivität einbezieht, die sexuelle Erregung und Befriedigung dieser oder einer anderen Person zum Ziel hat. Diese Definition ist unabhängig davon gültig, ob ein genitaler Kontakt stattfindet oder ob das Kind das Verhalten selbst initiiert hat.

Geschlecht der Opfer

In der Studie wurden 65 Mädchen und 19 Jungen befragt. Der überwiegende Anteil von Mädchen (77%) entsprach unseren Erwartungen. Uns fiel dagegen auf, daß in der Altersgruppe von 0-5 Jahren sieben von 17 Kindern männlichen Geschlechts waren (41%). Es stellt sich daher die Frage, ob männliche Jugendliche ab einem gewissen Alter eher geneigt sind, ihren Mißbrauch zu verschweigen. Diese Vermutung wurde von den Kinderärzten von Leeds bestätigt, welche die Ansicht vertreten, daß das Verhältnis von Jungen zu Mädchen höher ist, als ursprünglich angenommen wurde: Bei mißbrauchten Kindern im Vorschulalter betrug 1986 das Verhältnis zwischen Mädchen und Jungen 2,2 : 1 (HOBBS UND WYNNE 1987).

23

## Ethnische Abstammung

Von den 84 Kindern hatten zwei einen Elternteil asiatischer Herkunft. Alle anderen waren Weiße. Der zu erwartende Anteil aller ethnischen Minderheiten zusammengenommen liegt in der Region Tayside bei 1,6%.

## Behinderte Kinder

Sieben Kinder zeigten Lernschwierigkeiten. Vier weitere litten zur Zeit der Untersuchung unter einer anderen Behinderung wie Schwerhörigkeit, Epilepsie oder Sehfehler. Die Zahl dürfte noch höher liegen, denn nur 74 Kinder machten überhaupt Angaben zu diesem Punkt. Einige Kinder mit Lernschwierigkeiten waren in der Lage, mit angemessener Hilfe die Fragebögen zu beantworten. Die meisten konnten in den Interviews sehr gut ihre Sicht der Dinge darstellen. Bedauerlicherweise wird in Untersuchungen über sexuellen Mißbrauch häufig nicht beachtet, daß sich die Methoden der Datenerhebung auch auf behinderte Personen anwenden lassen, wie dies KELLY (1991) beschreibt. Über das relative Risiko von behinderten Kindern, Opfer sexuellen Mißbrauchs zu werden, ist noch viel Grundlagenforschung notwendig.

## Das Alter der Kinder

Das Alter der Kinder betrug zum Zeitpunkt der Aufnahme zwei bis siebzehn Jahre. Zu Beginn der Mißbrauchshandlungen betrug es zwei bis fünfzehn Jahre, wie *Tabelle 2* zeigt.

## Dauer und Art des Mißbrauchs

Bei 33 Kindern (41%), bei denen die Dauer des Mißbrauchs erhoben wurde, betrug diese sechs und mehr Monate. Bei 31 Kindern wurde nur eine einzige Mißbrauchshandlung registriert. Wahrscheinlich unterschätzen die mit Fragebogen erhobenen Zahlen die tatsächliche Dauer der Mißbrauchshandlungen, wie dies einige Aussagen in den späteren Interviews nahelegen.

*Tabelle 2*

| Das Alter der Kinder zum Zeitpunkt der Aufnahme | | |
|---|---|---|
| Alter der Kinder | Anzahl der Jungen | Anzahl der Mädchen |
| 0-5 | 7 | 10 |
| 6-10 | 4 | 22 |
| 11-15 | 8 | 29 |
| 16-17 | 0 | 4 |
| Gesamtzahl | 19 | 65 |

Zu Beginn der Studie wurde angenommen, daß die Schwere des jeweils erlittenen Mißbrauchs eingestuft werden könne, wie dies auch Untersuchungen berichten (BEITCHMAN et al. 1991), die Geschlechtsverkehr als »schwerwiegender« einstufen als andere Formen von sexuellen Handlungen. Die Gespräche mit den Kindern wiesen uns jedoch eindrücklich darauf hin, daß die Einzelheiten der Mißbrauchshandlung manchmal einem Erwachsenen gegenüber viel zu schwierig zu beschreiben waren, um sie einstufen zu können. Diese Feststellung befindet sich im Einklang mit den Aussagen von Klinikern, daß der tatsächliche Mißbrauch, den die Kinder erdulden, in den meisten Fällen weitaus größer sei, als anfänglich berichtet wird. FRIEDRICH (1988, S. 176f.) und MORRISON, WILL UND ROBERTS (1987) beschreiben diesen häufig zögernden und unvollständigen Prozeß der Enthüllung.

Eine Kategorisierung nach Schwere des Mißbrauchs könnte darüber hinaus die kumulative Wirkung mehrfachen Mißbrauchs ignorieren. Wie läßt sich beispielsweise der Mißbrauch eines elfjährigen Mädchens einstufen, das in der Vagina geküßt und geleckt, an den Genitalien gerieben, an den Brüsten gestreichelt, mit den Fingern in die Vagina gestoßen und dazu gezwungen wurde, sich zu entblößen und die Genitalien des Mißbrauchers zu berühren? Dieses Kind ist schwer traumatisiert. Aber wenn der Mißbrauch daran gemessen würde, ob eine penile Penetration stattgefunden hat, würde ihre Erfahrung möglicherweise gar nicht gezählt.

Die Art der Mißbrauchshandlungen wird im folgenden aufgelistet, ohne daß dabei ein Urteil über die Schwere des Angriffs auf die Person des Kindes gefällt werden soll.

*Tabelle 3*

| Mißbrauchshandlungen an 84 Kindern | |
|---|---|
| Art des Mißbrauchs | Anzahl der Kinder |
| Spielen mit den Genitalien | 49 |
| Mißbraucher entblößt sich vor dem Kind | 17 |
| Mißbraucher dringt mit dem Penis in die Vagina | 14 |
| Mißbraucher zwingt das Kind, seine Genitalien zu berühren | 13 |
| Saugen/Küssen/Lecken der Genitalien des Kindes | 9 |
| Mißbraucher spielt mit den Brüsten des Kindes | 9 |
| Simulierter Geschlechtsverkehr | 7 |
| Anale Penetration | 5 |
| Versuchte anale Penetration | 5 |
| Mißbraucher ejakuliert in den Mund des Kindes | 5 |
| Zeigen von Pornographie | 4 |
| Digitale Penetration der Vagina (versuchte) | 4 |
| Versuchte penile Penetration der Vagina | 4 |
| Digitale Penetration der Vagina | 3 |
| Ejakulation über den Körper des Kindes | 3 |
| Mißbraucher zwingt das Kind, seine Genitalien zu saugen/küssen/lecken | 3 |
| Versuchte anale Penetration mit einem Gegenstand | 1 |

## Zusammenfassung der Testergebnisse

Die wichtigsten Ergebnisse standardisierter Fragebogen werden im folgenden aufgeführt. Detailliertere Analysen und eine Evaluation der Spezialklinik für sexuellen Mißbrauch sind in dem Aufsatz von ROBERTS ET AL. (1992) beschrieben.

## Depression

Um den Grad ihrer Depression von den Kindern selbst zu erfragen, verwandten wir das aus der BECKschen Depressionsskala abgeleitete *Child's Depression Inventory* (KOVACS UND BECK 1977). 36 von 55 (65,5%) der über sechsjährigen Kinder zeigten zum Zeitpunkt des ersten Interviews Depressionen unterschiedlicher Ausprägung. Zur Zeit der Nachuntersuchung, 12 Monate später, zeigten 28 von 51 Kindern (55%) noch immer Zeichen von Depression. Dies ist zwar ein kleinerer Anteil als zur Zeit der ersten Befragung, es ist jedoch wichtig festzustellen, daß sechs der 28 »depressiven« Kinder aus der Nachuntersuchung ihre Symptome bei der ersten Untersuchung noch nicht berichtet hatten. Während für die 38 Kinder, die einen oder beide Fragebögen nicht vollständig beantwortet hatten, kein Vergleich möglich war, und obwohl zwölf Kinder nach zwölf Monaten Werte zeigten, die als »zunehmend depressiv« eingestuft wurden, war die allgemeine Verbesserung in den Werten auf der Depressionsskala für diese Gruppe von Kindern bei der Nachuntersuchung statistisch signifikant (WILCOXON's matched-pairs signed-ranks test: $p < 0,01$).

## Selbstbewußtsein

Zur Einschätzung ihres Selbstbewußtseins füllten die Kinder einen Fragebogen aus – den *Culture Free Self-Esteem Inventory* (BATTLE 1980). Von der Gesamtgruppe der Kinder erzielten 24 (37%) für ihr Selbstbewußtsein einen Wert unter dem Durchschnitt. Der geschätzte Bevölkerungsdurchschnitt für diese Kategorie liegt bei 33%. Zur Zeit der zweiten Befragung zeigten nur noch 33% der Gruppe ein unterdurchschnittliches Selbstbewußtsein. Die untersuchte Gruppe zeigte insofern keine kurzfristige Beeinträchtigung ihres Selbstbewußtseins, was mit den Ergebnissen einer anderen neuen Studie in den USA übereinstimmt (MANNARINO et al. 1991). Es kann angenommen werden, daß die Auswirkungen auf das Selbstbewußtsein langfristig sind und eher von Erwachsenen berichtet werden. Man kann darüber hinaus davon ausgehen, daß Kinder mit einem höheren Selbstbewußtsein eher bereit waren, an der Untersuchung teilzunehmen, und daß Kinder, die als Opfer von sexuellem Mißbrauch registriert werden und Hilfe erhalten, bereits wieder selbstbewußter sind. Die Unterschiede zwischen Aufnahme und Nachuntersuchung waren statistisch nicht signifikant.

### Von den Eltern berichtetes Verhalten

Die Eltern wurden gebeten, ihre Sicht des Verhaltens der Kinder zu schildern, indem sie die *Rutter-Scale* (A) ausfüllten, einen standardisierten Fragebogen, der zu diesem Zweck bereits in anderen Studien in Großbritannien eingesetzt wurde (RUTTER 1965, RUTTER ET AL. 1975). Zur Zeit der Aufnahme berichteten 69% der Eltern von Verhaltensproblemen oder emotionalen Problemen ihrer Kinder. Dieser Anteil hatte sich bis zum Zeitpunkt der Nachuntersuchung auf 49% verringert. Bis auf vier Kinder litten demnach zur Zeit des ersten Interviews alle unter Problemen. Vor allem kleinere Kinder zeigten sich beeinträchtigt. Bei 14 (82%) aus der Altersgruppe der fünfjährigen und jüngeren Kinder berichteten die Eltern über emotionale oder Verhaltensprobleme. Zur Zeit der Nachuntersuchung hatte sich der Anteil dieser Kinder auf acht Kinder (50%) Prozent verringert.

47 von 70 Kindern zeigten nach einem Jahr eine Verbesserung ihrer Probleme, fünf hatten dieselben Werte, und bei 18 hatten sich die Werte verschlechtert. Als Gruppe gesehen war die allgemeine Verbesserung statistisch signifikant (WILCOXON's matched-pairs signed-ranks test: $p < 0,01$). Bei 14 Kindern, die einen oder beide Fragebögen nicht vollständig ausgefüllt hatten, konnte kein Vergleich angestellt werden.

Zusammenfassend läßt sich sagen, daß es zur Zeit der Aufnahme eine beunruhigende Vielzahl seitens der Kinder selbst berichteter Depressionen und seitens der Eltern berichteter Verhaltensprobleme gab. Zur Zeit der Nachuntersuchung gab es bei beiden Werten signifikante Verbesserungen. Diese Verbesserungen können der verstrichenen Zeit und den verschiedenen Formen der Therapie zugeschrieben werden.

## Mediator-Variablen

Es hat immer wieder Versuche gegeben, den relativen Einfluß verschiedener Variablen der Mißbrauchserfahrung auf die betroffenen Kinder zu ermitteln. Die Ergebnisse dieser Untersuchungen sind widersprüchlich. BEITCHMAN ET AL. (1991) haben die jüngste Zusammenfassung solcher Forschungen veröffentlicht und kommen zu dem Schluß, daß die Ergebnisse bezüglich Alter zu Beginn des Mißbrauchs, Geschlecht der Kinder, Länge, Dauer und Häufigkeit des Mißbrauchs mehrdeutig sind. Ein Zusammenhang läßt sich dennoch herstellen: Je schwerer der Grad des Mißbrauchs, wenn körperliche Gewalt angewandt wurde, und je enger das Verwandtschaftsverhältnis zwischen Opfer und Mißbraucher ist, desto stärker ist in der Regel die Traumatisierung. Dagegen kommt eine Überblicksstudie zum sexuellen Mißbrauch an Jungen zu dem Schluß, daß »die populäre Ansicht, die Schwere der Folgen stünde in Zusammenhang mit der Schwere, Häufigkeit und Dauer des Mißbrauchs, einer weiteren Prüfung bedarf« (WATKINS UND BENTOVIM 1992, S. 239).

Eine jüngst angefertigte amerikanische Studie, bei der ähnliche Methoden wie in der vorliegenden angewandt wurden, hat keinen eindeutigen Zusammenhang zwischen den Merkmalen des Mißbrauchs und der Wirkung auf die Kinder feststellen können, außer einigen Hinweisen darauf, daß Penetration die meisten Spätfolgen nach sich ziehe (MANNARINO ET AL. 1991). Es muß davon ausgegangen werden, daß die meisten Variablen in Verbindung zueinander stehen. So ist es nicht verwunderlich, daß in dieser Studie wenige Zusammenhänge zwischen den Symptomen der Kinder und den Merkmalen des Mißbrauchs, des Mißbrauchers, der Familie oder des Kindes gefunden werden konnten. Zwei Ergebnisse sind jedoch auffällig: Wenn man die 0,05%-Signifikanz zugrundelegt, wird deutlich, daß zwei Variablen in Zusammenhang mit dem Grad der von den Kindern berichteten Depression standen: erstens die Tatsache, ob das Kind einem Elternteil von dem Mißbrauch erzählt hatte, zweitens, ob die Mutter – nach Angaben des Sozialarbeiters – dem Kind geglaubt hatte. Signifikant mehr Kinder, die zur Zeit der ersten Befragung nicht unter Depressionen litten, hatten ihren Mißbrauch einem Elternteil berichten können, wie *Tabelle 4* zeigt.

*Tabelle 4*

| Depressionen der Kinder bei der ersten Befragung in Relation zur Offenheit gegenüber einem Elternteil | | |
| --- | --- | --- |
| | hat sich nicht offenbart | hat sich einem Elternteil offenbart |
| nicht depressiv | 7 | 12 |
| mäßig depressiv | 12 | 4 |
| sehr depressiv | 15 | 5 |

Diese Ergebnisse können unterschiedlich interpretiert werden. Sind Kinder, die sich ihren Eltern nicht offenbaren konnten, in größeren Schwierigkeiten, weil sie nichts gesagt haben? Oder werden sie weniger von ihren Eltern unterstützt, so daß es ihnen schwerer fällt, sich zu offenbaren, und sie dadurch anfälliger für Depressionen sind?

Hier muß betont werden, daß nur neun von 48 Müttern, die wir hierzu befragen konnten, ihren Kindern offenbar nicht geglaubt hatten. Ähnliche Ergebnisse wurden auch in anderen Studien gefunden (siehe DEMPSTER 1992). 95% der Kinder, die zum Zeitpunkt der Nachuntersuchung nicht depressiv waren, hatten ihre Mütter geglaubt, wogegen 69% der Kinder, die von sich angaben, daß sie unter Depressionen litten (siehe *Tabelle 5* unten), von ihren Müttern nicht geglaubt worden war. Dieses Ergebnis ist statistisch signifikant (chi-squared test, p = 0,018). Neuere Erfahrungen in der Arbeit mit diesen Müttern und die genaue Analyse der Interviews mit den Frauen der Studie von DEMPSTER haben gezeigt, daß der Begriff »glauben« nicht ausreicht, um die Schwierigkeiten zu

*Tabelle 5*

| Kindliche Depressionen zur Zeit der Nachuntersuchung im Verhältnis dazu, ob die Mutter dem Kind geglaubt hat (laut Bericht der Sozialarbeiterin) | | |
| --- | --- | --- |
| | Mutter hat geglaubt | Mutter unsicher |
| nicht depressiv | 21 | 1 |
| depressiv | 18 | 8 |

umschreiben, die einige Frauen damit haben, sich mit der Tatsache abzufinden, daß ihr Kind sexuell mißbraucht wurde (DEMPSTER 1992). Es ist anzunehmen, daß ein sexuell mißbrauchtes Kind um so anfälliger für Depressionen ist, je größer die Schwierigkeiten der Mutter sind, sich damit abzufinden.

## Die Jungen

Wie bereits festgestellt, könnte das Geschlecht der Interviewerinnen dazu beigetragen haben, daß weniger Jungen als Mädchen bereit waren, an der Untersuchung teilzunehmen. Wegen der insgesamt geringen Anzahl ist es schwierig, Schlußfolgerungen bezüglich der geschlechtsspezifischen Ergebnisse unserer Studie zu ziehen. Dennoch sollen hier einige Aspekte näher beleuchtet werden.

Elf der 18 Jungen (61%), für die bei der ersten Befragung die *Rutter-Scale* (A) ausgefüllt wurde, zeigten laut Aussagen ihrer Eltern Verhaltensstörungen. Dieser Anteil ist geringer als bei den Mädchen (70%). Bei der Nachuntersuchung war der Anteil der verhaltensgestörten Jungen mit 57% jedoch höher als bei den Mädchen (47%).

Nur fünf Jungen füllten den Depressions-Fragebogen sowohl bei der ersten Befragung als auch bei der Nachuntersuchung vollständig aus, aber drei dieser fünf erzielten bei der Nachuntersuchung höhere depressive Werte. Es muß wegen der kleinen Stichprobe offen bleiben, welche weiteren Ursachen hierfür in Frage kommen. Die begrenzten Ergebnisse tragen jedoch zu unserer Schlußfolgerung bei, daß die Wirkungen sexuellen Mißbrauchs bei Jungen, insbesondere langfristig, schwerwiegend sind (WATKINS UND BENTOVIM 1992, S. 239).

## Die Berichte der Kinder und Jugendlichen bei den Interviews

45 Kinder, davon sieben Jungen, nahmen an der ersten Befragung teil; bei der Nachuntersuchung waren es noch 43 Kinder, davon fünf Jungen. Kinder unter sechs Jahren nahmen nicht an den

teilweise strukturierten Interviews teil. Am Ende der Zitate steht in Klammern das Alter der Kinder zum Zeitpunkt des Interviews. Die Aussagen von Jungen sind als solche gekennzeichnet.

## Ambivalenzen, Widersprüche und Brüche

Die Antworten der Kinder sind vielschichtig, ihre Gefühle widersprüchlich, und jedes Kind reagiert auf seine Weise. Die Reaktionen hängen sowohl vom Wesen des Kindes und der Familie ab als auch von der Art des Mißbrauchs. Es ist immer noch schwer, über sexuellen Mißbrauch zu sprechen. Die Extremerfahrung sexuellen Mißbrauchs kann eher durch eine Kombination von Worten, Mimik und Gestik zum Ausdruck kommen als durch Antworten auf direkte und vorstrukturierte Fragen. Die Kinder haben ihre Erfahrung und ihre Gefühle bildhaft beschrieben, in Bildern, die niemals in einem Fragebogen hätten erfaßt werden können.

Auf die Frage, ob die Erfahrung sexuellen Mißbrauchs sie noch immer belasten würde, und wenn ja, auf welche Weise, antwortete ein Mädchen:

»Nur manchmal, wenn ich darüber nachgrüble – dann bricht etwas in mir auf – es geht mir nicht mehr aus dem Kopf – ich kann es nicht mehr kontrollieren.« (16)

Ein anderes Mädchen antwortete auf die Frage, ob sie noch immer an die Mißbrauchserfahrung denke:

»Ja, ich denke noch viel darüber nach – wenn etwas darüber in der Zeitung oder im Fernsehen kommt, dann fällt es mir wieder ein, und ich bekomme Angst. So etwas kann man nie vergessen.« (15)

Ein Mädchen erläuterte, wie sich – seit es über die Mißbrauchserfahrung gesprochen habe, alles verändert hätte:

»Ich habe die Sache für mich ins reine gekriegt – kein schwarzes Loch mehr in meinem Gehirn, wenn jemand über sexuellen Mißbrauch spricht.« (15)

## Verwirrung, widersprüchliche und gemischte Gefühle

Standardisierte Tests nehmen keine Rücksicht auf die zwiespältigen Gefühle der Kinder über die verschiedenen Aspekte sexuellen Mißbrauchs, über den Mißbraucher und gegenüber sich selbst. Wenn die Kinder erzählten, wurden ihre widersprüchlichen und gemischten Gefühle deutlich, und sie versuchten, ihre entsprechenden Gedanken zu erklären. Oft versuchten sie, einen ganzen Berg widersprüchlicher Gefühle auszudrücken, und während des Gesprächs fühlten sie sich manchmal plötzlich seltsam, verängstigt, wütend, traurig, peinlich, schmutzig, schuldig und machtlos, aber trotzdem im Einklang mit der Situation. Es passierte, daß ihre eigene Reaktion auf den Mißbrauch sie verwirrte:

»Ich ärgere mich, daß ich einfach nur dagesessen habe und nichts unternommen habe, um es zu stoppen. Ich komme mir dumm vor. Ich hätte etwas tun sollen.« (14)

Die Eltern der Kinder sprachen ausführlich über deren Verhaltensprobleme, während die Kinder kaum Symptome oder äußere Probleme erwähnten. Statt dessen beschrieben sie ihre direkten Gefühle und Gedanken und beschrieben damit weitaus deutlicher die Auswirkungen sexuellen Mißbrauchs. Wir gewannen als Befragerinnen den Eindruck, daß die Kinder die Fragen Erwachsener brauchten, um mit ihrer Verwirrung, ihren widersprüchlichen und gemischten Gefühlen in Kontakt zu kommen. Allein dadurch schien ihnen schon geholfen werden zu können. Jüngere Kinder befinden sich oft in der Misere, ihre Verwirrung nicht in Worte fassen zu können. Es bleibt ihnen nichts anderes übrig, als ihre Gefühle auszuagieren. Dies bedeutet für Erwachsene die Schwierigkeit, mit diesem Verhalten fertigzuwerden, und stellt oft ihre Geduld auf eine schwere Probe. Das kann dazu führen, daß die Erwachsenen nicht mehr auf die emotionalen Bedürfnisse des Kindes eingehen.

Mehrere Kinder brachten ihre ambivalenten Gefühle gegenüber dem Mißbraucher zum Ausdruck:

»Er ist ein kleines bißchen nett. Er hat mir Saft zu trinken gegeben. Dann war er aber böse zu mir.« (7)

Die Kinder wissen, daß die Erwachsenen in ihrem Leben diese

Ambivalenz nicht immer tolerieren und manchmal nicht einmal verstehen.

»Es ist nicht leicht für mich zu sagen, daß ich ihn vermisse. Die Leute wollen das nicht hören.« (12)

»Ich bin traurig darüber, daß ich ihn nicht mehr sehen kann. Ich habe immer mit ihm gespielt. Ich möchte, daß Papi wieder mit mir zusammenwohnt.« (6)

Die Kinder halten oft ihre Gefühle gegenüber den Konsequenzen ihrer Eröffnung – für den Mißbraucher und für sie selbst – zurück:

»Ich wollte nicht, daß er bestraft wird, aber als er schuldig gesprochen worden war, wurde klar, daß ich keine Lügnerin bin.« (13)

»Ich bin froh, daß ich darüber gesprochen habe, aber gleichzeitig tut es mir auch leid. Ich bin froh, daß es aus ist, aber gleichzeitig auch nicht. Ich vermisse ihn.« (12)

»Ich wünschte, ich hätte nichts gesagt, dann hätte ich all den Ärger nicht gehabt, aber trotzdem bin ich erleichtert, daß er nun eingesperrt ist.«

Bei der Nachuntersuchung erklärten einige, wie ihre Gefühle sich im Laufe der Zeit verändert hatten. Ein Kind brachte seine Erleichterung zum Ausdruck:

»... obwohl es [das Erzählen] furchtbar war. Anfangs habe ich mir gewünscht, ich hätte nichts gesagt. Jetzt bin ich aber froh.« (13)

### Angst

Noch ein Jahr nach der Aufnahme war die mit dem Mißbrauch verbundene Angst vieler Kinder sehr deutlich. Es erscheint uns äußerst wichtig, die Angstreaktionen der Kinder zu betonen. Nur wenn wir das Ausmaß der Angst verstehen, unter dem die betroffenen Kinder leiden, können wir als Gesellschaft angemessen auf die Bedürfnisse dieser Kinder reagieren.

Den Kindern wurde absichtlich eine offene Frage darüber gestellt, was der schlimmste Teil dessen gewesen sei, was ihnen zugestoßen ist. Dadurch sollte ihnen die Möglichkeit gegeben werden zu entscheiden, ob das Schlimmste der Mißbrauch selbst war oder ein anderer Teil der Erfahrung, wie zum Beispiel die

Enthüllung gegenüber der Mutter oder die Reaktion der Gesellschaft nach der Eröffnung.

35 Kinder beantworteten diese Frage; 17 sagten, daß die Mißbrauchserfahrung selbst das Schlimmste für sie gewesen sei. Aus den folgenden Zitaten wird deutlich, daß es die mit dem Mißbrauch verbundene Angst und Unsicherheit war, die ihnen am meisten ausgemacht hatte.

»Das Schlimme war, daß es tatsächlich passiert ist.« (14, männlich)

»Er sagte, er würde alles leugnen. Ich hatte große Angst, daß meine Mutti mich schlagen würde, weil ich es getan hatte. Sie gaben mir Geld und Süßigkeiten, damit ich nichts sage. Ich wollte sie nicht. Sie zwangen mich, sie zu nehmen.« (8)

»Manchmal kommt es zurück, was geschehen ist, und die Angst, daß es wieder geschehen könnte.« (12)

»Es ist beängstigend ekelerregend, was er getan hat – warum hat er es getan? Ich weiß es nicht.« (15)

»Ich kann es nicht richtig beschreiben ... es ist nur ganz furchtbar in meinem Inneren ... einmal habe ich geschrien ... und er hat gesagt, ich soll ruhig sein ... ich habe mir einfach gesagt, laß ihn nur machen, und dann wird er gehen ... ich fürchtete mich immer, ins Bett zu gehen.« (13)

»Ich hatte zuviel Angst, etwas zu sagen, weil X bei uns wohnte und er es immer wieder gemacht hat.« (8)

»Ich hatte Angst und wollte weinen, aber ich konnte es nicht ... ich habe Angst vor Männern. Ich kann nicht schlafen, wenn nicht das Licht anbleibt ... er drohte, mich umzubringen ... er legte seine Hand auf meinen Mund, wenn ich schreien wollte.« (17)

»Ich dachte darüber nach, ob ich es Mama erzählen sollte. Habe versucht, es zu erzählen – schwer, die Worte zu finden. Habe sie nicht gefunden – Angst.« (13, männlich)

»Ich sehe ihn immer wieder auf der Straße. Ich habe Angst, wenn ich ihn sehe. Ich mache dann immer ins Bett.« (9)

»Ich war beunruhigt, hatte Angst. Ich brachte den Mut auf, wegzurennen, aber er schloß die Tür zu. Ich fühle mich jetzt ein bißchen besser, weil er nicht mehr nachts ins Haus kommen kann. Die Tür ist verschlossen. Meine Alpträume werden auch besser.« (11)


»Es geht niemals weg«

Die Analyse der vielen Variablen, welche die Lage der Kinder mitbestimmt haben könnten, hat kaum neue Erkenntnisse gebracht.

Die Antworten derjenigen Kinder (18 Mädchen, 1 Junge), die sowohl bei der Aufnahme als auch bei der Nachuntersuchung unter mäßigen bis schweren Depressionen litten, wiesen während der Interviews jedoch einige Gemeinsamkeiten auf. Die Kinder hatten zwar nicht alle die gleichen Sorgen, aber sie erschienen besonders beunruhigt durch einen oder mehrere Aspekte des Mißbrauchs.

Ein Mädchen, das zur Zeit der Nachuntersuchung noch immer erheblich depressiv war, hatte Angst davor, dem Mann, der es mißbraucht hatte und der nicht zu ihrer Familie gehörte, wiederzubegegnen:

»Ich treffe ihn hin und wieder, denn er wohnt in der Nähe. Vorgestern habe ich ihn gesehen. Daraufhin bin ich gleich schneller gegangen. Ich hatte Angst, an ihm vorbeizugehen. Normalerweise gehe ich ihm aus dem Weg. Ob ich irgendwann noch einmal ganz normal an ihm vorbeigehen kann? Nicht ich, sondern er sollte eigentlich auf den Boden schauen, wenn wir uns begegnen, aber er macht sich nichts draus, weil er weiß, daß man ihn nicht gekriegt hat.« (14)

Ein anderes Kind war depressiv und litt unter der schweren Gewaltandrohung des Mißbrauchers, der es zwingen wollte, seine Aussage zurückzunehmen.

Das Gefühl, anders zu sein und wieder normal sein zu wollen, spiegelt sich in den Reaktionen der beiden folgenden Kinder:

»Ich wäre ganz anders aufgewachsen. Es hat mein Leben verändert – plötzlich ist mir die ganze Gewalt bewußt geworden, von der wir umgeben sind.« (15)
»Ich wünschte mir ein ganz normales Familienleben, als die Polizei zu uns kam. Ich hatte Angst, daß sie meinen Vater ins Gefängnis stecken.« (14)

Für einige Kinder waren es die vielen Aspekte des Mißbrauchs und seiner Folgen, die sie fortwährend depressiv machten:

»Das Ganze war ein Alptraum. Der Polizeibericht, die polizeilichen Untersuchungen und genauso schlimm die medizinischen. Sie haben mich überhaupt nicht vorher gefragt, ob ich mich dazu äußern oder medizinisch untersucht werden wollte ... sie sind einfach gekommen.« (15)
»... ging über vier Jahre. Ich wollte, daß es aufhört. Es war schlimm.« (13, männlich)

Ein Junge hatte Schwierigkeiten, weil er von einem Mann mißbraucht worden war, was die Frage seiner sexuellen Orientierung und seiner Beziehung zu Mädchen aufgeworfen hatte. Er sagte:

»Es macht mir Probleme in Beziehungen. Die Mädchen lassen mich fallen, wenn sie es herausfinden ... Ich glaube, die Mädchen können mich nicht mehr leiden. Die Jungs erzählen es ihnen, und sie denken: ›Achtung‹ und lassen lieber die Finger von mir.« (16, männlich)

Die Anzahl der Fragen, die Verletzung der Privatsphäre und Wiederholungshandlungen waren ständig wiederkehrende Themen. Aber ebenso oft ging es um den persönlichen, körperlichen und privaten Schaden, der durch den Mißbrauch verursacht worden war. Eine Fünfzehnjährige, die nach dem Mißbrauch geblutet hatte, sagte:

»Ich hatte Angst, daß etwas zerstört worden war ... immer fürchtete ich mich, wenn es dunkel wurde und ich allein war ... Ich habe Angst, besonders wenn jemand hinter mir hergeht.«

Eines der häufigsten Themen in den Gesprächen mit den Kindern, die sowohl bei der Aufnahme als auch bei der Nachuntersuchung depressiv waren, war die Angst davor, beziehungsweise die Tatsache, daß man ihnen nicht glaubte. Das schloß außer der Mutter noch andere Menschen ein: Verwandte, Brüder, Schwestern ebenso wie Sozialarbeiter, Polizei und Ärzte.

»Ich hätte gern, daß mein Betreuer mir glaubt und aufhört zu sagen, daß es jemand aus der Familie war. Ich mag das nicht, wenn man ihnen was vorwirft.« (14)
»Mir würde ja doch niemand glauben.« (15)

Es war jedoch nicht nur die Frage, ob den Kindern beim ersten Erzählen geglaubt wurde, sondern sie wollten sich immer wieder versichern, daß ihnen nun geglaubt würde. Zum Beispiel:

»Sie trifft sich jetzt mit ihm, also glaubt sie ihm jetzt mehr als mir ... ich habe ein ganz komisches Gefühl dabei. Ich verstehe nicht, warum sie sagt, daß sie ihn liebt. Ich kriege da eine Gänsehaut.« (13)

Den Eindruck, die Folgen des Mißbrauchs würden niemals verschwinden, verdeutlichen die Äußerungen eines jungen Mannes:

»... hat uns ruiniert ... die Leute reden, sprechen nicht mit mir, weil mir das passiert ist. Meine Freundinnen meinen, es sei lustig – sie lachen uns aus – das tut weh.« (16, männlich)

### Ärger über die Justiz

Den Kindern in unserer Untersuchung gelang es gut, die vielen widersprüchlichen Gefühle zu beschreiben, die sie in der Folge des Mißbrauchs erlebt hatten. Nur selten war jedoch Wut dabei. Wenn einmal die Rede von Wut war, war sie meistens gegen die Reaktion der Gerichte auf die Mißhandlung gerichtet, selbst wenn es widersprüchliche Gefühle über die Bestrafung des Mißbrauchers gab. Zum Beispiel reagierte ein Mädchens auf die Bestrafung des Mannes, der es mißbraucht hatte, mit Erleichterung. Es sagte:

»Man hätte ihn aufhängen sollen.« (12)

Ähnliches sagte eine Jugendliche über ihren Mißbraucher:

»Ich habe ihn gesehen. Ich sollte ihn umbringen. Ich hätte durchaus Lust dazu. Er hat zwei Jahre Bewährung. Alle meinten, er solle ins Gefängnis. Ich auch. Ich bin wütend, tief verletzt und enttäuscht.« (16)
»Ich kann sie [Mißbraucher] nicht leiden. Ich würde sie am liebsten umbringen.« (16, männlich)

Ein anderer sagt:

»Man konnte ihm nichts nachweisen. Der Staatsanwalt sagte mir, er wisse, daß es wahr sei, aber das war kein Trost für mich. Ich war so wütend, daß ich nicht schlafen konnte.« (15)

### »Ich bin froh, daß ich es gesagt habe«

Anläßlich der Nachuntersuchung wurden alle Kinder gebeten, ihre Gefühle darüber zu schildern, daß sie anderen von ihrer Mißbrauchserfahrung erzählt hatten. Von den 38 Kindern, die auf diese Frage antworteten, waren alle bis auf drei froh darüber. Sie gaben zu, daß sie zuerst gemischte Gefühle dabei verspürt hatten, und daß sich dieses Gefühl im Laufe der Zeit veränderte. Sie erklärten, warum sie froh seien, daß sie es nicht verschwiegen hatten, und warum es ihnen nicht leicht gefallen sei, darüber zu sprechen. Der offensichtlichste Grund war:

»Es ist gut, darüber zu sprechen, wenn du nicht zu irritiert bist, weil es aufgehört hat.« (12)

»Ich bin froh, daß ich darüber gesprochen habe. Damit aufzuhören war das Allerwichtigste.« (16, männlich)

»Ich bin erleichtert, daß ich es nun gesagt habe, ich wäre sonst noch viel zu sehr beunruhigt.« (12)

»Sagt den anderen Kindern, daß sie, wenn sie nichts sagen, immer noch mehr davon erleben müssen.« (13)

Für einige hatte das Sprechen erheblichen Nutzen:

»Ich bin ganz froh, daß ich es gesagt habe. Wenn ich nichts gesagt hätte, hätte ich mich umgebracht. Bevor ich darüber gesprochen habe, habe ich geschnüffelt und Drogen genommen – ein Hilferuf – alles war daneben. Als meine Mutter mir dann geglaubt hat, war alles gut.« (15)

»Der Richter und die Polizei waren sehr hilfreich, weil sie sie gejagt und gestoppt haben – sie haben sie eingelocht – und mich und andere geschützt haben.« (16, männlich)

Mehrere Kinder erwähnten, daß ihre Befürchtungen hinsichtlich der Folgen ihrer Berichte nicht eingetroffen sind:

»Erst hatte ich Angst, etwas zu sagen. Ich dachte, daß man mich ausschimpfen würde. Jetzt fühle ich mich viel besser, weil ich es gesagt habe. Ich bin jetzt alles losgeworden.« (12)

»Ich dachte, ich würde Ärger kriegen – daß alles mein Fehler war. Ich weiß, daß es nicht mein Fehler war. Ich fühle mich besser, seitdem ich es gesagt habe.« (12)

Nur drei Kinder wünschten sich, sie hätten nichts gesagt. Sie hatten das Gefühl, ungerecht behandelt worden zu sein. Zum Beispiel:

»Ich hätte es lieber nur im Vertrauen meinem Lehrer erzählt. Ich möchte nicht, daß es jeder weiß. Ich habe mich überhaupt nicht erleichtert gefühlt. Ich hatte das eigentlich erwartet.« (15)

Für ein anderes Mädchen kamen während des ersten Interviews einige sehr unangenehme Gefühle zum Vorschein:

»Ich wünschte, ich hätte meinen Mund gehalten. Ich komme jetzt mit meiner Mutter gar nicht mehr zurecht. Sie hat angefangen, mich völlig links liegenzulassen. Sie war so wütend auf mich, daß ich erst einmal bei meiner Schwester bleiben mußte. Sie glaubt, ich hätte ihn dazu aufgefordert. Verrückt. Manchmal wünsche ich mir, ich wäre tot. Alles ist wie verhext. Nichts kann geregelt werden.« (12)

### Die Botschaft an alle Kinder und Jugendlichen: Sprecht darüber!

Es war bemerkenswert, daß die Kinder und ihre Eltern oft als Grund dafür, daß sie an der Untersuchung teilnehmen wollten, angaben, daß es anderen Kindern, die ebenfalls mißbraucht werden, helfen könnte. Um ihr schweres Los zu meistern, waren sie auf sich selbst zurückgeworfen. Nun sind sie in der einzigartigen Lage, anderen Kindern sagen zu können, was hilfreich ist. Nur selten wird in der wissenschaftlichen Literatur über sexuellen Mißbrauch an Kindern auf deren Stärken eingegangen, auf ihren frühkindlichen Altruismus und ihre Fähigkeit, negative Erfahrungen positiv umzusetzen. Dennoch können Kinder, die mißbraucht worden sind, zur Heilung anderer Kinder beitragen. Die Kinder wurden gefragt, welchen Rat sie anderen geben würden, die ebenfalls mißbraucht worden sind oder Opfer werden könnten.

Auf diese Frage antworteten 33 Kinder. Fast ausnahmslos vertraten sie die Ansicht, daß andere Kinder von ihrer Mißbrauchserfahrung erzählen sollten. Diese Botschaft gewinnt noch zusätzliches Gewicht, wenn man bedenkt, was einige Kinder nach der Eröffnung durchmachten. Wir haben einige der Gründe, warum es das Beste sei, davon zu erzählen, aufgeführt. Einige Kinder vertraten auch die Ansicht, daß das Erzählen selbst eine therapeutische Wirkung habe:

»Darüber zu sprechen, hat mir geholfen. Ich bereue, daß ich es so lange für mich behalten habe.« (16)
»Sprechen – es verschafft mir innerlich Erleichterung, wenn ich jemandem meine Gefühle anvertrauen kann.« (14)

Wenn es einmal zu schwierig sei zu sprechen, schlägt eines der Mädchen vor:

»Versuche, es in allen Einzelheiten zu besprechen. Schreib es auf, wenn du nicht darüber sprechen kannst. So habe ich es gemacht.« (13)

Ein junger Mann machte den Vorschlag:

»Bei einem Sorgentelefon oder einer anonymen Beratungsstelle anzurufen kann helfen. Vielleicht ist es so leichter, seine Gefühle auszudrücken.«

Die Kinder betonten, daß sie das Bedürfnis hatten, sofort zu sprechen. Sie meinten, daß es wichtig sei, anderen Kindern zu sagen, daß sie unmittelbar, nachdem es geschehen sei, darüber sprechen sollten, sonst könnten sie es bereuen:

»Erzähle sofort jemandem davon. Ich bedaure es, daß ich so lange gewartet habe, bis ich jemandem davon erzählt habe. Es macht alles nur noch schlimmer.« (14)

Die Botschaft einer Jugendlichen faßt dies zusammen:

»Erzähle es sofort der nächsten Person. Ich weiß, daß es nicht leicht ist, aber du solltest es einfach tun. Zieh dich nicht zurück. Ich weiß, daß du Probleme hast, aber letztlich wirst du, wenn du es niemandem erzählst, durch die Hölle gehen.« (15)

Andere Botschaften sind, daß man sich von seinem Mißbraucher fernhalten sollte, daß man den Mißbrauch vergessen sollte und daß man sich nicht schuldig fühlen sollte.
Ein Mädchen sagte:

»Laß dich nicht von deinem Erlebnis tyrannisieren. Laß dir deine Stimmung nicht vermiesen. Ich habe diesen Fehler gemacht. Jetzt weiß ich es.« (15)
»Jedesmal wenn ich Depressionen bekommen habe, habe ich gedacht, daß ich mich wehren muß.« (15)

Solche Aussagen sollten uns daran erinnern, daß diese Kinder und Jugendlichen nicht nur die passiven Opfer eines Verbrechens sind, mit vielen Verhaltensproblemen als Ausdruck ihrer Schädigung, sondern daß sie sich wehren und einen aktiven Kampf austragen, um mit den Konsequenzen des Mißbrauchs fertigzuwerden. Die befragten Kinder vertreten ganz klar die Ansicht, daß anderen Kindern früher geholfen werden könnte, wenn sie in der Lage wären, Hilfe von Erwachsenen in Anspruch zu nehmen. Ihre Botschaften an die Erwachsenen sind die folgenden:

»Glaubt den Kindern was sie sagen.« (12)
»Macht die Kinder nicht dafür verantwortlich.« (13)
»Sagt mir, daß es nicht meine Schuld war.« (16, männlich)
»Auch wenn sie unter zwanzig sind, fragt sie zuerst und fangt nicht gleich mit der Untersuchung an ... wir haben auch einen Kopf und können selbst entscheiden. Nehmt uns ernst. Wir sind vollwertige Menschen.« (15)

## Implikationen für Praxis und Forschung

Sowohl dem Versuch, sexuellen Mißbrauch als eine gesonderte diagnostische Kategorie einzuführen, als auch dem Versuch, herauszufinden, welche Variablen die kurz- und mittelfristigen Auswirkungen auf die Kinder bestimmen, ist bis dato nur ein begrenzter Erfolg beschieden gewesen. Dabei bildet die vorliegende Studie keine Ausnahme. In diesem Kapitel wurden auch methodische Überlegen angesprochen: widersprüchliche und unvollständige Informationsquellen, die fehlende Differenzierung zwischen den Geschlechtern, schwer zu findende Kontrollgruppen und die Problematik, die entsteht, wenn wir uns zum Verständnis der Auswirkungen sexuellen Mißbrauchs an Kindern auf die Aussagen Erwachsener verlassen.

Die Antwort auf diese Schwachstellen der Forschung über sexuellen Mißbrauch an Kindern war bisher die Forderung nach Einheitlichkeit und der Versuch, die Techniken zu verfeinern. Dies geschah in der Hoffnung, daß dies zu einer »objektiven« und allgemein akzeptierten Sichtweise der Auswirkungen sexuellen Mißbrauchs führen würde. Die Ergebnisse unserer Untersuchung, unterstützt durch die Aussagen der Kinder und Jugendlichen, stellen jedoch in Frage, ob es wirklich klar abgegrenzte Erklärungen gibt, die nur noch entdeckt werden müßten. Die Alternative besteht darin, sich auf Forschungsstrategien zu konzentrieren, die es ermöglichen, die Vielfalt des Phänomens zu erkunden, nicht die Gemeinsamkeiten. Ausgangspunkt müßte die Tatsache sein, daß es unter den Erfahrungen sexuellen Mißbrauchs mehr Unterschiede gibt als Ähnlichkeiten. Problematisch erscheint in diesem Sinne auch der Versuch wohlmeinender Therapeutinnen, die scheinbare Uniformität der Erfahrung sexuellen Mißbrauchs zu betonen, um seiner allgegenwärtigen Leugnung und Verharmlosung zu begegnen.

Die in unserer Untersuchung geschilderten Erfahrungen werden keineswegs dadurch gemindert, daß es noch viele andere sexuell mißbrauchte Kinder gibt, die nicht in die Untersuchung einbezogen werden konnten und völlig andere Erfahrungen gemacht haben könnten. Es gibt verschiedene Methoden zur Auswertung der Auswirkungen sexuellen Mißbrauchs, die sich ergänzen, indem sie verschiedene Seiten desselben komplexen Phänomens beleuchten. Die Antworten der untersuchten Kinder haben gezeigt, daß die Gefühle jedes einzelnen zahlreiche Facetten aufweisen können und verschiedene Kinder in verschiedenen Stadien ihrer Erfahrungen verschiedene Gefühle haben. Zu betonen sind die Veränderungen im Laufe der Zeit: Die meisten Kinder waren bei der Nachuntersuchung froh, daß sie über ihre Mißbrauchserfahrung gesprochen hatten. Wären sie nur einmal – bei der Aufnahme – befragt worden, wäre uns diese wesentliche Botschaft möglicherweise entgangen. Auf der anderen, weniger optimistischen Seite gab es Kinder, einschließlich einer kleinen Gruppe von Jungen, die sich zum Zeitpunkt der Nachuntersuchung schlechter fühlten. Die Tatsache des sexuellen Mißbrauchs ist nicht auszulöschen, und auch die erwachsenen Bezugspersonen müssen lernen, damit umzugehen.

Es sollte im Auge behalten werden, daß die Eltern das Geschehene in erster Linie aus Erwachsenenperspektive betrachten, selbst wenn sie in den Interviews meist viel Mitgefühl für ihre Kinder und die Auswirkungen des Mißbrauchs zeigten. Die Erwachsenen beschrieben die offensichtlichen Auswirkungen auf das Verhalten der Kinder, was ein stark sexualisiertes Verhalten einschließen konnte. Die Kinder und Jugendlichen betonten ihre andauernden Ängste vor dem Mißbraucher, ihr deutliches Gefühl für das Unrecht dessen, was ihnen angetan wurde, sowie ihre Konflikte zwischen positiven und ablehnenden Gefühlen gegenüber dem Mißbraucher.

Es wäre eindeutig falsch, anzunehmen, die Sicht der Erwachsenen auf den sexuellen Mißbrauch ihrer Kinder decke sich genau mit deren Sicht. Eine der wichtigsten Botschaften der Kinder besteht darin, daß viele besorgte Erwachsene innerhalb und außerhalb der Familie Schwierigkeiten haben, sich voll auf die tatsächliche Befindlichkeit der Kinder einzustellen. Daher sind die Kinder bei ihrem Kampf um die Bewältigung der emotionalen Folgen ihrer Mißbrauchserfahrung meist auf sich selbst gestellt. Es scheint, daß wir nicht weiterkommen, wenn wir uns auf die »wahrscheinlichen« Konsequenzen konzentrieren, sondern nur, wenn wir gemeinsam mit den Kindern anerkennen, daß viele widersprüchliche Gefühle und Gedanken unausweichlich sind, daß sie deshalb nicht gleich verrückt zu sein brauchen, daß Konflikte legitim sind und daß einige Erwachsene, einschließlich der Mütter, möglicherweise nicht darüber sprechen möchten. Indem wir Kinder in diesem Sinne mit eigener Autorität versehen, werden sie in die Lage versetzt, einen Sinn in ihren Gefühlen zu finden und ihre ursprüngliche emotionale Kraft zurückzugewinnen.

Sowohl die Ergebnisse der standardisierten Fragebogen als auch die Aussagen der Kinder bestätigen, daß die Erfahrung sexuellen Mißbrauchs äußerst schmerzhaft und traumatisch ist. Die Intensität der Gefühle während der Interviews kann nicht hoch genug bemessen werden. Obwohl einige Kinder die Reaktion der Umwelt auf den Mißbrauch negativ bewerteten, sagten doch viele von sich aus, daß der Mißbrauch selbst mit Abstand das Schlimmste an der gesamten Erfahrung gewesen sei. Offensichtlich lebten einige Kinder noch immer in der Angst vor dem Mißbraucher. Trotz der Tatsache, daß einige Kinder schwierige Gerichtsverhandlungen, unangenehme medizinische Untersuchungen und negative Reaktionen ihrer Kameradinnen und Kameraden durchgestanden hatten, gab die überwältigende Mehrheit anderen Kindern den Rat, den Mißbrauch nicht zu verschweigen.

Diese Botschaft gilt allen Kindern, die sexuell mißbraucht wurden und dies noch niemandem erzählt haben. Sie ist ebenso wichtig für Therapeutinnen, welche die vorsichtigen Andeutungen eines Kindes auf sexuellen Mißbrauch ignorieren, da sie befürchten, die Folgen ihres intensiven Eingehens auf das Kind könnten schlimmer sein als dessen sexuelles Trauma.

Die befragten Kinder leisteten einen wesentlichen Beitrag zu dieser Studie. Sie bewiesen ihre Fähigkeit, ihre Mißbrauchserfahrung sowohl für sich selbst auszuwerten als auch auf eine Weise zu strukturieren, die anderen Kindern in einer ähnlichen Situation helfen kann. Für die befragten Kinder selbst war es bedeutsam, daß ihre Sichtweisen und Gefühle gegenüber Kindern, die in der Zukunft in eine solche Situation geraten könnten, ernstgenommen wurden. Es war ihnen wichtig, mit ihrem Rat ernstgenommen zu werden und so Unterstützung und neuen Mut vermitteln zu können.

Als Reaktion darauf haben wir ein kleines Büchlein mit den Äußerungen dieser Kinder zusammengestellt, das in ganz Schottland verteilt wird. Dies ist eine Möglichkeit, Kindern zu helfen, schmerzliche Erfahrungen positiv zu verarbeiten und anderen Kindern zu helfen. Dies soll ein kleiner Beitrag sein, um den Kampf dieser jungen Menschen gegen den Mißbrauch der Macht Erwachsener zu unterstützen, einen Mißbrauch, den sie am eigenen Leib verspürt haben.

## Anmerkungen

1 »Sexually Abused Children and Young People Speak Out« erschien im Original in: WATERHOUSE, L. (1993): Child Abuse and Child Abuses: Protection and Prevention. Jessica Kingsley Publishers. London. Übersetzung aus dem Englischen von MATTHIAS SCHOSSIG mit freundlicher Genehmigung des Verlags. Alle Rechte vorbehalten.

2 Die Untersuchung wurde vom Child and Family Trust Ltd. Glasgow, Schottland, finanziell unterstützt. Wir danken den Kindern und Jugendlichen für ihre Freundlichkeit und ihren Mut.

## Literatur

ANGELOU, M. (1984): I Know Why the Caged Bird Sings. Virago, London.
BATTLE, J. (1980): Culture-free Self-Esteem Inventories for Children and Adults. Special Child Publications, Seattle.
BEITCHMAN, J. H.; ZUCKER, K. J.; HOOD, J. E.; da COSTA, G. A.; AKMAN, D. (1991): A review of the short term effects of child sexual abuse. Child Abuse and Neglect 15: 537-556.

BIRLESON, P. (1980): The validity of depressive disorder in childhood and the development of a self-rating scale: a research report. Journal of Child Psychiatry 22: 73-88.

BROWNE, A.; FINKELHOR, D. (1986): Initial and long-term effects: A review of the research. In: FINKELHOR, D. (ed.), A Sourcebook on Child Sexual Abuse. Sage, London, S. 180-199.

DEBLINGER, E.; McLEER, S.; ATKINS, M.; RALPHE, D.; FOA, E. (1989): Post-traumatic stress in sexually abused, physically abused, and non-abused children. Child Abuse and Neglect 13: 403-408.

DEMPSTER, H. (1990): Child sexual abuse research: A further abuse of power? Paper presented at the 8th International Conference on Child Abuse and Neglect, Hamburg, September 1990.

DEMPSTER, H. (1992): The aftermath of child sexual abuse: The woman's perspective. In: WATERHOUSE, L., Child Abuse and Child Abuses: Protection and Prevention. Jessica Kingsley, London, S. 58-72.

DEMPSTER, H.; ROBERTS, J. (1991): Research into child sexual abuse: a methodological quagmire. Child Abuse and Neglect 15 (4): 593-595.

FINKELHOR, D. (Hg.) (1986): A Sourcebook on Child Sexual Abuse. Sage, Beverly Hills.

FINKELHOR, D.; BROWNE, A. (1985): Initial and long-term effects: a conceptual framework. In: FINKELHOR, D. (Hg.) (1986).

FRIEDRICH, W. N. (1988): Research with child victims. In: WYATT, G. E.; POWELL, G. J. (Hg.), Lasting Effects of Child Sexual Abuse. Sage, London, S. 171-191.

FRIEDRICH, W. N.; URQUIZA, A. J.; BEILKE, R. (1986): Behavioral problems in sexually abused young children. Journal of Pediatric Psychology 11: 47-57.

HAUGAARD, J.; RAPPUCCI, N. D. (1988): The Sexual Abuse of Children. Jossey-Bass, London/San Francisco.

HOBBS, C.; WYNNE, J. (1987): Child sexual abuse: an increasing rate of diagnosis. Lancet 2: 837-842.

KELLY, L. (1991): Disability and child abuse – What we know and what we need to know. Paper presented to the First International BASPCAN Conference, Leicester, September 1991.

KOVACS, M.; BECK, A. T. (1977): An empirical clinical approach towards a definition of childhood depression. In: SCHULTER-BRADT, J. S.; RASKIN, A. (Hg.), Depression in Children: Diagnosis, Treatment and Conceptional Models. Raven, New York.

MANNARINO, A.; COHEN, J.; SMITH, J. A.; MOORE-MOTILY, S. (1991): Six and twelve-month follow-up of sexually abused girls. Journal of Interpersonal Violence 6 (4): 494-511.

MORRISON, J.; WILL, D.; ROBERTS, J. (1977): Twenty myths that justify not tackling child sexual abuse. Social Work Today. July 2: 9-11.

NASJLETI, M. (1980): Suffering in silence: The male incest victim. Child Welfare 59: 269-275.

ROBERTS, J.; DEMPSTER, H.; TAYLOR, C.; MCMILLAN, B. (1991): A study of the frequency of reported child sexual abuse in one Scottish region. Child Abuse Review 5 (1): 3-6.

ROBERTS, J.; DEMPSTER, H.; TAYLOR, C.; BONNAR, S.; SMITH, C. (1992): Research report on sexually abused children and families in Tayside. Child and Family Trust, Glasgow.

RUTTER, M. (1965): Classification and categorisation in child psychiatry. Journal of Child Psychology and Psychiatry 6: 71-83.

RUTTER, M. ET AL. (1975): Attainment and adjustment in two geographical areas: The procedure of psychiatric disorder. British Journal of Psychiatry 126: 493-509.

SPRING, J. (1989): Cry Hard and Swim. Virago, London.

STEIN, J. A. ET AL. (1988): Long-term psychological sequelae of child sexual abuse: The Los Angeles epidemiologic catchment area study. In: WYATT, G. E.; POWELL, G. J. (Hg.), Lasting Effects of Child Sexual Abuse. Sage, London, S. 135-154.

WATKINS, B.; BENTOVIM, A. (1992): The sexual abuse of male children and adolescents: A review of current research. Journal of Child Psychology and Psychiatry 33 (1): 197-248.

WILL, D. (1983): Approaching the incestuous and sexually abusing family. Journal of Adolescence 6: 229-246.

OLIVER SCHUBBE

# Symbolische Mitteilungen
# sexuellen Mißbrauchs

Angesichts extremer Höhen und Tiefen menschlicher Erfahrung, wenn Worte versagen oder ungenügend erscheinen, verständigen wir uns – bewußt oder unbewußt – auf der symbolischen Ebene: durch Gesten, Metaphern, Bilder, Spiele und Rituale. Es gilt sogar als wahrscheinlich, daß sich die Kunst ursprünglich als ein Mittel des Ausdrucks traumatischer Erfahrungen entwickelte, und mit Sicherheit ist sie deren ursprünglichster Ausdruck.

Ein sechsjähriger Junge beginnt plötzlich, mit Handpuppen im Kindergarten immer wieder »Vergewaltigung« zu spielen, zeichnet sich als Skateboardfahrer ohne Arme und fällt auf, indem er den Erzieherinnen häufig feuchte Dinge unter die Nase hält und sie auffordert, daran zu lecken.

Während manche Erwachsene dieses Kind für sein schamloses Spiel bestrafen und ihm erklären würden, daß Arme gerade beim Skateboardfahren für das Gleichgewicht besonders wichtig sind, hören andere hier einen stummen Schrei um Hilfe. Dann setzt meist eine engagierte Aufdeckungsarbeit ein. Denn wer sich bewußt ist, daß es notwendig ist, den Mißbraucher und die Art des Mißbrauchs zu kennen, um das betroffene Kind dauerhaft schützen zu können, wird nun das Kind zu einer eindeutigen Aussage zu bewegen versuchen.

Für diese Aufdeckungsarbeit am Schnittpunkt zwischen Psychodiagnostik und kriminalistischer Zeugenvernehmung verwenden zuständige Helfer vorzugsweise Medien, die Kindern symbolische Mitteilungen erlauben sollen: anatomische Puppen, freie und thematische Zeichnungen, Puppenhaus und Puppen, freies Spiel, Doktorkoffer, Geschichten, Bilderbücher und projektive Testverfahren (KENDALL-TACKETT 1992). Die Grenze von der symboli-

48

*Abbildung 1*

schen zur direkten Sprache überschreiten manche Kinder spontan, indem sie Puppen benennen und Rollenspiel oder Zeichnung bereitwillig erläutern, während andere dazu viele Monate benötigen oder nie diesen Schritt machen.

Nun wissen wir, daß symbolische Mitteilungen des Kindes eine zentrale Rolle dafür spielen, daß Erwachsene einen Verdacht auf sexuellen Mißbrauch hegen und verfolgen können. Dadurch wird weitere Hilfe erst möglich. Es ist jedoch noch offen, welche konkreten Symbole mit sexuellem Mißbrauch in Zusammenhang stehen. Dieser Frage wird hier anhand zweier Beispiele nachgegangen werden: Wodurch genau unterschieden sich *Zeichnungen* sexuell mißbrauchter Kinder von denen anderer Kinder? Beschreiben *Märchen* und Kinderzeichnungen Mißbrauchserfahrung und deren Folgen mit ähnlichen Symbolen? Vor allem aber: Welchen Stellenwert können Symbole in der Therapie ehemaliger Opfer sexuellen Mißbrauchs gewinnen?

*Übersicht 1*

---

Ebenen kindlicher Mitteilung über sexuellen Mißbrauch

1. Direkte Mitteilung
   - sprachliche Beschreibung der Mißbrauchshandlung und des Täters
   - Zeichnung der Mißbrauchshandlung und Bezeichnen der Personen
   - Demonstration an anatomischen Puppen mit Namen der Puppen
   - Rollenspiel der Mißbrauchshandlung und Benennen des Täters

2. Symbolische Mitteilung
   - spontanes oder freies Zeichnen
   - Mensch- und Selbstbildzeichnungen
   - Familienzeichnungen
   - Zeichnungen des Ereignisses und des Täters
   - anatomische und andere Puppen
   - Puppenhaus
   - Rollenspiel
   - Geschichten, Fabeln und Märchen
   - untypische Reaktion auf sexuelle Reize
   - sexualisiertes Verhalten
   - äußeres Erscheinungsbild
   - Antworten auf projektive Testverfahren

---

## Merkmale von Mensch- und Selbstbildzeichnungen

Zeichnerische Verfahren gelten als besonders kindgerecht und werden in der Praxis gerne als Zungenlöser an den Anfang diagnostischer Sitzungen gestellt. Unter allen Themen hat die Darstellung eines Menschen besondere Bedeutung, da sie im Laufe der kindlichen Entwicklung meist das erste und danach das am häufigsten spontan gewählte Zeichenthema ist. Während sie als Test der Persönlichkeit und Intelligenz umstritten ist, erscheint die

Menschzeichnung für die Aufdeckung sexuellen Mißbrauchs besonders geeignet: Zeichenaufgaben sind unaufdringlicher als diagnostische und therapeutische Gesprächssituationen, welche speziell von sexuell mißbrauchten Kindern leicht als beängstigend und emotional belastend empfunden werden können (NAITOVE 1982). Mißbrauchten Kindern ermöglichen Zeichnungen, sich an mehr Details der Mißbrauchshandlung zu erinnern als bei einer Befragung (EDWARDS UND FORMAN 1989). Ikonisch gespeicherte, aber noch nicht dem sprachlichen Bewußtsein zugängliche Aspekte des Traumas können im bildhaften Medium der Zeichnung unmittelbaren Ausdruck finden (JOHNSON 1987). Außerdem sind Zeichnungen Dokumente, die mit dem Kind und seiner Familie diskutiert und im Strafverfahren sowie im Verlauf der Therapie immer wieder eingesetzt werden können (MILLER, VELTKAMP UND JANSON 1987).

In einer US-amerikanischen Telefonbefragung ermittelte KENDALL-TACKETT (1992), daß zeichnerische Verfahren als Mittel der Aufdeckung sexuellen Mißbrauchs nach anatomischen Puppen am zweithäufigsten eingesetzt werden. Bei der Auswertung solcher Zeichnungen stellt sich die Frage, welche Merkmale geeignet sein könnten, einen Verdacht auf Mißbrauch zu begründen oder zu erhärten. Die derzeitige Forschungsliteratur interpretiert entweder einzelne Zeichnungen sexuell mißbrauchter Kinder (GOODWIN 1982a, 1982b; NAITOVE 1982; BAUMGART 1985; WOHL UND KAUFMAN 1985; MILLER et al. 1987; WIRTZ 1989; RAACK 1990; STEINHAGE 1992) oder beschreibt quantitative Untersuchungen an größeren Stichproben (KOZNAR 1978; COHEN UND PHELPS 1985; SIDUN UND ROSENTHAL 1987; HOWE, BURGESS UND MCCORMACK 1987; HIBBARD, ROUGHMAN UND HOECKELMAN 1987; HIBBARD UND HARTMAN 1990; SCHUBBE 1992). Die größer angelegten, statistischen Merkmalsvergleiche sollen hier zusammengefaßt werden. Sie erlauben nämlich die beste Einschätzung darüber, welche Merkmale allgemein typisch für Mensch- und Selbstbildzeichnungen sexuell mißbrauchter Kinder sein könnten. Unsere Suche nach symbolischen Mitteilungen sexuellen Mißbrauchs führt zunächst in die Slowakei, dann in die USA, nach Kanada und zurück nach Deutschland. In diesen Ländern sind die bislang wenigen Vergleichsstudien angesiedelt, die Mensch- oder Selbstbildzeichnungen sexuell mißbrauchter Kinder solchen nicht mißbrauchter Kinder systematisch gegenüberstellen.

Methoden

Alle sechs Forschungsarbeiten vergleichen jeweils eine Gruppe von zwischen 21 und 65 sexuell mißbrauchten Kindern mit einer parallelisierten Kontrollgruppe. Bei jeder Kinderzeichnung wurde ausgewertet, welche Körperteile oder anderen Merkmale das Kind gezeichnet hatte, um dann die Häufigkeiten eines jeden Merkmals zwischen den gebildeten Gruppen statistisch zu vergleichen.

*Abbildung 2*

In der slowakischen Studie von 1978 vergleicht KOZNAR Menschzeichnungen dreier Gruppen von Mädchen aus Bratislava:

1. Eine Gruppe 21 kurz zuvor sexuell mißbrauchter Mädchen zwischen 8,5 und 17,4 Jahren.

2. Eine nach IQ und Alter parallelisierte Vergleichsgruppe von vor zwei bis drei Jahren mißbrauchten Mädchen.

3. Eine Vergleichsgruppe ohne Mißbrauchserfahrung.

Sieben Jahre später sammelten SIDUN UND ROSENTHAL in Chicago (1987) Menschzeichnungen von acht Jungen und 22 Mädchen im Alter zwischen 13 und 17 Jahren und einer ebenso großen Kontrollgruppe, die nach Geschlecht, Alter, Diagnose, IQ und ethnischer Abstammung parallelisiert war. Sie verwendeten die Akten zweier jugendpsychiatrischer Abteilungen und untersuchten pro Zeichnung 74 Merkmale.

In einer kanadischen Krisenunterkunft für weggelaufene Jugendliche erhoben HOWE, BURGESS UND MCCORMACK (1987) Menschzeichnungen von 15- bis 20jährigen Jugendlichen beiderlei Geschlechts und bildeten vier Gruppen: 53 sexuell wie körperlich mißhandelte Jugendliche, 12 sexuell mißbrauchte, 39 körperlich mißhandelte und 24 Jugendliche, die überhaupt nicht mißhandelt worden waren.

Die fünfte Untersuchung veröffentlichten HIBBARD, ROUGHMAN UND HOECKELMAN ebenfalls 1987. Ihre Stichprobe bestand aus 57 sexuell mißbrauchten Kindern zwischen drei und sieben Jahren aus dem Bundesstaat New York. Die Kontrollgruppe war nach Geschlecht, Alter, ethnischer Herkunft und sozialer Klasse parallelisiert und bestand aus Kindern, die sich in medizinischer Behandlung befanden. Diese wurden gebeten, Umrißzeichnungen von Menschen zu vervollständigen und Menschzeichnungen anzufertigen. Danach ermittelten fünf Auswerter unabhängig voneinander, ob Augen, Nabel, Scheide, Penis und After dargestellt worden waren.

HIBBARD UND HARTMAN (1990) betrachteten Menschzeichnungen von 65 sexuell mißbrauchten Kindern zwischen fünf und acht Jahren sowie von einer klinischen Kontrollgruppe. Bezüglich Geschlecht, Alter, ethnischer Abstammung und Bildungsgrad der Mutter bestanden zwischen den Gruppen keine signifikanten Unterschiede. Die Auswertung der Zeichnungen erfolgte nach den 30 von KOPPITZ 1968 definierten »emotionalen Merkmalen«, die ein Bild von den Ängsten und Sorgen und der inneren Einstellung eines Kindes vermitteln. Die 30 Einzelmerkmale wurden zu den fünf von KOPPITZ vorgeschlagenen »emotionalen Faktoren« zusammengefaßt, die dann zwischen den Gruppen verglichen wurden.

In Berlin bildete zuletzt SCHUBBE (1992) eine Stichprobe aus dreißig Kindern im Alter zwischen sechs und zwölf Jahren. Die Mensch- und Selbstbildzeichnungen dieser Kinder wurden mit entsprechenden Zeichnungen einer nach Alter, Geschlecht, Diagnose, körperlicher Mißhandlung, Geschwisterposition und Geschwisterzahl parallelisierten Kontrollgruppe anhand von 97 Einzelmerkmalen verglichen.

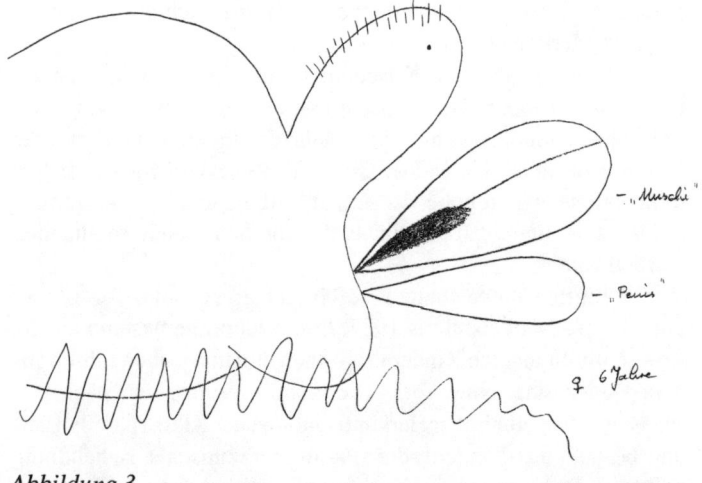

*Abbildung 3*

Ergebnisse

Trotz unterschiedlicher Stichproben und verschiedenartiger Erhebungsmethoden kommen alle berücksichtigten Studien zu einem gemeinsamen, aber unerwarteten Ergebnis: In keiner Untersuchung kommen *Genitalien* oder sexuelle Inhalte in den Menschzeichnungen der sexuell mißbrauchten Kinder so häufig vor, daß die Unterschiede zur Kontrollgruppe signifikant und damit verallgemeinerbar würden. Überhaupt zeichnen nur wenige der sexuell mißbrauchten Kinder aus verschiedenen Altersgruppen Genitalien: 10% bei HIBBARD ET AL. (1987), 4,6% bei HIBBARD ET AL. (1990) und 15% bei SCHUBBE (1992). Allerdings waren die wenigen Kinder, die Genitalien zeichneten, in der überwiegenden Mehrzahl sexuell mißbraucht worden, weshalb gezeichnete Genitalien weiterhin als mögliches Signal für sexuellen Mißbrauch betrachtet werden können (HIBBARD ET AL. 1987). *Umgekehrt kann aber eine Kinderzeichnung ohne sexuelle Thematik einen bestehenden Verdacht auf sexuellen Mißbrauch in keiner Weise entkräften.*

Im Gegensatz zum Merkmal »Genitalien« unterscheiden bestimmte *Weglassungen* von Körperteilen deutlich die Zeichnungen mißbrauchter und nicht mißbrauchter Kinder. Diese Weglassungen können jedoch nur dann als Ausdruck der Mißbrauchserfahrung verstanden werden, wenn das zeichnende Kind bereits einen Entwicklungsstand erreicht hat, der ihm grundsätzlich gestatten würde, das betreffende Merkmal darzustellen. Diejenigen Studien, deren Stichproben keine Kinder unter sechs Jahren enthalten, erbrachten alle dasselbe Resultat: Sexuell mißbrauchte Kinder zeichnen häufiger als andere Kinder *keine Hände,* wenn sie aufgefordert werden, einen Menschen beziehungsweise sich selbst darzustellen (KOZNAR 1978; SIDUN UND ROSENTHAL 1987; SCHUBBE 1992). Obwohl die untersuchten Kinder aus so unterschiedlichen Ländern wie der Slowakei, Deutschland und den USA kamen, führte die Auswertung ihrer Zeichnungen jedesmal zu demselben signifikanten Ergebnis, das auch ABBENANTE (1983) durch seine Beobachtungen von Zeichnungen erwachsener Vergewaltigungsopfer bestätigt: Im Anschluß an die sexuelle Traumatisierung zeichnen sie Personen oft ohne Hände.

Auch die Hypothese, sexuell mißbrauchte Kinder ließen in ihren Menschzeichnungen häufiger den *Rumpf* weg, konnte von SIDUN UND ROSENTHAL mit deutlicher Tendenz und von SCHUBBE mit signifikantem Ergebnis bestätigt werden. Diese Kinder zeichneten entweder nur den Kopf oder zeichneten altersmäßig verzögert noch Kopffüßer, obwohl sie schon mindestens das sechste Lebensjahr vollendet hatten.

Beim Vergleich der Selbstbildzeichnungen wurde deutlich, daß die untersuchten sexuell mißbrauchten Mädchen und Jungen, die ebenfalls mindestens sechs Jahre alt waren, signifikant häufiger als andere Kinder *Haare* oder *Kleider* wegließen – Merkmale, die nach einer Mißbrauchserfahrung ebenso wie Genitalien und Hände konfliktbesetzt sein dürften. Studien, die Kinder unter sechs Jahren miteinbezogen, konnten keine verallgemeinerbaren Unterschiede bei Weglassungen von Körperteilen oder Kleidern erkennen. Dies mag daher kommen, daß Kinder im Laufe ihrer zeichnerischen Entwicklung die verschiedenen Körperteile erst nach und nach in ihre Darstellung einer Person einbeziehen, ob sie nun mißbraucht wurden oder nicht. Mit sexuellem Mißbrauch zusammenhängende Häufigkeitsunterschiede heben sich erst ab einem Alter von ungefähr sechs Jahren von den entwicklungsbedingten Weglassungen ausreichend deutlich ab.

Unterschiede bei der Strichqualität fanden SIDUN UND ROSENTHAL

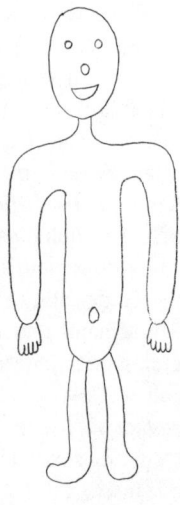

9 Jahre ♀
Selbstbild

*Abbildung 4*

wie auch HOWE ET AL. (1987). Die von SIDUN UND ROSENTHAL untersuchten sexuell mißbrauchten jugendlichen Psychiatriepatienten verwandten stärkeren und unregelmäßigeren Strichdruck als ihre klinische Kontrollgruppe. Umgekehrt zeichneten die sexuell mißbrauchten und von zu Hause weggelaufenen Jugendlichen der Stichprobe von HOWE ET AL. häufiger mit blassem oder unsicherem Strich.

In manchen Fällen ist für sexuell mißbrauchte Kinder die Aufgabe, sich selbst oder einen Menschen zu zeichnen, unmittelbarer Anlaß dafür, die Mißbrauchshandlung detailliert darzustellen und den Täter zu benennen (SCHUBBE 1992). Solche Zeichnungen können – ergänzt durch die Erklärungen des Kindes – alle für die Aufdeckung relevanten Informationen enthalten und damit den Schutz des Kindes ermöglichen.

HIBBARD ET AL. (1990) benutzten das von KOPPITZ (1984) begründete Verfahren, aus dreißig Einzelmerkmalen fünf Kategorien zu bilden und diese als Indikatoren für emotionale Auffälligkeiten einzusetzen. Bezüglich der emotionalen Faktoren nach KOPPITZ zeigen mißbrauchte Kinder höhere Angstwerte, aber keine höhere Impulsivität, Unsicherheit, Schüchternheit oder Aggressivität.

SCHUBBE ermittelte bei einer analogen Berechnung dieser Faktoren keine höhere Angst, jedoch Unsicherheit und Aggressivität in der Gruppe sexuell mißbrauchter Kinder.

Diskussion

Insgesamt kommen die sechs verglichenen Studien, was Weglassungen einzelner Merkmale anbetrifft, zu kompatiblen Ergebnissen. Dabei sind Weglassungen von Händen ab einem Alter von sechs Jahren am besten belegt. Es ist zu beachten, daß abgeschnittene Hände auch schon als Merkmal hirnorganisch gestörter, psychosomatisch erkrankter und anderer Gruppen von Kindern beschrieben wurden (KOPPITZ 1968), also nicht notwendigerweise auf sexuellen Mißbrauch hinweisen. Komplexere Merkmale wie Strichqualität und die emotionalen Faktoren nach KOPPITZ sind von unterschiedlichen Untersuchern auf unterschiedliche Weise mit sexuellem Mißbrauch in Verbindung gebracht worden, ohne daß diese Ergebnisse zum jetzigen Zeitpunkt eine Verallgemeinerung zulassen würden.

Die Gruppengrößen sind gegenüber denen der klassischen Untersuchungen von Menschzeichnungen durch GOODENOUGH (1926) oder KOPPITZ (1968) so gering, daß sie als Ausgangspunkte für weitere Forschungen auf diesem Gebiet angesehen werden müssen. Untersuchungen zum sexuellen Mißbrauch bilden ein erst langsam zusammenwachsendes und junges Forschungsfeld, das bisher die Zeichnungen der betroffenen Kinder nur am Rande berücksichtigt. Die statistischen Häufigkeitsvergleiche, die zu signifikanten Unterschieden führen, fußen auf einem Parallelgruppendesign mit einem Meßzeitpunkt, das aus methodischen Gründen umstritten ist (COOK UND CAMPBELL 1979). Für weitere Forschungen wird empfohlen, die Kontrollgruppen auch im Hinblick auf körperliche Gewalterfahrungen sowie Art und Umfang psychischer Störungen zu parallelisieren und den Zeitpunkt der Zeichnung nach dem letzten Mißbrauch zu berücksichtigen. HIBBARD (1987) ist bislang die einzige, die explizit erfragt, ob die mißbrauchten Kinder vor der Zeichenaufgabe mit anatomischen Puppen konfrontiert wurden, die sie zum Zeichnen von Genitalien hätten anregen können.

---

Weglassungen in Menschzeichnungen nach sexuellem Mißbrauch

| | | | |
|---|---|---|---|
| KOZNAR (1978) | *Hände* | | |
| SIDUN ET AL. (1987) | *Hände* | | |
| HOWE ET AL. (1987) | | | |
| HIBBARD ET AL. (1987) | | | |
| HIBBARD ET AL. (1990) | | | |
| SCHUBBE (1992) | *Hände* | *Rumpf* | |
| *Selbstbildzeichnung* | *Haare* | *Hände* | *Kleider* |

Leitmotive in Grimmschen Märchen über mißbrauchte Mädchen

| | | |
|---|---|---|
| »Allerleirauh« | *Haare* | *Kleider* |
| »Das Mädchen ohne Hände« | *Hände* | |

---

## Grimmsche Märchen über mißbrauchte Mädchen

Neben Zeichnungen und dem Spiel ermöglichen auch Märchen und Fabeln symbolische Mitteilungen zwischen Kindern und Erwachsenen. Auf diese Weise haben Märchen in fast allen Therapieschulen Eingang in die Arbeit mit Kindern gefunden. Während kollektive Vorstellungen und Symbole einer Kultur ihren Niederschlag in Märchen, Mythen und Sagen finden, kann erwartet werden, daß die kollektiven Symbole sexuellen Mißbrauchs dort ebenfalls zu finden sein werden. Wenn wir die in unserem Sprachraum populärste und mit der insgesamt ältesten Erzähltradition verbundene Märchensammlung der Brüder Grimm betrachten, so begegnen uns dort tatsächlich zwei Märchen, deren Erzähltradition schon vor mehreren hundert Jahren das Thema sexuellen Mißbrauchs aufgegriffen hat: *Das Mädchen ohne Hände* und *Allerleirauh.*

Im 12. Jahrhundert wurde im südlichen England eine zuvor nur mündliche Erzählung über ein Mädchen niedergeschrieben, das von seinem Vater sexuell begehrt und verstümmelt wird. Bis ins 17.

Jahrhundert tauchte diese Geschichte dann in ganz Europa in insgesamt neunzehn nachgewiesenen Fassungen folgenden Inhalts auf:

Ein Mann verliebt sich in seine einzige Tochter und will sie heiraten. Als sie sich weigert, schlägt er ihr die Hände ab und jagt sie fort. Trotz ihrer Verstümmelung heiratet sie einen König und gebiert diesem, während er im Krieg ist, einen Sohn. Der König erhält von seiner Mutter einen Brief, seine Frau habe eine Mißgeburt zur Welt gebracht. Der vertauschte Antwortbrief enthält den Befehl, Frau und Kind zu töten. Zum zweiten Male verstoßen, wird die Heldin von einem Einsiedler aufgenommen und erhält durch ein Wunder ihre Hände wieder. Der König, der entdeckt, daß sein Brief vertauscht wurde, findet schließlich Gattin und Kind wieder.

Die Brüder Grimm dokumentierten diese Überlieferung unter der Überschrift »Das Mädchen ohne Hände«, ersetzten aber für die Veröffentlichung ihrer Kinder- und Hausmärchen den ursprünglichen Anfang durch den einer Erzählversion aus dem Jahre 1812. *Sie strichen damit das Ausgangsmotiv des sexuellen Mißbrauchs* und setzten an dessen Stelle das Motiv der Armut.

Das zweite Grimmsche Märchen, in welchem Folgen sexuellen Mißbrauchs innerhalb der Familie thematisiert werden, heißt »Allerleirauh« und ist seit Jahrhunderten in ganz Europa, Mauritius, Brasilien, Japan und Nordindien verbreitet (BOLTE UND POLIVKA 1913). Jenes Märchen und seine Hauptfigur »Allerleirauh« sind nach einem Mantel benannt, der aus »allerlei Rauhwerk«, Fellstücken von allen Tieren eines Königreiches zusammengesetzt ist. Der König begehrt die Prinzessin Allerleirauh nach dem Tod ihrer Mutter zur Frau mit der Begründung, nur sie habe die gleichen goldenen Haare. Im schützenden Mantel, der Haare und Kleider verbirgt, flieht Allerleirauh vor ihrem Vater in ein fernes Land und verliebt sich in den dortigen Königssohn. Unerkannt verrichtet sie als Küchenmagd die niedrigsten Dienste, nimmt aber in attraktiven Kleidern, die sie in Nußschalen verborgen mitgebracht hat, dreimal an den großen Hoffesten teil, bis der junge Königssohn ihr schließlich ihren Mantel entreißt und sie heiratet.

Ursprünge dieses Märchens finden sich in zwei Geschichten wieder: Zum einen in der Legende von der irischen Königstochter Dympna, die als Spielmann verkleidet ihrem lüsternen Vater entflieht, in Antwerpen ein Kloster gründet und fortan als die Schutzpatronin der Geisteskranken gilt. Zum anderen in einer norddeutschen Sage nach Kuhn-Schwartz, in der Heinrich I. seiner Tochter verspricht, sie nicht mehr sexuell zu belästigen, wenn sie ihm dafür einen Teppich mit Abbildungen aller Tiere knüpft.

Die Märchen »Das Mädchen ohne Hände« (in ursprünglicher Fassung) und »Allerleirauh« nehmen ihren Ausgang bei einer sexuellen Mißbrauchshandlung und zeichnen deren Folgen nach, beschreiben aber darüber hinaus einen Weg der Heilung von Symptomen und die lebensgeschichtliche Bewältigung der im Mißbrauch begründeten Konflikte. Das Märchen vom Mädchen ohne Hände – ihr Vater ist offen gewalttätig – symbolisiert die Folgen eines mit körperlicher Gewalt verbundenen Mißbrauchs durch das Leitmotiv der *fehlenden Hände*.

Die Mißbrauchserfahrung des Mädchens Allerleirauh ist anders geartet, woraus sich auch ein anderes inhaltliches Grundmuster des Märchens ableitet: Ihr Vater unterwirft sich passiv dem letzten Willen seiner verstorbenen Frau und erhebt seine Tochter mittels teurer Brautgeschenke in die Rolle seiner Geliebten. Die Bedeutung und Folge dieser subtileren Form von Machtmißbrauch beschreibt das Märchen anhand der Leitmotive goldener Haare und attraktiver Kleider, welche die Prinzessin so lange unter ihrem Mantel verbirgt, bis sie eine neue Bedeutung ihrer *Haare* und *Kleider* im Sinne selbstbestimmter Sexualität entdeckt.


## »Allerleirauh«

Es war einmal ein König, der hatte eine Frau mit goldenen Haaren, und sie war so schön, daß sich ihresgleichen nicht mehr auf Erden fand. Es geschah, daß sie krank lag, und als sie fühlte, daß sie bald sterben würde, rief sie den König und sprach: »Wenn du nach meinem Tode dich wieder vermählen willst, so nimm keine, die nicht ebenso schön ist, als ich bin, und die nicht so goldene Haare hat, wie ich habe; das mußt du mir versprechen.« Nachdem es ihr der König versprochen hatte, tat sie die Augen zu und starb.

Der König war lange Zeit nicht zu trösten und dachte nicht daran, eine zweite Frau zu nehmen. Endlich sprachen seine Räte: »Es geht nicht anders, der König muß sich wieder vermählen, damit wir eine Königin haben.« Nun wurden Boten weit und breit herumgeschickt, eine Braut zu suchen, die an Schönheit der verstorbenen Königin ganz gleich käme. Es war aber keine in der ganzen Welt zu finden, die solche goldenen Haare gehabt hätte. Also kamen die Boten unverrichteter Sache wieder heim.

Nun hatte der König eine Tochter, die war geradeso schön wie ihre verstorbene Mutter, und hatte auch solche goldene Haare. Als sie herangewachsen war, sah sie der König einmal an und sah, daß sie in allem seiner verstorbenen Gemahlin ähnlich war, und da fühlte er plötzlich eine heftige Liebe zu ihr.

Da sprach er zu seinen Räten: »Ich will meine Tochter heiraten, denn sie ist das Ebenbild meiner verstorbenen Frau, und sonst kann sich doch keine Braut finden, die ihr gleicht.« Als die Räte das hörten, erschraken sie und sprachen: »Gott hat verboten, daß der Vater seine Tochter heirate, aus der Sünde kann nichts Gutes entspringen, und das Reich wird mit ins Verderben gezogen.« Die Tochter erschrak noch mehr, als sie den Entschluß ihres Vaters vernahm, hoffte aber, ihn von seinem Vorhaben noch abzubringen. Da sagte sie zu ihm: »Eh ich Euren Wunsch erfülle, muß ich erst drei Kleider haben, eins so golden wie die Sonne, eins so silbern wie der Mond und eins so glänzend wie die Sterne; ferner verlange ich einen Mantel, von tausenderlei Pelz und Rauhwerk zusammengesetzt, und ein jedes Tier in Eurem Reich muß ein Stück von seiner Haut dazugeben.« Sie dachte aber: »Das anzuschaffen ist ganz unmöglich, und ich bringe damit meinen Vater von seinen bösen Gedanken ab.« Der König ließ aber nicht ab, und die geschicktesten Jungfrauen in seinem Reiche mußten die drei Kleider weben, eins so golden wie die Sonne, eins so silbern wie der Mond und eins so glänzend wie die Sterne; und seine Jäger mußten alle Tiere im ganzen Reich auffangen und ihnen ein Stück von ihrer Haut abziehen; daraus ward ein Mantel von tausenderlei Rauhwerk gemacht. Endlich, als alles fertig war, ließ der König den Mantel herbeiholen, breitete ihn vor ihr aus und sprach: »Morgen soll die Hochzeit sein.«

Als nun die Königstochter sah, daß keine Hoffnung mehr war, ihres Vaters Herz umzuwenden, so faßte sie den Entschluß, zu entfliehen. In der Nacht, während alles schlief, stand sie auf und nahm von ihren Kostbarkeiten dreierlei, einen goldenen Ring, ein goldenes Spinnrädchen und ein goldenes Haspelchen; die drei Kleider von Sonne, Mond und Sternen tat sie in eine Nußschale, zog den Mantel von allerlei Rauhwerk an und machte sich Gesicht und Hände mit Ruß schwarz. Dann befahl sie sich Gott und ging fort, und ging die ganze Nacht, bis sie in einen großen Wald kam. Und weil sie müde war, setzte sie sich in einen hohlen Baum und schlief ein.

Die Sonne ging auf, und sie schlief fort und schlief noch immer, als es schon hoher Tag war. Da trug es sich zu, daß der König, dem dieser Wald gehörte, darin jagte. Als seine Hunde zu dem Baum kamen, schnupperten sie, liefen ringsherum und bellten. Sprach der König zu den Jägern: »Seht doch, was dort für ein Wild sich versteckt hat.« Die Jäger folgten dem Befehl, und als sie wiederkamen, sprachen sie: »In dem hohlen Baum liegt ein wunderliches Tier, wie wir noch niemals eins gesehen haben: an seiner Haut ist tausenderlei Pelz; es liegt aber und schläft.« Sprach der König: »Seht zu ob ihr's lebendig fangen könnt, dann bindet's auf den Wagen und nehmt's mit.« Als die Jäger das Mädchen anfaßten, erwachte es voll Schrecken und rief ihnen zu: »Ich bin ein armes Kind, von Vater und Mutter verlassen, erbarmt euch mein und nehmt mich mit.« Da sprachen sie: »Allerleirauh, du bist gut für die Küche, komm nur mit, da kannst du die Asche zusammenkehren.« Also setzten sie es auf den Wagen und fuhren heim in das königliche Schloß. Dort wiesen sie ihm ein Ställchen an unter der Treppe, wo kein Tageslicht hinkam, und sagten: »Rauhtierchen, da kannst du wohnen und schlafen.« Dann ward es in die Küche geschickt, da trug es Holz und Wasser, schürte das Feuer, rupfte das Federvieh, belas das Gemüs, kehrte die Asche und tat alle schlechte Arbeit.

Da lebte Allerleirauh lange Zeit recht armselig. Ach, du schöne Königstochter, wie soll's mit dir noch werden! Es geschah aber einmal, daß ein Fest im Schloß gefeiert ward, da sprach sie zum Koch: »Darf ich ein wenig hinaufgehen und zusehen? Ich will mich außen vor die Türe stellen.« Antwortete der Koch: »Ja, geh nur hin, aber in einer halben Stunde mußt du wieder hier sein und die Asche zusammentragen.« Da nahm sie ihr Öllämpchen, ging in ihr Ställchen, zog den Pelzrock aus und wusch sich den Ruß vom Gesicht und von den Händen ab, so daß ihre volle Schönheit wieder an den Tag kam. Dann machte sie die Nuß auf und holte ihr Kleid hervor, das wie die Sonne glänzte. Und wie das geschehen war, ging sie hinauf zum Fest, und alle traten ihr aus dem Weg, denn niemand kannte sie, und meinten nicht anders, als daß es eine Königstochter wäre. Der König aber kam ihr entgegen, reichte ihr die Hand und tanzte mit ihr und dachte in seinem Herzen: »So schön haben meine Augen noch keine gesehen.« Als der Tanz zu Ende war, verneigte sie sich, und wie sich der König umsah, war sie verschwunden, und niemand wußte wohin. Die Wächter, die vor dem Schlosse standen, wurden gerufen und ausgefragt, aber niemand hatte sie erblickt.

Sie war aber in ihr Ställchen gelaufen, hatte geschwind ihr Kleid ausgezogen, Gesicht und Hände schwarz gemacht und den Pelzmantel umgetan und war wieder Allerleirauh. Als sie nun in die Küche kam und an ihre Arbeit gehen und die Asche zusammenkehren wollte, sprach der Koch: »Laß das gut sein bis morgen und koche mir da die Suppe für den König, ich will auch einmal ein bißchen oben zugucken; aber laß mir kein Haar hineinfallen, sonst kriegst du in Zukunft nichts mehr zu essen.« Da ging der Koch fort, und Allerleirauh kochte die Suppe für den König und kochte eine Brotsuppe, so gut es konnte, und wie sie fertig war, holte es in dem Ställchen seinen goldenen Ring und legte ihn in die Schüssel, in welche die Suppe angerichtet ward. Als der Tanz zu Ende war, ließ sich der König die Suppe bringen und aß sie, und sie schmeckte ihm so gut, daß er meinte niemals eine bessere Suppe gegessen zu haben. Wie er aber auf den Grund kam, sah er da einen goldenen Ring liegen und konnte nicht begreifen, wie er dahin geraten war. Da befahl er, der Koch sollte vor ihn kommen. Der Koch erschrak, wie er den Befehl hörte, und sprach zu Allerleirauh: »Gewiß hast du ein Haar in die Suppe fallen lassen; wenn's wahr ist, so kriegst du Schläge.« Als er vor den König kam, fragte dieser, wer die Suppe gekocht hätte. Antwortete der Koch:»Ich habe sie gekocht.«»Das ist nicht wahr, denn sie war auf eine andere Art und viel besser gekocht als sonst.« Antwortete der Koch:»Ich muß es gestehen, daß ich sie nicht gekocht habe, sondern das Rauhtierchen.« Sprach der König:»Geh und laß es heraufkommen.«

Als Allerleirauh kam, fragte der König:»Wer bist du?«»Ich bin ein armes Kind, das keinen Vater und Mutter mehr hat.« Fragte er weiter:»Wozu bist du in meinem Schloß?« Antwortete es:»Ich bin zu nichts gut, als daß mir die Stiefel um den Kopf geworfen werden.« Fragte er weiter:»Wo hast du den Ring her, der in der Suppe war?« Sagte es:»Von einem Ring weiß ich nichts.« Also konnte der König nichts erfahren und mußte es wieder fortschicken.

Über eine Zeit war wieder ein Fest, da bat Allerleirauh den Koch wie voriges Mal um Erlaubnis, zusehen zu dürfen. Antwortete er:»Ja, aber komm in einer halben Stunde wieder und koch dem König die Brotsuppe, die er so gerne ißt.« Da lief es in sein Ställchen, wusch sich geschwind und nahm aus der Nuß das Kleid, das so silbern war wie der Mond, und tat es an. Da ging sie hinauf und glich einer Königstochter; und der König trat ihr entgegen und freute sich, daß er sie wiedersah, und weil eben der Tanz anhub, so tanzten sie zusammen. Als aber der Tanz zu Ende war, verschwand sie wieder so schnell, daß der König nicht bemerken konnte, wo sie hinging. Sie sprang aber in ihr Ställchen und machte sich wieder zum Rauhtierchen und ging in die Küche, die Brotsuppe zu kochen. Als der Koch oben war, holte es das goldene Spinnrad und tat es in die Schüssel, so daß die Suppe darüber angerichtet wurde. Danach ward sie dem König gebracht, der aß sie, und sie schmeckte ihm so gut wie das vorigemal, und ließ den Koch kommen, der mußte auch diesmal gestehen, daß Allerleirauh die Suppe gekocht hätte. Allerleirauh kam wieder vor den König, aber sie antwortete, daß sie nur dazu da wäre, daß ihr die Stiefel an den Kopf geworfen würden und daß sie von dem goldenen Spinnrad gar nichts wüßte.

Als der König zum drittenmal ein Fest anstellte, da ging es nicht anders als die vorigemale. Der Koch sprach zwar:»Du bist eine Hexe, Rauhtierchen, und tust immer etwas in die Suppe, davon sie so gut wird und dem König besser schmeckt, als was ich koche«; doch weil es so bat, so ließ er es auf die bestimmte Zeit hingehen. Nun zog es ein Kleid an, das wie die Sterne glänzte, und trat damit in den Saal. Der König tanzte wieder mit der schönen Jungfrau und meinte, daß sie noch niemals so schön gewesen wäre. Und während er tanzte, steckte er ihr, ohne daß sie es merkte, einen goldenen Ring an den Finger, und hatte befohlen, daß der Tanz recht lange währen sollte. Wie der Tanz zu Ende war, wollte er sie an den Händen festhalten, aber riß sich los und sprang so geschwind unter die Leute, daß sie vor seinen Augen verschwand. Sie lief, was sie konnte, in ihr Ställchen unter der Treppe, weil sie aber zu lange und über eine halbe Stunde geblieben war, so konnte sie das schöne Kleid nicht ausziehen, sondern warf nur den Mantel von Pelz darüber, und in der Eile machte sie sich auch nicht ganz rußig, sondern ein Finger blieb weiß. Allerleirauh lief nun in die Küche, kochte dem König die Brotsuppe und legte, wie der Koch fort war, den goldenen Haspel hinein. Der König, als er den Haspel auf dem Grunde fand, ließ Allerleirauh rufen; da erblickte er den weißen Finger und sah den Ring, den er im Tanze ihr angesteckt hatte. Da ergriff er sie an der Hand und hielt sie fest, und als sie sich losmachen und fortspringen wollte, tat sich der Pelzmantel ein wenig auf, und das Sternenkleid schimmerte hervor. Der König faßte den Mantel und riß ihn ab. Da kamen die goldenen Haare hervor, und sie stand da in voller Pracht und konnte sich nicht länger verbergen. Und als sie Ruß und Asche aus ihrem Gesicht gewischt hatte, da war sie schöner, als man noch jemand auf Erden gesehen hat. Der König sprach: »Du bist meine liebe Braut, und wir scheiden nimmermehr voneinander.« Darauf ward die Hochzeit gefeiert, und sie lebten vergnügt bis an ihren Tod.

Das Märchen von Allerleirauh beginnt mit einer Schilderung der Schönheit und der goldenen *Haare* der Mutter, der Königin. Haare stehen im Märchen häufig für erotische Anziehungskraft und eine schöne und starke Seele. Am Totenbett nimmt die Königin ihrem Mann das Versprechen ab, »nimm keine, die nicht ebenso schön ist, als ich bin, und die nicht solche goldenen Haare hat, wie ich habe«. An dieses Versprechen hält sich der König sklavisch, auch als er erkennt, daß seine Tochter als einzige diese Bedingung erfüllt. Damit beschreibt das Märchen eine in Mißbrauchsfamilien häufig anzutreffende Rollenverteilung: Der Mann handelt gegenüber seiner Frau wie ein unmündiges Kind und leugnet seine tatsächliche Macht. Damit leugnet er auch die Verantwortung für sein grausames Verhalten, seiner Tochter die Erwachsenenrolle einer Sexualpartnerin aufzuzwingen. Allerleirauh übernimmt trotz ihrer machtlosen Stellung als Kind die Verantwortung für ihre Beziehung zum Vater und stellt diesem eine schwere Aufgabe, wie sie sonst jungen Freiern gestellt wird: Der Vater soll ihr zum einen drei Kleider fertigen wie Sonne, Mond und Sterne, zum anderen einen *Mantel* aus allen Tierfellen des Landes. Damit will sie den Tag der Hochzeit aufschieben und Zeit gewinnen. In diesem Mantel darf sich die junge Prinzessin endlich wieder sicher und geborgen fühlen wie ein Kind im warmen Mutterschoß, das noch nicht als sexuelles Wesen betrachtet wird. Als sie erkennt, daß sie der unrealistischen Verantwortung für die Beziehung zum Vater nicht gerecht werden kann, flieht sie. In Mantel und Asche gehüllt erniedrigt sich Allerleirauh in die Rolle einer Magd. Ihr Äußeres verkörpert ihre Schuldgefühle. Diese sind so groß und unangemessen wie der Druck der Verantwortung, den Allerleirauh vorher gefühlt hat. Indem sie ihre attraktiven Kleider verbirgt, verleiht sie ihrer Verletzung Ausdruck, entgegen ihrem Willen und ihren kindlichen Bedürfnissen mit sexueller Begierde betrachtet worden zu sein. Die in Nußschalen verborgenen Kleider, die sie bei ihrer Flucht von zu Hause mit sich trägt, symbolisieren die noch verborgene Lebensmöglichkeit, ihre weibliche Anziehungskraft zu entfalten. Die Kleider symbolisieren auch die Lebensquellen, die sie trotz des Mißbrauchs von ihrem Elternhaus mitnehmen konnte: das Sonnenkleid Licht und Wärme, das Mondkleid magische, unbewußte, fruchtbare und den Rhythmen der Natur verbundene Qualitäten und das mit Diamanten besetzte Sternenkleid inneren und materiellen Reichtum, Sinnlichkeit und ihre Fähigkeit, auf Menschen zuzugehen (KAST 1984).

Bevor sich Allerleirauh jedoch wieder einem Mann nähern kann, löst sie sich innerlich ganz vom materiellen Reichtum und königlichen Status ihres Vaters und kehrt zum mütterlichen Prinzip zurück. Das mütterliche Prinzip wird verkörpert durch die Küche im Schloß des Königssohns, den Mantel, der ihre körperlichen Reize verhüllt und wie ein Verband ihren seelischen Wunden zu heilen erlaubt, und Ruß und Asche, womit sie Gesicht und Hände schwärzt. So trauert sie um ihre Mutter und ihre Kindheit.

Erst aus dieser Sicherheit und Geborgenheit heraus, als die Zeit für Allerleirauh reif ist, schlüpft sie aus Anlaß eines großen Hoffestes aus ihrem Mantel in eines ihrer drei Prinzessinnenkleider, verbirgt sich dann aber wieder als Magd in der Küche. Mit einem Ring, den sie in das Suppengedeck des Königssohnes gibt, bringt sie – noch unerkannt – ihren Beziehungswunsch zu Ausdruck. Beim dritten Hoffest schließlich erkennt der Königssohn das königliche Wesen Allerleirauhs, entreißt ihr ihre Verkleidung und wählt sie – beeindruckt von ihrer Schönheit – zur Frau.

Das Märchen führt beispielhaft die Bedeutungen der Symbole »Kleider« und »Haare« vor: Mit Kleidern können wir unser Äußeres flexibel verändern und gestalten, den Körper schmücken und seine Ausstrahlung steigern, uns vor Umwelteinflüssen – wie auch vor Blicken anderer! – schützen, unsere Scham verdecken. Darüber hinaus können wir mit Kleidern unseren gesellschaftlichen Status und unsere emotionale Befindlichkeit zu erkennen geben. Auch Haare schützen wie das Fell der Tiere vor Kälte und Wärme, haben aber auch, da sie das Gesicht begrenzen und meist sichtbar sind, eine wichtige soziale Bedeutung. Sie sind Symbol von Kraft, wie bei Simson und Delila (RICHTER 16,17) und von Freiheit, wie im Musical »Hair«. Entsprechend steht das gescherte Haupthaar oft für den Verzicht auf sinnlichen Genuß bei Mitgliedern geistiger Orden und den Entzug von Freiheit und Selbstbewußtsein bei Sklaven und Gefangenen. Wenn sich Menschen selbst die Haare ganz abschneiden oder ausreißen, steht dies oftmals für überwältigende Trauer und Verzweiflung.

Über ihre in der Kindheit mißbrauchten Klientinnen schreibt WIRTZ (1989, S. 107): »Viele Frauen kennen den Impuls, sich häßlich zu machen, wünschen sich, ein Aschenbrödel zu sein, grau, unauffällig, unsichtbar.« Damit wiederholt sich die Symbolsprache, die uns bisher in Selbstbildzeichnungen und Märchen begegnete, auch im äußeren Erscheinungsbild, im Umgang mit dem Körper.

## »Das Mädchen ohne Hände«

Die älteste heute bekannte Fassung aus dem 12. Jahrhundert, die bis auf ihren Anfang von den Brüdern Grimm übernommen wurde, beginnt damit, ein Vater »habe seine eigene Tochter zur Frau begehrt, und als diese sich geweigert, ihr Hände und Brüste abschneiden und ein weißes Hemd antun lassen, darauf sie in die Welt fortgejagt«. Das aus den Kinder- und Hausmärchen bekannte Märchen fährt fort:

Darauf ließ sie sich die verstümmelten Arme auf den Rücken binden, und mit Sonnenaufgang machte sie sich auf den Weg und ging den ganzen Tag, bis es Nacht ward. Da kam sie zu einem königlichen Garten, und beim Mondschimmer sah sie, daß Bäume voll schöner Früchte darin standen; aber sie konnte nicht hinein, denn es war ein Wasser darum. Und weil sie den ganzen Tag gegangen war und keinen Bissen genossen hatte und der Hunger sie quälte, so dachte sie: »Ach wäre ich darin, damit ich etwas von den Früchten äße, sonst muß ich verschmachten.«

Da kniete sie nieder, rief Gott den Herrn an und betete. Auf einmal kam ein Engel daher, der machte eine Schleuse in dem Wasser zu, so daß der Graben trocken ward und sie hindurchgehen konnte. Nun ging sie in den Garten und der Engel ging mit ihr. Sie sah einen Baum mit Obst, das waren schöne Früchte, aber sie waren alle gezählt. Da trat sie hinzu und aß eine mit dem Mund vom

Baume ab, ihren Hunger zu stillen, aber nicht mehr. Der Gärtner sah es mit an, weil aber der Engel dabeistand, fürchtete er sich und getraute sich nicht zu rufen oder den Geist anzureden. Als sie die Birne gegessen hatte, war sie gesättigt und ging und versteckte sich in das Gebüsch. Der König, dem der Garten gehörte, kam am anderen Morgen herab; da zählte er und sah, daß eine der Birnen fehlte, und fragte den Gärtner, wo sie hingekommen wäre, sie läge nicht unter dem Baum und wäre doch weg. Da antwortete der Gärtner: »Vorige Nacht kam ein Geist herein, der hatte keine Hände und aß eine mit dem Mund ab.« Der König sprach: »Wie ist der Geist über das Wasser herübergekommen? Und wo ist er hingegangen, nachdem er die Birne gegessen hatte?« Der Gärtner antwortete: »Es kam jemand in schneeweißem Kleide vom Himmel, der hat die Schleuse zugemacht und das Wasser gehemmt, damit der Geist durch den Graben gehen konnte. Und weil es ein Engel muß gewesen sein, so habe ich mich gefürchtet, nicht gefragt und nicht gerufen. Als der Geist die Birne gegessen hatte, ist er wieder zurückgegangen.« Der König sprach: »Verhält es sich, wie du sagst, so will ich diese Nacht bei dir wachen.«

Als es dunkel ward, kam der König in den Garten und brachte einen Priester mit, der solle den Geist anreden. Alle drei setzten sich unter einen Baum und gaben acht. Um Mitternacht kam das Mädchen aus dem Gebüsch gekrochen, trat zu dem Baum und aß wieder mit dem Munde eine Birne ab; neben ihr aber stand der Engel im weißen Kleide. Da ging der Priester hervor und sprach: »Bist du von Gott gekommen oder von der Welt? Bist du ein Geist oder ein Mensch?« Sie antwortete: »Ein Geist bin ich nicht, sondern ein armer Mensch, von allen verlassen, nur von Gott nicht.« Der König sprach: »Wenn du von aller Welt verlassen bist, so will ich dich nicht verlassen.« Er nahm sie mit sich in sein königliches Schloß, und weil sie so schön und fromm war, liebte er sie von ganzem Herzen, ließ ihr silberne Hände machen und nahm sie zu seiner Gemahlin.

Nach einem Jahr mußte der König über Feld ziehen, da befahl er die Königin seiner Mutter und sprach: »Wenn sie ins Kindbett kommt, so haltet und verpflegt sie wohl und schreibt mir's gleich in einem Briefe.« Nun gebar sie einen schönen Sohn. Da schrieb es die alte Mutter eilig und meldete ihm die frohe Nachricht. Der Bote aber ruhte unterwegs an einem Bache, und da er von dem langen Weg ermüdet war, schlief er ein. Da kam der Teufel, welcher der frommen Königin immer zu schaden trachtete, und vertauschte den Brief mit einem anderen, darin stand, daß die Königin einen Wechselbalg zur Welt gebracht hätte. Als der König den Brief las, erschrak er und betrübte sich sehr, doch schrieb er zur Antwort, sie sollten die Königin wohl halten und pflegen bis zu seiner Ankunft. Der Bote ging mit dem Brief zurück, ruhte an der nämlichen Stelle und schlief wieder ein. Da kam der Teufel abermals und legte ihm einen anderen Brief in die Tasche, darin stand, sie sollten die Königin mit ihrem Kinde töten. Die alte Mutter erschrak heftig, als sie den Brief erhielt, konnte es nicht glauben und schrieb dem Könige noch einmal, aber sie bekam keine andere Antwort, weil der Teufel dem Boten jedesmal einen falschen Brief unterschob; und in dem letzten Briefe stand noch, sie sollten zum Wahrzeichen Zunge und Augen der Königin aufheben.

Aber die alte Mutter weinte, daß so unschuldiges Blut sollte vergossen werden, ließ in der Nacht eine Hirschkuh holen, schnitt ihr Zunge und Augen aus und hob sie auf. Dann sprach sie zu der Königin:»Ich kann dich nicht töten lassen, wie der König befiehlt, aber länger kannst du hier nicht bleiben: geh mit deinem Kinde in die weite Welt hinein und komm nie wieder zurück.« Sie band ihr das Kind auf den Rücken, und die arme Frau ging mit weiniglichen Augen fort. Sie kam in einen großen wilden Wald, da setzte sie sich auf ihre Knie und betete zu Gott, und der Engel des Herrn erschien ihr und führte sie zu einem kleinen Haus, daran war ein Schildchen mit den Worten:»Hier wohnt ein jeder frei«. Aus dem Häuschen kam eine schneeweiße Jungfrau, die sprach:»Willkommen, Frau Königin«, und führte sie hinein. Da band sie ihr den kleinen Knaben von dem Rücken und hielt ihn an ihre Brust, damit er trank, und legte ihn dann auf ein schönes, gemachtes Bettchen. Da sprach die arme Frau:»Woher weißt du, daß ich eine Königin war?« Die weiße Jungfrau antwortete:»Ich bin ein Engel, von Gott gesandt, dich und dein Kind zu verpflegen.« Da blieb sie in dem Hause sieben Jahre und war wohl verpflegt, und durch Gottes Gnade wegen ihrer Frömmigkeit wuchsen ihr die abgehauenen Hände wieder.

Da sprach der König:»Ich will gehen, soweit der Himmel blau ist, und nicht essen und nicht trinken, bis ich meine liebe Frau und mein Kind wiedergefunden habe, wenn sie nicht in der Zeit umgekommen oder an Hunger gestorben sind.« Darauf zog der König umher, an die sieben Jahre lang, und suchte sie in allen Steinklippen und Felsenhöhlen, aber er fand sie nicht und dachte, sie wäre verschmachtet. Er aß nicht und trank nicht während dieser Zeit, aber Gott erhielt ihn. Endlich kam er in einen großen Wald und fand darin das kleine Häuschen, daran das Schildchen war mit den Worten »Hier wohnt ein jeder frei«. Da kam die weiße Jungfrau heraus, nahm ihn bei der Hand, führte ihn hinein und sprach:»Seid willkommen, Herr König« und fragte ihn, wo er herkäme. Er antwortete:»Ich bin bald sieben Jahre umhergezogen und suche meine Frau mit ihrem Kinde, ich kann sie aber nicht finden.« Der Engel bot ihm Essen und trinken an, er nahm es aber nicht und wollte nur ein wenig ruhen. Da legte er sich schlafen und legte ein Tuch über sein Gesicht.«

Darauf ging der Engel in die Kammer, wo die Königin mit ihrem Sohne saß, den sie gewöhnlich Schmerzenreich nannte, und sprach zu ihr:»Geh hinaus mitsamt deinem Kinde, dein Gemahl ist gekommen.« Da ging sie hin, wo er lag, und das Tuch fiel ihm vom Angesicht. Da sprach sie:»Schmerzenreich, heb deinem Vater das Tuch auf und decke es wieder über sein Gesicht. Das hörte der König im Schlummer und ließ das Tuch noch einmal gerne fallen. Da ward das Knäblein ungeduldig und sagte:»Liebe Mutter, wie kann ich meinem Vater das Gesicht zudecken, ich habe ja keinen Vater auf der Welt? Ich habe das Beten gelernt, unser Vater, der du bist im Himmel; da hast du gesagt, mein Vater wär im Himmel und wäre der liebe Gott: wie soll ich einen so wilden Mann kennen? Der ist mein Vater nicht.« Wie der König das hörte, richtete er sich auf und fragte, wer sie wäre. Da sagte sie: »Ich bin deine Frau und das ist dein Sohn Schmerzenreich.« Und er sah ihre lebendigen Hände und sprach: »Meine Frau hatte silberne Hände.« Sie antwortete: »Die natürlichen Hände hat mir der gnädige Gott wieder wachsen lassen«; und der Engel ging in die Kammer, holte die silbernen Hände und zeigte sie ihm. Da sah er erst gewiß, daß es seine liebe Frau und sein liebes Kind war, und küßte sie und war froh und sagte: »Ein schwerer Stein ist mir vom Herzen gefallen.« Da speiste sie der Engel Gottes noch einmal zusammen, und dann gingen sie nach Haus zu seiner alten Mutter. Da war große Freude überall, und der König und die Königin hielten noch einmal Hochzeit, und sie lebten vergnügt bis an ihr seliges Ende.

Auch in dem Märchen »Das Mädchen ohne Hände« tauchen in den Variationen des Leitmotivs der fehlenden Hände dessen unterschiedliche Symbolbedeutungen auf. Da sich die Heldin des Märchens weigert, mit ihrem Vater zu schlafen, hackt dieser ihr beide Hände ab – so beginnt die ursprüngliche Version dieses Märchens. Neben pseudoerwachsenen Vätern wie in »Allerleirauh« sind in Inzestfamilien häufig auch diktatorisch-besitzergreifende Väter anzutreffen (RENCKEN 1989). Zu der zweiten Gruppe zählt der hier beschriebene Vater. Im Märchen symbolisieren die fehlenden Hände der Tochter Hilflosigkeit und gewaltsame Unterwerfung. WIRTZ (1989) nennt es eine häufige Erfahrung sexuell mißbrauchter Mädchen, nur in der totalen Hemmung ihres Antriebs, ihrer Wünsche und Bedürfnisse, des Vaters liebste Tochter zu sein.

Nachdem der Vater der Tochter die Armstümpfe auf den Rücken gebunden und sie verstoßen hat, kann sie weder ihren Körper nähren oder versorgen noch pflegen oder streicheln. Sie kann weder Arbeit erwarten, noch einen Mann, der um ihre Hand anhalten würde. Auf diese Weise erniedrigt, betritt sie – von einem Engel geleitet – den Garten des Königs. Dort ißt sie zuerst eine Birne mit dem Mund vom Baum und übernachtet.

Im Gegensatz zur biblischen Geschichte von Adam und Eva bewertet das Märchen vom Mädchen ohne Hände den Bruch des Erkenntnistabus positiv, indem nicht die Schlange, sondern ein Engel das Mädchen zum Baum führt und der Verzehr der Birne nicht zur Vertreibung aus dem Paradies, sondern zur Aufnahme in den königlichen Garten führt. Der König bietet dem Mädchen jede Hilfe an und läßt ihr silberne Handprothesen fertigen, bevor er sie, beeindruckt durch ihre Schönheit und Frömmigkeit, zur Frau nimmt.

Die Beziehung zwischen dem hilflosen Mädchen und dem

*Abbildung 5:* Sharon L.: Selbstbildnis ohne Hände. Im Alter von 30 Jahren verarbeitet sie ihr mit körperlicher Gewalt verbundenes Mißbrauchstrauma mit Hilfe ihrer »Mal-Medizin«. (Quelle: GREENBERG M. S., VAN DER KOLK B. A.: Retrieval and integration of traumatic memories with the »painting cure«. In: Psychological Trauma. Edited by VAN DER KOLK, B. A. Washington, D.C., American Psychiatric Press, 1987, S. 207. Copyright 1987 BESSEL A. VAN DER KOLK. Abdruck mit freundlicher Genehmigung des Verlags.)

hilfsbereiten, aber viel mächtigeren König führt im Märchen zu Mißverständnissen und Beziehungskrisen. Nun symbolisieren die fehlenden Hände einerseits das *Hand*ikap, sich nicht deutlich und begreifbar machen zu können und andererseits die Abhängigkeit von Männern und Helfern als Folge der Entmachtung durch den Vater. Die vom König geschenkten silbernen Handprothesen binden sie nur noch mehr in Schuld und Dankbarkeit, anstatt sie zu befreien. Durch ein Mißverständnis meint die Mutter des Königs, die junge Königin, die gerade einen Sohn geboren hat, zusammen mit dem Kind töten zu müssen. Sie hat aber Mitleid, bindet der jungen Mutter ihren Säugling auf den Rücken und schickt sie in die Fremde.

War sie von ihrem Vater bestraft und, mit Schuldgefühlen beladen, fortgejagt worden, so erlebt sie das zweite Verstoßenwerden in der Überzeugung ihrer Unschuld – nach DREWERMANN (1981) ein wichtiger Schritt auf dem Weg ihrer Heilung. Sieben Jahre lang lebt die verstoßene Königin nun mit ihrem Sohn in einer Hütte im Wald, sieben Jahre der Selbsterneuerung und Heilung, an deren Ende ihr wieder eigene Hände wachsen.

Eine russische Variante des Märchens beschreibt die Heilung der Hände besonders eindrucksvoll: Die Frau kommt an eine Quelle und möchte trinken, hat aber Angst, das kleine Kind könne von ihrem Rücken ins Wasser fallen. Da steigt das Wasser allmählich, und die Frau wird so durstig, daß sie sich hinunterbeugt. Das Kind fällt ins Wasser. In ihrer Verzweiflung weint die Frau und irrt herum. Da sagt ihr ein alter Mann: »Hol' doch das Kind heraus!« Sie aber antwortet: »Ich habe keine Hände!« Wiederum sagt der alte Mann: »Hol' das Kind heraus!« Dann streckt sie ihre Arme ins Wasser, und es wachsen ihr lebende Hände (VON FRANZ 1977).

Nun, da sie die ihrem Vater gegenüber loyale Opferrolle durchbrochen hat, kann sie ihrer inneren Stimme folgen und ein selbstbestimmtes Leben beginnen. Auch ihr Mann, der König, hat sieben Jahre inneren Wachstums erfahren und es sich zur Lebensaufgabe gemacht, seine Frau wiederzufinden. Anders als bei der ersten Begegnung, als sie hilflos in seinem Garten Schutz und Nahrung gesucht hat, findet bei der zweiten Begegnung der König alleine, erschöpft und müde bei ihr Obdach. Sie erkennt ihn zuerst und stellt ihn ihrem Sohn als Vater vor. Dagegen erkennt der König sie erst als seine Frau, als er ihre abgelegten Handprothesen sieht. Die von großzügigen Gesten überdeckte Verhärtung seines Herzens, welche ihrer Abstumpfung und Hilflosigkeit gegenüberstand, löst sich, und mit den neuen Händen schließen sie einen zweiten Ehebund.

Hände sind also nicht nur das paarige Greiforgan des Menschen, sondern auch ein Kontaktorgan, welches der menschlichen Psyche erlaubt, begreifend zu verstehen, handelnd in Verbindung zu treten, sich zu artikulieren und zu verteidigen. Fehlt die Hand als

Werkzeug der Sprache, symbolisiert sie Mißverständnisse. In der Geschichte der Symbolik sind Hände das bedeutsamste menschliche Körperteil. Schon der Säugling beginnt, die Welt mit den Händen zu begreifen, zu ertasten und zu erfassen. Für die kindliche Ich-Entwicklung spielen die Hände eine zentrale Rolle (MACHOVER 1949). In Kinderzeichnungen werden fehlende Hände als Ausdruck von Hilflosigkeit (DiLEO 1983; HAMMER 1981; KOPPITZ 1968) und von der Unfähigkeit gewertet, sich zu wehren und selbstbestimmt zu handeln (WIRTZ 1989).

An den Händen, so wird gesagt, klebt die Schuld. Fehlende Hände in Kinderzeichnungen deuten entsprechend auf Schuldgefühle hin (DiLEO 1983; LEVY 1978; MACHOVER 1949). An sexuellen Mißbrauchshandlungen können sowohl die Hände des Kindes als auch jene des Mißbrauchers aktiv beteiligt sein, und jedesmal sind sie danach entsprechend konfliktbesetzt.

## Zum therapeutischen Stellenwert von Symbolisierungen

Symbole und Zeichen sind *Bedeutungsträger,* die als solche aus Signifikat *(Bedeutung)* und Signifikant *(Träger)* bestehen. Während ein Zeichen in der Regel nur eine Bedeutung hat, sind Symbole gleichzeitig Träger vieler unterschiedlicher Bedeutungen. Die zeichnerische Darstellung einer Hand kann in diesem Sinne ein Zeichen für eine reale Hand oder ein Symbol sein, in welchem das Kind gleichzeitig noch weitere Bedeutungen zum Ausdruck bringt, etwa Hilflosigkeit, Schuldgefühle und die Unfähigkeit, sich zu artikulieren. Die Vielzahl von Bedeutungen, die ein Symbol gleichzeitig verkörpert, kann unterschieden werden in kollektive Bedeutungen, die für eine größere Gruppe von Menschen gemeinsam gelten, und private, deren Bedeutung aus der individuellen Geschichte einer Person gewachsen ist. Die Wirkung von Märchen gründet sich darauf, daß die dort verwendeten kollektiven Symbole in ihren Bedeutungen zumindest in unserem Kulturkreis geteilt und damit verstanden werden. Obwohl Kinderzeichnungen sowohl *private* wie auch *kollektive* Symbole enthalten, lassen sich mit einer statistischen Auswertung von Gruppenunterschieden ausschließlich kollektive Symbole erheben. Beim Summieren der Merkmalshäufigkeiten in den jeweiligen Gruppen addieren sich die kollektiv bedeutsamen Merkmale, während die Effekte der individuell verschieden gearteten Symbole in den Hintergrund treten. *Private* Symbole von Kinderzeichnungen sind immer dann wichtig, wenn wir einem einzelnen zeichnenden Kind gegenübertreten und verstehen wollen, was dieses Kind mit den Merkmalen, die es gezeichnet oder weggelassen hat, aufgrund seiner persönlichen Erfahrung mit diesen verbindet und meint. Diese Information kann uns nur das Kind selbst geben. Die kollektiven Bedeutungen der von sexuell mißbrauchten Kindern besonders häufig gezeichneten Symbole können dagegen als symbolische Mitteilungen von überindividuell ähnlichen, mit sexuellem Mißbrauch verknüpften Erfahrungen verstanden werden.

Die Deutung der *kollektiven* Merkmale der Mensch- und Selbstzeichnungen sexuell mißbrauchter Kinder eröffnet vielfache, teils verschlüsselte Bedeutungen der als Symbole verstandenen Merkmale. Mit aller Vorsicht kann die kollektive symbolische Mitteilung sexuell mißbrauchter Kinder folgendermaßen zusammengefaßt werden:

»Ich fühle mich als ein hilfloses Opfer körperlicher Gewalt, unfähig zu handeln und dennoch schuldig, in Mißverständnisse verstrickt aber nicht in der Lage, mich klar zu artikulieren, begreifbar zu machen (keine Hände). Mein Körper hat mich verraten, ist ein Ort des Unglücks, den ich am liebsten verlassen würde (kein Rumpf). An meiner Schönheit, Attraktivität und Geschlechtlichkeit kann ich mich nicht erfreuen, denn ich muß mich vor meiner Ausstrahlung fürchten, die Mißbraucher auf mich aufmerksam machen könnte. Wenn ich mich aber dem Mißbraucher verweigere, bin ich überhaupt nichts mehr Wert und bleibe ungeliebt (keine Haare und Kleider).«

Nach analytischer Vorstellung FREUDscher Prägung wurzeln Symbole im Primärprozeß, aus dem sie ihre psychische Energie beziehen, ob die Symbole nun verdrängt oder dem Bewußtsein zugänglich sind. Ist ein Inhalt verdrängt, so verschiebt sich seine psychische Energie von seiner direkten Repräsentation auf ein etwas bedeutungsferneres Symbol. Auf diese Weise passiert die psychische Energie die Zensur, nicht aber der verdrängte Inhalt, der in Form symbolischer Traumbilder, Zeichnungen, Fehlleistungen oder Symptome verschlüsselt werden muß. Auch der zunächst verdrängte Inhalt kann ins Bewußtsein gelangen, wenn es gelingt, das Symbol in seiner Bedeutung jenes Inhaltes zu erkennen.

PIAGET unterscheidet den operativen und den figurativen Aspekt der Erkenntnis. Figurativ kann das Kind die Welt kognitiv in drei Bereichen abbilden: (1) ein zum Zeitpunkt der Wahrnehmung gegenwärtiges Objekt über die sinnliche Wahrnehmung, (2) eine Handlung durch Nachahmung und (3) ein abwesendes Objekt durch sein Vorstellungsbild. Inhalte der figurativen Wahrnehmung werden ohne Zensur in den Primärprozeß assimiliert. Kann der (traumatische) Inhalt nicht akkomodiert werden, so wird er vom restlichen Abbild der äußeren Realität abgespalten. Durch diese Abspaltung bleiben noch nicht akkommodierte Inhalte der sinnlichen Wahrnehmung als unbewußte Symbole erhalten (PIAGET 1969).

Diesen Prozeß beobachteten VAN DER KOLK, BLITZ, BURR, SHERRY UND HARTMANN (1984, nach FISH-MURRAY, KOBY UND VAN DER KOLK 1987) an erwachsenen Kriegsveteranen. Deren Träume enthielten noch Jahre nach der Traumatisierung unverarbeitete, nicht akkomodierte szenische Darstellungen der traumatischen Kampfhandlungen, die von späteren Erfahrungen unbeeinflußt erhalten geblieben waren. Wenn das kognitive System die Erfahrung des Traumas nicht verarbeiten kann, verlieren auch Kinder die Möglichkeit, sich frei durch eine kognitive Struktur integrierter Gedanken und Vorstellungen zu bewegen. Statt dessen ist ihre natürliche Fähigkeit zur Akkommodation, zur Selbstregulation und Antizipation weiterer Erfahrungen stark eingeschränkt, wie auch ganze Bereiche des Erkennens von Verhaltensmöglichkeiten. Dies verstärkt die Tendenz, alte Denk- und Verhaltensmuster sicherheitshalber beizubehalten. Auf die kindliche Entwicklung kann sich dies hemmend auswirken, sogar soweit, daß die Entwicklung in bestimmten Bereichen auf der Stufe, die das Kind zur Zeit des Traumas erreicht hatte, angehalten wird.

Psychische Traumata sind die Folge überwältigender Reize, denen das Individuum unentrinnbar ausgeliefert ist, während es sie als unmittelbare Gefahr für seine körperliche Unversehrtheit erfährt. Je nach dem Grad der Traumatisierung und seiner psychischen Verfassung ist das mißbrauchte Kind gezwungen, zum Schutz seiner Psyche auf zunehmend primitivere Abwehrmechanismen zurückzugreifen. Hierzu gehört die Abspaltung aller unverarbeiteten, mit dem Trauma verbundenen Wahrnehmungen und Gefühlsreaktionen, denn diese Abspaltung ermöglicht dem Kind, ein intaktes Selbstbild zu bewahren, gekennzeichnet durch ein Mindestmaß an Sicherheit, Kontrolle und die Möglichkeit, grundlegende Bedürfnisse befriedigen zu können. Unmittelbar nach sexuellem Mißbrauch ist die Erinnerung bei vielen Opfern ausgeschaltet, aber in diese post-traumatische Amnesie brechen unwillkürlich Alpträume, Flash-backs und unbewußte symbolische Reinszinierungen der Mißbrauchshandlung (VAN DER KOLK 1987). Diese beängstigenden Nachwirkungen schrecken das Kind davon ab, an den Mißbrauch zurückzudenken, darüber zu sprechen oder sich anderweitig damit auseinanderzusetzen. Dies erhält wiederum die bestehende Abspaltung aufrecht und kann zur Einschränkung des Körperbildes, zur Verarmung der Gedankenwelt, zur Abstumpfung der Empfindungsfähigkeit oder zu dem Gefühl führen, ertaubt und kein Teil dieser Welt mehr zu sein (JOHNSON 1987).

Um die Verarbeitung der traumatischen Erfahrung zu ermöglichen, ist es deshalb notwendig, einen sicheren Raum zu schaffen, in welchem unbewußte und abgespaltene Inhalte kontrollierbar und in erträglichem Maße erinnert und integriert werden können, ohne daß sie das Bewußtsein in der abschreckenden Gesamtheit von Flash-backs überschwemmen.

Das Sprechen über Träume und Fantasien sowie die Übertragung schaffen in der Therapie einen Übergangsraum (WINNICOTT 1971), in welchem Therapeutin und Klient sicher und zwanglos mit Gedanken und Gefühlen spielen können, ohne äußere Konsequenzen befürchten zu müssen. Nonverbale symbolische Formen der Mitteilung – Kunst, Musik, Rollenspiel – bieten einen ebensolchen Übergangsraum, der die Übertragungsbeziehung an Sicherheit deutlich übertrifft: Sie ermöglichen dem Klienten Distanz und Kontrolle, indem ihm seine traumatischen Erinnerungen auf Zeichenpapier oder im Rollenspiel vergegenständlicht gegenübertreten. Es fällt ihm leichter, über die vor ihm liegende Zeichnung seines Gefühls oder seiner traumatischen Erfahrung zu sprechen, als sein Gefühl oder seine Erinnerung direkt zu benennen, womit das Selbst unmittelbar bedroht werden könnte.

C. G. JUNG betrachtet die Fähigkeit, Symbole zu bilden, als bedeutende integrative Funktion, die es uns in einzigartiger Weise ermöglicht, die vielfältigen Gegensätzlichkeiten und neurotischen Spaltungen menschlichen Erlebens zu überwinden. JAEGGI (1989) führt diesen Gedanken fort und beschreibt, wie Symbole therapeutische Veränderungen bewirken können: Selbst- und Objektrepräsentanzen – die Niederschläge der summierten Beziehungserfahrungen mit sich selbst und wichtigen Bezugspersonen – können als Symbole aufgefaßt werden, an denen sich Triebbesetzungen abspielen. Direkt mit diesen Interaktionssymbolen zu arbeiten, ohne sie notwendigerweise zu versprachlichen, betrachtet JAEGGI als bedeutenden *psychotherapiespezifischen Wirkfaktor:* »Es kann nämlich im symbolischen Raum jeweils die eine oder andere Seite von Interaktionen ›ausgesponnen‹ werden, ohne daß strenge sekundärprozeßhafte Impulse korrigierend eingreifen. Affekte werden dadurch reguliert, neue Handlungskonsequenzen können erarbeitet werden.«

Sexuell mißbrauchten Kindern erlaubt die symbolische Mitteilung in der Therapie, was ihnen bildlose Sprache verweigern muß: *kindgemäß unaussprechliche, abgespaltene und unbewußte Inhalte zu integrieren.* Sprachlich logische Aussagen über den Mißbrauch bräuchten Kinder trotzdem noch, um den Glauben Erwachsener zu finden und die Macht ihres Geheimnisses zu brechen.


# Literatur

ABBENANTE, J. (1983): Art therapy with victims of rape. Proceedings of the 13th Annual Conference of the American Art Therapy Association.

BAUMGART, U. (1985): Kinderzeichnungen – Spiegel der Seele. Zürich.

BOLTE, J.; POLIVKA, G. (1913): Anmerkungen zu den Kinder- und Hausmärchen der Brüder Grimm. 5 Bände. Weicher, Leipzig.

BRIGGS, F.; LEHMANN, K. (1989): Significance of children's drawings in cases of sexual abuse. Early Child Development and Care 47: 131-147.

BURGESS, E. (1988): Sexually abused children and their drawings. Archives of Psychiatric Nursing 2: 65-73.

COHEN, F.; PHELPS, R. (1985): Incest markers in children's artwork. Arts in Psychotherapy 12: 265-283.

COOK, T. D.; CAMPBELL, D. T. (1979): Quasi-Experimentation. Design and Analysis Issues for Filed Settings. Rand McNally, Chicago.

DILEO, J. (1973): Children's Drawings as Diagnostic Aids. Brunner/Mazel, New York.

DILEO, J. (1983): Interpreting Children's Drawings. Brunner/Mazel, New York.

DREWERMANN, E.; NEUHAUS, J. (1981): Das Mädchen ohne Hände. Walter, Olten.

EDWARDS, C.; FORMAN, B. (1989): Effects of child interview method on accuracy and completeness of sexual abuse information recall. Social Behavior and Personality 17: 237-247.

FALK, J. (1981): Understanding children's art: An analysis of the literature. Journal of Personality Assessment 45: 465-472.

FEGERT, J. (1989): Diagnostik bei Verdacht auf sexuellen Mißbrauch bei Mädchen und Jungen. In: Walter, J. (Hg.), Sexueller Mißbrauch im Kindesalter. Schindele, Heidelberg, S. 68-101.

FISH-MURRAY, C., KOBY, E.; VAN DER KOLK, B. (1987): Evolving ideas: The effect of abuse on children's thought. In: VAN DER KOLK, B. (ed.), Psychological Trauma. American Psychiatric Press, Washington, D.C., S. 89-110.

GOODENOUGH, F. L. (1926): Measurement of Intelligence by Drawings. World Book, Yonkers, N.Y.

GOODWIN, J. (1982a): The use of drawings in incest cases. In: GOODWIN, J. (ed.), Sexual abuse: Incest Victims and Their Families. Littleton, S. 47-56.

GOODWIN, J. (1982b): Use of drawings in evaluating children who may be incest victims. Children and Youth Services Review 4 (3): 269-278.

GRIMM, J. (1980): Kinder- und Hausmärchen. 3 Bände. Reclam, Stuttgart.

HAMMER, E. F. (1981): The House-Tree-Person (HTP) Clinical Research Manual. Western Psychological Services, Los Angeles.

HIBBARD, R.; HARTMAN, G. (1990): Emotional indicators in human figure drawings of sexually victimized and non-abused children. Journal of Clinical Psychology 46: 211-219.

HIBBARD, R.; ROGHMANN, K.; HOEKELMAN, R. (1987): Genitalia in children's drawings: An association with sexual abuse. Pediatrics 79: 129-137.

HOWE, J.; BURGESS, A.; MCCORMACK (1987): Adolescent runaways and their drawings. The Arts in Psychotherapy 14: 35-40.

JAEGGI, E. (1989): Das präsentative Symbol als Wirkfaktor in der Psychotherapie. Oder: Der Patient als Künstler. Forum der Psychoanalyse 5: 140-152.

JOHNSON, D. (1987): The role of the creative arts therapies in the diagnosis and treatment of psychological trauma. The Arts in Psychotherapy 14: 7-13.

JUNG, C. G. (1976): Gesammelte Werke. Aion, Freiburg.

KENDALL-TACKETT, K. (1992): Beyond anatomical dolls: Professionals' use of other play therapy techniques. Child Abuse and Neglect 16: 139-142.

KAST, V. (1984): Familienkonflikte im Märchen. Eine psychologische Deutung. Walter, Olten.

KEMPE, R. S.; KEMPE, C. H. (1980): Kindesmißhandlung. Klett-Cotta, Stuttgart. (Original erschienen 1978)

KOPPITZ, E. M. (1968): Psychological Evaluation of Children's Human Figure Drawings. Grune & Stratton, New York.

KOPPITZ, E. M. (1984): Psychological Evaluation of Human Figure Drawings of Middle School Pupils. Grune & Stratton, New York.

KOZNAR, J. (1978): Peculiarities of human figure drawings in psychosexually traumatized girls. Ceskoslovenska Psychiatrie 74: 212-219.

LEVY, S. (1978): Projective figure drawing. In: HAMMER, E. F. (Ed.), The Clinical Application of Projective Drawings. Charles C. Thomas, Spingfield.

MACHOVER, K. (1949): Personality Projection in the Drawing of the Human Figure. Charles C. Thomas, Springfield.

MILLER, T., VELTKAMP, L.; JANSON, D. (1987): Projective measures in the clinical evaluation of sexually abused children. Child Psychiatry and Human Development 18 (1): 47-57.

NAITOVE, C. (1982): Arts therapy with sexually abused children. In: SGROI, S. (Ed.), Handbook of Clinical Intervention in Child Sexual Abuse. Health, Lexington, S. 269-308.

PIAGET, J. (1969): Nachahmung, Spiel und Traum. Die Entwicklung der Symbolfunktion beim Kinde. Klett, Stuttgart. (Original erschienen 1945: La formation du symbole chez l'enfant)

RAACK, G. (1990): Das sind die Beine, die sind zum Weglaufen. Diagnostik anhand von Kinderzeichnungen. In: ENDERS, U. (Hg.), Zart war ich, bitter war's: sexueller Mißbrauch an Mädchen und Jungen. Kölner Volksblatt Verlag, Köln, S. 144-150.

RENCKEN, R. H. (1989): Intervention Strategies for Sexual Abuse. American Association for Counseling and Development, Alexandria.

SCHUBBE, O. (1992): Mensch- und Selbstzeichnung von sexuell mißbrauchten Kindern. Dipl.-Arbeit. Technische Universität, Berlin.

SIDUN, N.; ROSENTHAL, R. (1987): Graphic indicators of sexual abuse in Draw-A-Person tests of psychiatrically hospitalized adolescents. Arts in Psychotherapy 14 (1): 25-33.

STEINHAGE, R. (1992): Sexuelle Gewalt – Kinderzeichnungen als Signal. Rowohlt, Reinbek.

VAN DER KOLK, B.; BLITZ, R.; BURR, W.; SHERRY, S.; HARTMANN, E. (1984): Nightmares and trauma: A comparison of nightmares after combat with lifelong nightmares in veterans. American Journal of Psychiatry 141: 187-190.

VAN DER KOLK, B. (1987): Psychological Trauma. American Psychiatric Press, Washington D.C.

VON FRANZ, M.-L. (1977): Das Weibliche im Märchen. Bonz, Fellbach-Oeffingen.

WINNICOTT, D. (1971): Playing and Reality. Basic Books, New York.

WIRTZ, U. (1989): Seelenmord. Inzest und Therapie. Kreuz, Zürich.

WOHL, A.; KAUFMAN, B. (1985): Silent Screams and Hidden Cries: An Interpretation of Artwork by Children From Violent Homes. Brunner/Mazel, New York.

YATES, A., BEUTLER L.; CRAGO, M. (1985): Drawings by child victims of incest. Child Abuse and Neglect 9: 183-189.

ARNON BENTOVIM[1]

# Therapeutische Arbeit mit Familien[2]

Die Bedeutung familienorientierter therapeutischer Arbeit bei sexuellem Mißbrauch wird heutzutage heftig diskutiert. Das Spektrum der Positionen reicht von der These, die Arbeit mit der Familie sei durchgehend notwendig (LUSTIG et al. 1966) bis hin zur Auffassung, die Arbeit müsse auf die einzelnen Familienmitglieder – Opfer, nicht-mißbrauchenden Elternteil und Mißbraucher – getrennt ausgerichtet sein, wobei Sitzungen mit der Familie höchstens in besonderen Fällen und als letzte Maßnahme erwogen werden (BERLINER und WHEELER 1987).

## Theoretische Modelle

Viele der Faktoren, die Familien in die Lage versetzen, Kinder zu versorgen, zu unterstützen und zu sozialisieren, erhöhen ebenso die Wahrscheinlichkeit des Auftretens von Gewalt (GELLES und CORNEL 1985). Die Intensität familiärer Bindungen ist Grundlage menschlicher Nähe und Wärme, bedürfnisgerechter Intimität und Sexualität zwischen Erwachsenen, aber auch für das Klima, in dem Wut, Leiden und perverse Phantasien entstehen. Kinder werden ungefragt Mitglied der Familie, in deren Privatheit Erwachsene unbeobachtet ihre Gefühle auf Kosten der Kinder ausleben können.

Partner, die sich als Eltern zusammentun, bringen jeweils einen ganzen Kanon von Überzeugungen und Einstellungen mit, die sie ihren Kindern weitergeben. Familienzugehörigkeit impliziert das Recht zur Einflußnahme auf Kinder; die Gesellschaft erwartet von Eltern, dem Kind Rollen zu vermitteln, die irgendwann wieder nützlich für die Gemeinschaft sein werden. Gleichwohl können Eltern auch Auffassungen über den richtigen Umgang mit Kindern

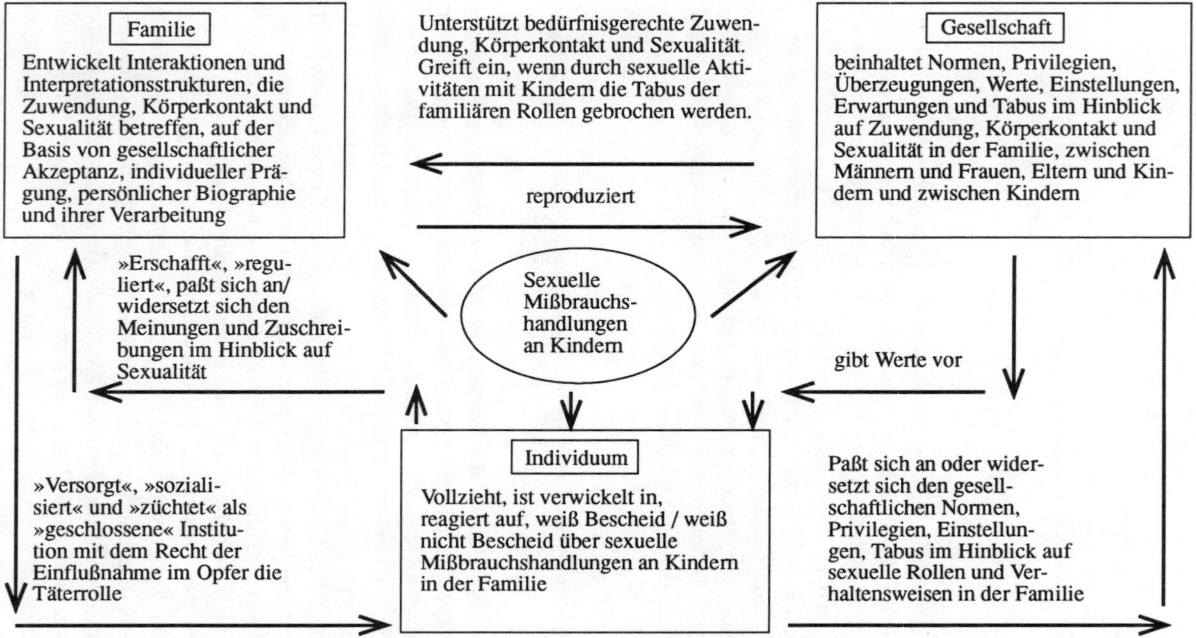
Familie
Entwickelt Interaktionen und Interpretationsstrukturen, die Zuwendung, Körperkontakt und Sexualität betreffen, auf der Basis von gesellschaftlicher Akzeptanz, individueller Prägung, persönlicher Biographie und ihrer Verarbeitung
Unterstützt bedürfnisgerechte Zuwendung, Körperkontakt und Sexualität. Greift ein, wenn durch sexuelle Aktivitäten mit Kindern die Tabus der familiären Rollen gebrochen werden.
reproduziert
Gesellschaft
beinhaltet Normen, Privilegien, Überzeugungen, Werte, Einstellungen, Erwartungen und Tabus im Hinblick auf Zuwendung, Körperkontakt und Sexualität in der Familie, zwischen Männern und Frauen, Eltern und Kindern und zwischen Kindern
»Erschafft«, »reguliert«, paßt sich an/widersetzt sich den Meinungen und Zuschreibungen im Hinblick auf Sexualität
Sexuelle Mißbrauchshandlungen an Kindern
gibt Werte vor
»Versorgt«, »sozialisiert« und »züchtet« als »geschlossene« Institution mit dem Recht der Einflußnahme im Opfer die Täterrolle
Individuum
Vollzieht, ist verwickelt in, reagiert auf, weiß Bescheid / weiß nicht Bescheid über sexuelle Mißbrauchshandlungen an Kindern in der Familie
Paßt sich an oder widersetzt sich den gesellschaftlichen Normen, Privilegien, Einstellungen, Tabus im Hinblick auf sexuelle Rollen und Verhaltensweisen in der Familie

*Abbildung 1:* Sexuelle Mißbrauchshandlungen an Kindern – die Rollen von Individuum, Familie und Gesellschaft

entwickeln, die zur gesellschaftlichen Erwartung im Widerspruch stehen und unter Umständen für die zukünftige Rolle der Kinder sehr behindernd wirken. Es gibt kaum etwas, das auf die Entwicklung von Kindern so tiefgreifende traumatische Wirkungen haben könnte wie sexuelle Handlungen an ihnen. *Abbildung 1* zeigt, wie Individuum, Familie und Gesellschaft bei sexuellen Mißbrauchshandlungen an Kindern zusammenwirken. Das Diagramm basiert auf den Ansätzen von KINSTON (1987), BENTOVIM und KINSTON (1990) und BENTOVIM (1990): Es versucht deutlich zu machen, daß sexueller Mißbrauch von Kindern in einem Zusammenhang mit gesellschaftlichen Einstellungen, familiären Beziehungen und der Rolle des Individuums steht.

In jeder Gesellschaft gibt es Normen, Privilegien, Überzeugungen, Werte, Einstellungen, Erwartungen und Tabus über die körperliche Zuwendung und Sexualität zwischen den Mitgliedern einer Familie. Ein zentrales Tabu jeder Gesellschaft verlangt, Kinder vor sexuellem Wissen und sexuellen Erfahrungen zu schützen, die nicht ihrem Alter entsprechen. Inzwischen ist klar, daß das eigentliche Tabu sich weniger darauf bezieht, solche Handlungen zu unterlassen, als nicht darüber zu sprechen. Beleg dafür ist die ungeheuer weite Verbreitung sexuellen Mißbrauchs an Kindern, über den von Erwachsenen rückblickend berichtet wird (BAKER und DUNCAN 1985; RUSSELL 1984).

Kinder werden versteckt und offen als Sexualobjekte betrachtet. Beobachtungen an der Kindermode, dem Einsatz von Kindern in der Werbung und in nahezu pornographischen Photographien zeigen, daß die natürliche Entwicklung der kindlichen Sexualität nicht unbedingt respektiert, sondern angeregt und mit Erwachsenensexualität gleichgesetzt wird. Die Gesellschaft operiert also mit Doppelmoral und widersprüchlichen Botschaften.

Die Familie reproduziert die gesellschaftlichen Werte in ihrem Binnenraum. Die Verhaltensmuster des Familiensystems werden von Individuen geschaffen und geregelt, die sich den gesellschaftlichen Normen zur Sexualität innerhalb der Familie unterschiedlich anpassen. Verhaltensmuster für Körperkontakt und Sexualität wachsen auf der Grundlage der individuellen Biographie, aus Erfahrungen in der Herkunftsfamilie, in Gruppen Gleichaltriger und in der neu gegründeten Familie. Zur Vielzahl der vermittelten Rollen können auch diejenigen von Opfer und Täter zählen.

Die therapeutische Arbeit kann sich vorrangig der Gesellschaft, dem Individuum oder der Familie zuwenden. So versuchen beispielsweise feministische Theoretikerinnen, die Gesellschaft in den Mittelpunkt zu rücken, um die Ursachen sexuellen Mißbrauchs zu beseitigen. Vertreter der psychodynamischen Schule konzentrieren sich dagegen auf das Individuum und systemische Familientherapeutinnen auf die Familie. Das hier vorgestellte Modell integriert die Arbeit mit dem Individuum, der Familie und der Gesellschaft, vertreten durch Jugendämter und Strafverfolgungsbehörden. Alle drei Bereiche im Blick zu behalten schafft die günstigsten Voraussetzungen dafür, den Opfern beizustehen, mit Mißbrauchern und anderen Familienangehörigen zu arbeiten und erneuten Mißbrauch zu verhindern.

## Ein theoretisches Modell für die klinisch-therapeutische Arbeit

Es gibt eine Unzahl von Mißbrauchshandlungen, die innerhalb von Familien vorkommen können. Viele Erwachsene mißbrauchen das Abhängigkeitsverhältnis, in dem das Kind zu ihnen steht, für sexuelle Kontakte. Während biologische Eltern, die ihr Kind sexuell mißbrauchen, das vordringliche Problem darstellen, gibt es im familiären Kontext auch andere Erwachsene, die das Kind sexuell mißbrauchen können. Hierzu gehören Stiefeltern, Großeltern und Onkel ebenso wie Babysitter, Pflegeeltern und Bezugspersonen aus dem erzieherischen oder pflegerischen Bereich. Außerdem kommt es vor, daß Kinder und Jugendliche voneinander ein Sexualverhalten lernen, das nicht ihrem Alter entspricht, und daß darum auch jüngere von älteren Kindern mißbraucht werden (JOHNSON 1988; JOHNSON und BARRY 1989).

Um zu begreifen, warum die Handlungsmuster des sexuellen Mißbrauchs ein solches Ausmaß erreichen, ist eine systemische Sichtweise nötig. Die große Mehrheit der Mißbraucher sind Männer (85-95%). Es wird angenommen, daß Kinder annähernd wie Frauen dem Muster entsprechen, auf das Männer sexuell ansprechen können. FINKELHOR (1984) meinte, solche Reaktionen könnten teils dadurch ausgelöst werden, daß Kinder kleiner als Männer seien, einen schönen Körper hätten und verletzlich wirkten. FINKELHOR

(1984) stellt angesichts der ausgesprochen weiten Verbreitung sexueller Reaktionen auf Kinder die Frage, welche Faktoren im potentiellen Mißbraucher dazu führen, daß es über die Phantasie hinaus zum tatsächlichen Mißbrauch kommt. Schließlich müssen starke innere und äußere Hemmungen überwunden werden, bevor eine emotionale Affinität zu Kindern in sexuell mißbrauchendes Verhalten umschlägt.

Einer der Umstände, die Jungen besonders gefährden, sich zum Mißbraucher zu entwickeln, ist ein in der eigenen Kindheit erlittener Mißbrauch; andere enthemmende Faktoren sind zum Beispiel Alkohol- und Drogenmißbrauch und die Abwesenheit eines schützenden Elternteils. Es gibt immer mehr Belege dafür, daß Mißbrauch an Jungen weit häufiger vorkommt, als zunächst vermutet wurde (ABEL et al. 1984), und daß mindestens 50% der Menschen, die Kinder mißbrauchen, selbst mißbraucht worden sind.

Dynamisch-systemisches Modell

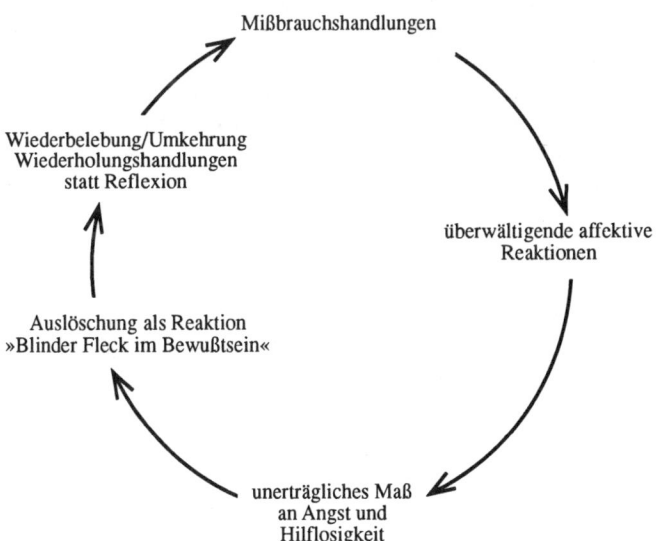

*Abbildung 2:* Mißbrauchshandlungen an Kindern – Entwicklung vom Opfer zum Täter

Die Merkmale traumatischer Erfahrungen und der von ihnen ausgelösten Reaktionen sind von Pynoos und Eth (1985) beschrieben worden. Die vorherrschende Reaktion auf ein traumatisches Ereignis, wie sie in *Abbildung 2* dargestellt wird, ist eine unmittelbar überwältigende affektive Reaktion, oft verknüpft mit einem unerträglichen Maß an Angst und Hilflosigkeit. Über Ereignisse dieser Art wird häufig weder gesprochen, noch werden sie verarbeitet, so daß 80 bis 90% der Erwachsenen, die Mißbrauchserfahrungen beschreiben, hier zum ersten Mal über sie sprechen (Russell 1984). So gibt es keine eigentliche Erinnerung, sondern einen blinden Fleck im Bewußtsein anstelle der Erinnerung. An die Stelle der kognitiven Reaktion tritt eine Reaktion auf der Handlungsebene. Der ursprünglich überwältigenden Gefühlsreaktion und dem damit verbundenen Maß an Angst und Hilflosigkeit muß irgendwie begegnet werden. Anscheinend kommt es bei Kindern, die mißbraucht worden sind, besonders häufig vor, daß sie die Handlungen, deren Opfer sie waren, als Wiederholungshandlung selbst inszenieren. So werden sexuelle Übergriffe vom Kind durch dessen sexualisiertes Verhalten wiederholt, oder es kommt zu einer gesteigerten Anfälligkeit für sexuelle Aktivitäten, die von anderen ausgehen – die typische Opferhaltung.

Im folgenden soll nach den Formen durch das Trauma verursachter Verhaltensmuster auf individueller und familiärer Ebene gefragt werden.


Die posttraumatische Belastungsreaktion

Zur posttraumatischen Belastungsstörung nach sexuellem Mißbrauch gehören drei elementare Reaktionsformen, die sich folgendermaßen unterscheiden lassen: (a) Wiederholung szenisch-bildhafter, affektiver und somatischer Aspekte des Traumas, (b) vermeidende, depressive Reaktionsformen; (c) mit unwillkürlicher Übererregung verbundene Verabeitungsversuche.

## Wiederholung von Aspekten des Traumas

Ehemalige Opfer berichten von Flashbacks, Alpträumen und dem
Drang, immer wieder über den Mißbrauch zu reden oder ihn durch
sexuelle Aktivitäten auszuagieren, von bildhaften Vorstellungen,
die sich in Zeichnungen und Tagträumen ausdrücken, sowie von
dissoziativen Zuständen. Ausgelöst wird ein solches Nach-Erleben
durch Orte, Menschen oder Dinge, die als Symbole für die Handlung selbst erfahren werden, oder durch die Begegnung mit dem
Mißbraucher.

Zu den *vermeidenden und depressiven Reaktionsformen* der
posttraumatischen Belastungsstörung gehören emotionale Erstar-
rung und Rückzug, der Widerwille, über Mißbrauch zu sprechen
sowie ein offenbar eingeschränktes Erinnerungsvermögen, von
dem auch viele andere Aspekte der persönlichen Geschichte betroffen sein können. Dieser blinde Fleck im Bewußtsein geht
einher mit der Vermeidung von Menschen, Orten und Dingen, die
den Betroffenen an den Mißbrauchs-Kontext erinnern – eine Verleugnung und Auslöschung, die auch als Abwehrmechanismus
verstanden werden kann. Ganze Familien können sich weigern,
über Ereignisse zu sprechen, die dem unbedingten Redeverbot
unterliegen, während sie alle Beteiligten innerlich stark beschäftigen.

Verbreitete Begleiterscheinungen sind *autonome Übererregung,* erhöhte Reizbarkeit, Wut, Aggressivität und Schlafprobleme,
die mit mangelnder Konzentrationsfähigkeit und Überwachheit
sowie ständiger innerer Alarmbereitschaft einhergehen können.
Solche Übererregungs-Reaktionen können sich, wie in einem späteren Abschnitt erläutert wird, zu einem aggressiven, kontraphobi-
schen Persönlichkeitsstil entwickeln, der auf Identifikation mit
dem Aggressor beruht.

Wenn traumatische Erfahrungen nicht durchgearbeitet oder
bewältigt worden sind, können Reaktionsformen dieser Art außerdem in Wechselwirkung treten: Durch systemische Rückkopplung
bringen dann Nacherleben, Vermeidung, Erregung und Verleugnung
ein sich selbst erhaltendes System hervor, stabilisiert durch die
Reaktionen von Familie und Gesellschaft, welche die ursprünglich
traumatischen Muster aufrechterhalten. FINKELHOR und BROWNE
(1986) haben derartige posttraumatische Muster mit dem Begriff
»traumagenic dynamics« beschrieben.

## Die posttraumatische Dynamik

Auf der Basis einer gründlichen Sichtung von Untersuchungen aus dem klinischen Bereich und der Forschung beschreiben FINKELHOR und BROWNE die Grundelemente der traumagenetischen Dynamik: posttraumatische Sexualisierung, Stigmatisierung, Verrat und Machtlosigkeit.

Der Begriff der *posttraumatischen Sexualisierung* schließt sowohl die oben beschriebenen Wiederholungshandlungen als auch die Prägung des späteren Sexualverhaltens ein. Es kann dem Erwachsenen gelingen, das Kind davon zu überzeugen, daß das, was geschieht, normal sei. Möglicherweise wird dem Kind erzählt, daß alle Kinder mit ihren Eltern sexuelle Kontakte haben, daß nur niemand darüber spricht. Dies kann durchaus eine konditionierende Wirkung haben und über eine ganze Palette von Reaktionsweisen – und dazu gehört auch die beim Kind ausgelöste sexuelle Erregung – zur Identifikation mit der Opferrolle führen. Zu den langfristigen Reaktionen können eine übertrieben intensive Beschäftigung mit Sexualität gehören, auch etwa Promiskuität, womit der Betroffene die Rolle zwanghaft wiederholt. Durch die Identifikation mit dem Aggressor kann ein Grundmuster der sexuellen Orientierung auf Kinder entstehen. Dies sorgt für die emotionale Zustimmung zu den Übergriffen, die, wie FINKELHOR (1984) gezeigt hat, die wichtigste Voraussetzung für den späteren sexuellen Mißbrauch ist. Es kann auch zu einer Vermeidung und Ablehnung von Sexualität kommen, was oft auf die späteren sexuellen Beziehungen und die sexuelle Orientierung überhaupt eine tiefgreifende Wirkung hat.

Herr B. beschreibt eine Kindheit, in der sich die Eltern permanent stritten und sich gegenseitig die Schuld zuschoben. Er fühlte sich von ihnen vernachlässigt und zurückgewiesen, entwickelte eine Vorliebe für einsame Hobbies und traf durch seine Begeisterung für das Angeln im Alter von zwölf oder dreizehn Jahren einen Mann, der »ganz langsam und geschickt« eine sexuelle Beziehung initiierte. Dieser Mann wurde für ihn zur einzigen Quelle von Zuwendung, verschwand dann aber plötzlich aus seinem Leben. Die erste Ehe von Herrn B. scheiterte, und er verlor das Sorgerecht für seinen Sohn, den er abgöttisch liebte. Er hatte den Versuch gemacht, die selbst erlebte Zurückweisung auszugleichen, indem er sich mit übertriebener Fürsorge dem Sohn zuwandte, was seiner Ehe erheblich geschadet hatte. Danach lernte er eine Partnerin mit einer zwölfjährigen Tochter kennen, die sich in einer ähnlichen Situation befand, da sie von ihrem Mann – dem Vater des Mädchens – verlassen worden war. Das Mädchen war mit der Trauer um ihren Vater beschäftigt und deshalb zunächst nicht an Herrn B. interessiert. In dem Bemühen, der Stieftochter näherzukommen, beteiligte er sich an ihren jungenhaften Beschäftigungen, und es gelang ihm, bei spielerischen Kämpfen und sportlichen Aktivitäten die ersehnte Nähe herzustellen. Die Kämpfe zum Spaß wurden jedoch – wie in seiner eigenen Kindheit – in dem Maße, in dem sie ihn erregten, sexualisiert. Daraus entwickelte sich die Initiierung sexueller Mißbrauchshandlungen in einer Atmosphäre von Schweigen und Heimlichkeit. So wiederholte er, als er versuchte, den Verlust des eigenen Sohnes zu kompensieren, die eigene Mißbrauchserfahrung, die so eng mit Zuneigung und Nähe verquickt gewesen war.

*Stigmatisierung, Verrat und Machtlosigkeit* stehen für ein ganzes Bündel von Reaktionen auf eine über einen langen Zeitraum bestehende Mißbrauchsbeziehung. Das Gefühl der *Stigmatisierung* entsteht dadurch, daß der Mißbraucher dem Kind die Schuld zuschiebt und es diffamiert; das Kind wird so zum Objekt von Verachtung, Schande und Geheimhaltung und schließlich sowohl in der Familie als auch in der Gesellschaft als guter, aber zerstörter Mensch betrachtet. Das Gefühl von *Verrat* stellt sich ein, wenn das Kind spürt, daß der Erwachsene das in ihn gesetzte Vertrauen ausgenutzt, seine Fürsorgepflicht für das Kind grob verletzt und den dem Kind zustehenden Schutz nicht gewährt hat.

Zu sexuellem Mißbrauch kommt es nur in einer Umgebung vollkommener Gleichgültigkeit gegenüber dem körperlichen und seelischen Wohl des Kindes. Aus dem Erleben des Kindes des körperlichen Übergriffes, der eigenen Verletzlichkeit und Schutzlosigkeit, aus der Angst und Hilflosigkeit, die es immer wieder erlebt, entsteht das Gefühl absoluter *Machtlosigkeit*. Diese drei Elemente der Dynamik können später eine ganze Reihe langfristiger Reaktionen auslösen.

Die dreiundzwanzigjährige Frau P. hatte zum Zeitpunkt der ersten Kontaktaufnahme zum zweiten Mal die Betreuung ihres vierjährigen Kindes aufgegeben. In der eigenen Familiengeschichte hatte ihre Mutter, die unter einer manisch-depressiven Störung mit überwiegend depressiven Anteilen litt, dasselbe mit ihr getan. Der Vater war sehr streng und hatte sie vom siebenten bis zum dreizehnten Lebensjahr sexuell mißbraucht, bis hin zum Geschlechtsverkehr. Nachdem sich das Jugendamt ihrer angenommen hatte, war sie in einer ganzen Reihe verschiedener Kinderheime und Jugendwohngruppen untergebracht worden. Am Ende dieser Heimlaufbahn war sie erfüllt von tiefen Schamgefühlen, verzweifelt auf der Suche nach Beziehungen, die das Erlittene wiedergutmachen könnten. Sie klammerte sich an Abhängigkeitsverhältnisse zu älteren, verheirateten Männern und konnte sich durchaus vorstellen, die Zweitfrau des moslemischen Vaters ihres Sohnes zu werden.

Gleichzeitig unterhielt sie viele wechselnde, oberflächliche Liebschaften, nahm Drogen und Alkohol, um das Gefühl von Scham, Peinlichkeit und Stigmatisierung zu ertragen und war häufig deprimiert, hilflos und verzweifelt. Die Betreuung ihres Sohnes wurde erheblich beeinträchtigt durch ihre Kraftlosigkeit und ihre Depressionen, die sich immer dann einstellten, wenn sie sich erdrückt und überfordert fühlte – insbesondere von Familienangehörigen, die sie auch weiterhin mißbrauchten, kontrollierten und kritisierten. Sie spielte dann mit Selbstmordgedanken, nahm Drogen in gefährlich hohen Dosen und neigte zu selbstverletzendem Verhalten. Aus dem Gefühl heraus, machtlos zu sein und das Geschehen nicht mehr unter Kontrolle zu haben, konnte sie manchmal auch intensive Energieschübe mobilisieren, was zu einer Unmenge von Plänen und Projekten führte, in die sie sich geradezu stürzte. Dann wieder fiel ihr auf, wie sie sich mit ihrem Vater identifizierte und dessen Strenge und Strafen ihrem Sohn gegenüber wiederholte. Bei der Geburt ihres Sohnes erlebte sie intensiven Ärger und Wut, die sie kaum einordnen oder verstehen konnte.

Am Beispiel des Verhaltensmusters von Frau P. wird einerseits sichtbar, wie sich die Dynamik von Stigmatisierung, Verrat und Machtlosigkeit immer wieder selbst stabilisiert. Andererseits wird auch das Opferverhalten deutlich, das mit der posttraumatischen Sexualisierung einhergeht. Auf diese Weise werden die Verhaltensmuster des Familiensystems aufrechterhalten und tradiert (BYNG-HALL 1989).

## Trauma und Familiensystem

Die Fallbeispiele von Herrn B. und Frau P. zeigen, wie traumatische Erlebnisse und Beziehungen im gesamten Lebenszyklus immer wieder ausagiert und abgewehrt werden. *Abbildung 3* veranschaulicht, wie traumatische Erlebnisse die Partnerwahl, die Kindheit und spätere Entwicklung der eigenen Kinder, ihr Erwachsenenleben und schließlich deren Wahl des Ehepartners beeinflussen können.

Die Stieftochter von Herrn B. war im Kreis der Gleichaltrigen bereits in einer Außenseiterrolle; der Sohn von Frau P. legte ein

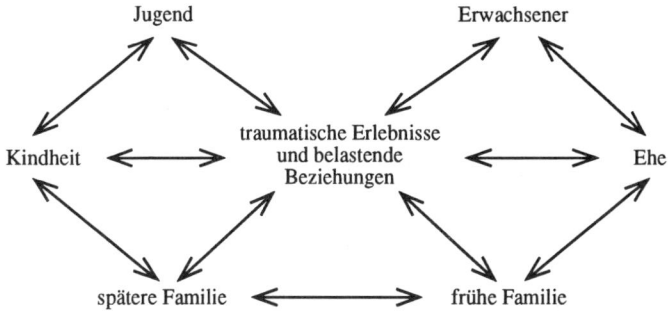

*Abbildung 3:* Trauma und Lebensentwurf

sexualisiertes Verhalten und starke Aggressivität an den Tag. Obwohl es eine Kontroverse um die Frage gibt, durch welche generationsübergreifenden Mechanismen sich Gewalt- und Mißbrauchsbeziehungen herstellen, zeigt die Untersuchung von STRAUSS und GELLES (1979) zur Verbreitung gewalttätiger Verhaltensmuster in der Familie, wie mächtig solche Kontinuitäten von einer Generation zur anderen sein können.

Um auf der Basis der systemischen Familientherapie einen zufriedenstellenden Ansatz für die klinisch-therapeutische Arbeit im allgemeinen und speziell für das Problem der Gewalttätigkeit in der Familie zu entwickeln, wird ein Modell benötigt, das die traumatischen Erlebnisse und belastenden Beziehungen berücksichtigt. BENTOVIM und KINSTON (1990) haben ein »fokales« Modell zur Familienbeurteilung und Familientherapie beschrieben, das einen bestimmten Fokus für die Familienarbeit absteckt. Danach ist für eine erfolgversprechende Herangehensweise folgendes erforderlich:

1. Traumatische Erfahrungen müssen als die Hauptursache der Störung erkannt werden, die auf einer individuellen, familiären oder sogar gesellschaftlichen Ebene angesiedelt sein kann. Sie haben sich in der Kindheit der Eltern ereignet und beeinflussen entsprechend das, was diese als Erwachsene in die eigene Familie einbringen. Die Folge ist, daß spezifische Interpretations- und Interaktionsstrukturen hervorgebracht werden, zu denen auch die

Meinung gehören kann, der Mißbrauch von Kindern sei »angemessen«.

2. Man muß sich mit der »Pathologie« der Familie auseinandersetzen, und es ist notwendig, ihre Stärken und Potentiale ebenso in den Mittelpunkt zu rücken wie ihre Funktionsstörungen. Dabei ist eine das Potential der Familie fördernde Perspektive mit Blick auf ihr momentanes Entwicklungsstadium von ausschlaggebender Bedeutung.

3. Bei der Arbeit mit der Familie kommt es darauf an, die Interaktionsformen so zu verändern, daß der Mißbrauch verhindert werden kann, zugleich aber auch die spezifischen Interpretationsmuster und Überzeugungen der Familie zu verstehen, die mit dem Mißbrauchsverhalten verknüpft sind. Jedes Familienmitglied lebt in einer verzerrten subjektiven Realität, die verändert werden muß, ob die Familie zusammenbleiben sollte oder nicht.

## Stadien der klinisch-therapeutischen Arbeit

Bei der therapeutischen Arbeit mit Familien, in denen Mißbrauch vorgekommen ist, sind im wesentlichen vier Stadien zu unterscheiden: Die *Phase der Aufdeckung* – der kritische Zeitraum unmittelbar vor und nach der Feststellung des Mißbrauchs; die *Phase der Trennung;* die Phase der erneuten *Zusammenführung der Familie;* die Phase einer *neuen Familie* – wenn eine Zusammenführung nicht gelungen ist und das Kind nicht mit dem nicht-mißbrauchenden Elternteil oder mit dem Mißbraucher zusammenleben kann.

### Familienarbeit in der Phase der Aufdeckung

Der Prozeß der Aufdeckung ist ausgesprochen komplex; er beinhaltet den Nachweis des Mißbrauchs und die Evaluation von Kind und Familie (VIZARD und TRANTER 1988). Die professionellen Helfer müssen nicht nur die komplizierten Verfahren einer von Sozialarbeitern und Polizei gemeinsam durchgeführten Aufdeckung meistern, sondern auch ausführliche Gespräche mit dem mutmaßlichen Täter und dem nicht-mißbrauchenden Elternteil führen und zu einer Einschätzung der Familiensituation kommen. Unverzichtbar sind regelmäßige Rücksprachen und Konferenzen aller Helfer, um sämtliche Informationen aus den verschiedenen Bereichen des Helfersystems zusammenzutragen und – sowohl aus der Perspektive des gesetzlichen Kinderschutzes als auch der Strafverfolgung – Entscheidungen über gesetzlich vorgeschriebene Maßnahmen zu treffen, um das Kind zu schützen, den Täter zur Rechenschaft zu ziehen und längerfristige Hilfsmaßnahmen zu planen.

In diesem Stadium gilt es, über das Ausmaß der Mißbrauchshandlungen und ihrer Folgen für das Kind Klarheit zu gewinnen und zwei grundlegende Prozesse in Gang zu bringen, welche die ganze Familie betreffen: (a) Das zur Geheimhaltung verpflichtende Tabu, das innerhalb der Familie jedes Gespräch über die Mißbrauchsbeziehung verhindert, muß gebrochen werden; (b) jeder einzelne und der familiäre Kontext als ganzer müssen eingeschätzt werden, um geeignete Maßnahmen zu planen und eine Prognose für die weitere Arbeit stellen zu können.

Diese Arbeit muß in einem möglichst frühen Stadium geleistet werden, denn erst auf ihrer Basis kann das Jugendamt einen geeigneten Hilfeplan entwickeln, nämlich entscheiden, wo und bei wem das Kind untergebracht werden soll, und beurteilen, welche langfristigen Perspektiven entwickelt werden können. Darüber hinaus müssen, wenn der Täter strafrechtlich verfolgt werden soll, Empfehlungen an die Justizbehörden gegeben werden. Den Gerichten müssen die Möglichkeiten der Arbeit mit dem Opfer und der Familie erläutert werden.

Möglichkeiten, das Redeverbot zu durchbrechen

Der Bruch dieses Tabus ist ein vordringliches Ziel, das nicht nur im Stadium der Aufdeckung selbst, sondern im Verlauf der therapeutischen Arbeit immer wieder beharrlich verfolgt werden muß. Das zur Geheimhaltung verpflichtende Tabu sitzt tief und fest, es ist ein elementarer Bestandteil der Vermeidungsreaktion auf das Trauma des sexuellen Mißbrauchs. Sehr häufig wird das Kind erst nach einer Phase der Trennung von der Familie überhaupt in der Lage sein, über seine Mißbrauchserfahrungen zu sprechen. In dem Maße, in dem Kindern bewußt wird, wie unangemessen dieses Schweigen und wie unpassend die Handlungen sind, die man ihnen aufnötigt, entwickeln sich Unsicherheiten und der Wunsch, auf den Mißbrauch aufmerksam zu machen oder die Familie zu verlassen.

Vom System der Geheimhaltung ist auch der Mißbraucher selbst betroffen. Häufig beschreiben die Täter das Phänomen, daß sie von sich aus niemals über das nachdenken, was sie tun. Oder sie erleben ihre Mißbrauchshandlungen als von bestimmten Situationen begünstigt, zum Beispiel davon, daß die Mutter zur Arbeit abwesend ist. Zur Geheimhaltung kann das Kind durch Drohungen mit den sonst möglichen Folgen genötigt werden – der Gefahr einer möglichen Inhaftierung, der Zerstörung der Familie. Geheimhaltung und Verleugnung können sich auf das Individuum langfristig und nachhaltig auswirken und müssen im gesamten Verlauf der therapeutischen Arbeit berücksichtigt werden.

Manchmal können einzelne Mitglieder der Familie miteinander recht ausführlich über Mißbrauchshandlungen und traumatische Erfahrungen sprechen, sind aber im Familienzusammenhang nicht dazu in der Lage. Es scheint dann, als ob die Mechanismen der Geheimhaltung erst durch den Kontakt mit allen Familienmitgliedern aktiviert würden. Eltern und professionelle Helfer befürchten oft, es könne dem Kind oder seinen Geschwistern schaden, wenn sie Einzelheiten erfahren, über die sie längst Bescheid wissen. Sie haben Bedenken, das Opfer könnte unnötig leiden, wenn es Einzelheiten wiederholen muß, die bereits aufgedeckt worden sind.

Familien wollen nur allzu gern vergessen, sie wollen nicht an den Mißbrauch erinnert werden und so schnell wie möglich zu dem für sie normalen Familienalltag zurückkehren. Es ist sehr wichtig, den Familien an diesem Punkt klarzumachen, daß die Geheimhaltung innerhalb der Familie bei der Fortsetzung des Mißbrauchs ein ganz zentraler Faktor war und daß sich diese totale Verleugnung beim Opfer ein Leben lang fortsetzen kann, wenn keine Konfrontation damit stattfindet.

Die Aufgabe kann um einiges erleichtert werden, wenn die Therapeutin dem ganzen Thema mit Zurückhaltung und Sachlichkeit begegnet, insbesondere, wenn an dem Gespräch sowohl der Täter als auch das Opfer beteiligt sind. Empathie ist wichtig, aber oft ist es besser, nur zu sagen »das tut wahrscheinlich jemandem, der so klein ist wie du, sehr weh«, anstatt beispielsweise schon an diesem

Punkt das Opfer zu bitten, den körperlichen Schmerz zu beschreiben (BENTOVIM et al. 1988).

Einer der besten Wege, über das Unaussprechbare zu reden, ist es, den Prozeß offenzulegen und zurückzuverfolgen, in dem der Mißbrauch schließlich doch angesprochen und aufgedeckt wurde. »Warum bist du zu deinem Lehrer gegangen?«, »Was genau hast du deinem Lehrer gesagt?«, »Was hat der Sozialarbeiter dich gefragt?«, »Welche deiner Angaben hat sich wohl die Polizei notiert?«, »Welche Wörter werden in deiner Familie für Penis und Vagina benutzt?«, »Was hat deine Mutter geantwortet, als du das gesagt hast?«, »Was hat dein Lehrer zu dir gesagt?« – all dies sind Fragen, die dabei helfen, den Prozeß der Aufdeckung zu rekonstruieren, und zugleich eröffnet dieser Prozeß der Therapeutin die Möglichkeit, neutral, sachlich und nüchtern über sexuelle Handlungen zu sprechen.

Mit der Methode des zirkulären Befragens (TOMM 1987) lassen sich Erfahrungen sprachlich zugänglich machen, ohne daß die neutrale Herangehensweise aufgegeben werden muß. »Wissen Sie, ob ihre Tochter sich in ihren Flashbacks hauptsächlich an Berührungen, gegenseitiges Masturbieren, analen oder oralen Verkehr erinnert?«, ist eine Möglichkeit, das Tabu zu benennen, dabei aber einen sachlichen Eindruck zu vermitteln.

Um das Redeverbot zu brechen, kommt es ganz wesentlich darauf an, die einzelnen sexuellen Handlungen ausdrücklich beim Namen zu nennen; dazu gehören auch die Gefühle, die durch diese Handlungen beim Opfer und seinen Angehörigen ausgelöst werden. So wie es wichtig ist, über die Gefühle von Scham, Schmerz und Peinlichkeit zu sprechen, die viele Kinder empfinden, so ist es ebenfalls wichtig, daß gleichzeitig auch die Möglichkeit von körperlichen Lustgefühlen zur Sprache kommt, die einzugestehen vielen Kindern schwerfällt. Lustgefühle verstärken oft das Gefühl des Kindes, es selbst sei verantwortlich für das Tun des Erwachsenen. Wir müssem uns klar darüber sein, daß alle Kinder starke sexuelle Regungen haben und daß Sexualisierung und provozierendes Verhalten auch Ausdruck einer aktiven sexuellen Entwicklung sein können; den Kindern muß zum Beispiel unbedingt vermittelt werden, daß es völlig normal ist, sich selbst zu befriedigen. Wenn es darum geht, das Tabu zu brechen, ist also auch eine pädagogische Herangehensweise ein wesentliches Element.

Im familiären Rahmen können sexuelle Themen nur in begrenztem Umfang zur Sprache kommen, da es nicht angebracht ist, die sexuellen Probleme oder Praktiken der Eltern ausführlich im Beisein der Kinder zu diskutieren.

## Die Evaluation der Familie

Zur Evaluation der familiären Situation müssen alle Mitglieder der Familie anwesend sein. Dabei sollten die jeweils zuständigen Fachleute hinzugezogen werden. Sobald Mißbrauch diagnostiziert worden ist, gibt es, wie KEMPE (1979) festgestellt hat, keine unabhängige Familie mehr, sondern nur noch ein Netzwerk aus Helfern und Betroffenen. Es geht darum, die Ausmaße des »konfliktproduzierenden« Systems (GOOLISHIAN und WINDERMAN 1988) abzuklären. Aber nicht nur die Familie, auch ihre Beziehung zu den professionellen Helfern muß bewertet werden, denn sie kann für das Ergebnis der Arbeit weitreichende Konsequenzen haben. Eine statistische Auswertung von Nachbehandlungen am Great Ormond Street Hospital (BENTOVIM et al. 1988) zeigte, daß die Qualität der professionellen Betreuung, die Einstellung der Familie zum Mißbrauch und die Bereitschaft des Mißbrauchers, die Verantwortung zu übernehmen, für die endgültige Unterbringung der Kinder viel bestimmender war als das Ausmaß der Mißbrauchshandlung.

Es wäre kontraproduktiv, Familiengespräche mit einem Täter zu führen, der jede Verantwortung für den Mißbrauch von sich weist. Das Kind würde in einen unzumutbaren Konflikt geraten, wenn es mit einem Erwachsenen konfrontiert wäre, der den Anschuldigungen widerspricht oder sich weigert, auch nur die geringste Verantwortung für sein Handeln zu übernehmen. Es wäre für die Familie höchst irreführend, wenn unter solchen Umständen ein gemeinsames Gespräch angesetzt würde, denn dann kann leicht der Eindruck entstehen, es ginge vor allem um die Erhaltung der Familie und der Mißbrauch würde als zweitrangig betrachtet. In solchen Fällen kann es notwendig sein, eine ganze Reihe von Gesprächen mit Teilen des Familiensystems zu führen, zum Beispiel zuerst dem Täter ein Gespräch mit seinem Betreuer anzubieten und anschließend dasselbe für den nicht-mißbrauchenden Elternteil. Diese Vorgehensweise kann helfen herauszufinden, was in der

Phantasie der Eltern passieren könnte, falls der Täter die Verantwortung übernehmen würde, ob es Ängste vor einem Auseinanderbrechen der Familie gibt, vor Zurückweisung oder Selbstmord. Es ist wichtig zu erfahren, ob der Täter das Kind für einen notorischen Lügner hält, und diese Meinung in Frage zu stellen. Auch wenn der nicht-mißbrauchende Elternteil, in der Regel die Mutter, dem Kind nicht glaubt, kann es erforderlich sein, zunächst ein Einzelgespräch mit einer Betreuerin ihres Vertrauens anzubieten, um beispielsweise zu klären, ob sie Angst vor dem Zusammenbruch der Ehe hat, ob sie dem Kind glaubt oder ob Angst vor Depressionen sie daran hindert einzusehen, daß sie für das Kind nicht da war.

Akzeptiert der Täter dagegen seine volle Verantwortung, so ist es am günstigsten, wenn alle Familienmitglieder – vielleicht mit Ausnahme sehr kleiner Kinder – anwesend sind. Für die Opfer ist diese Übernahme der Verantwortung von größter Bedeutung, denn es befreit sie von ihren oft überwältigenden Schuldgefühlen und ihrer Verwirrung, insbesondere in Fällen, in welchen dem Kind die Meinung übergestülpt wurde, sexueller Mißbrauch sei normal. Nach unseren Erfahrungen ist in diesem Stadium selten mehr als ein formales Übernehmen der Verantwortung möglich, denn der Täter, der mit Strafverfolgung, Verlusten und Trennung konfrontiert ist, fühlt sich unter Umständen viel zu sehr selbst als Opfer, als daß er sich in das kindliche Opfer einfühlen könnte.

Auch die Evaluation der Rolle der Mutter ist eine ganz wesentliche Aufgabe – es gilt herauszufinden, wie tief und aufrichtig ihr Mitgefühl mit dem Opfer ist, oder ob und wieweit sie das Kind zum Sündenbock macht und ihm die Schuld zuschiebt. Dazu gehört, so früh wie möglich zu klären, wie groß die Wahrscheinlichkeit ist, daß sie mit dem Vater zusammenbleibt und das Kind abweist. In der Phase der Aufdeckung und Trennung vom Mißbraucher ist die Klärung der Frage zentral, ob das Kind mit dem nicht-mißbrauchenden Elternteil leben kann oder fremd untergebracht werden muß.

Darüber hinaus sind Probleme in der Herkunftsfamilie, eventuelle eigene Mißbrauchserfahrungen beider Elternteile, sexuelle und gewalttätige Verhaltensmuster, die eheliche Beziehung, die Entwicklung der Kinder und die Beziehung zu ihnen Bereiche, die erkundet werden müssen, um das Gesamtbild zu vervollständigen. Eine genaue Verhaltensbeobachtung der Familie beim gemeinsamen Gespräch über diese Probleme erleichtert es, charakteristische Interaktionsmuster ebenso wie in der Familie vorherrschende Meinungen und Überzeugungen zu erheben. Gleichzeitig sollte bestimmt werden, welche therapeutischen Ziele für die betreffende Familie zu erreichen sind, das heißt festzustellen, was sich verändern muß und wie groß die Aussichten sind, diese Ziele zu erreichen. Darüber hinaus ist eine Klassfizierung der Familien im Hinblick auf eine Prognose für die klinisch-therapeutische Arbeit sinnvoll (BENTOVIM et al. 1987).

Prognosen für die Familientherapie

Familien, in denen Mißbrauch vorgekommen ist, lassen sich unterteilen in: Familien, bei denen eine aussichtsreiche Prognose für die Wiederherstellung der Familie gestellt werden kann, Familien, bei denen zweifelhaft ist, ob eine Wiederherstellung möglich ist, und Familien, bei denen keine Hoffnung auf eine Wiederherstellung besteht.

*Familien mit günstigen Aussichten*

Eine optimistische Prognose für die Wiederherstellung der Familie kann unter folgenden Bedingungen gestellt werden: wenn ein Zusammenleben von Mutter und Kind möglich ist, nach einer gewissen Zeit und angemessener therapeutischer Behandlung auch mit dem Vater; wenn der Vater unmißverständlich die volle Verantwortung für den Mißbrauch übernimmt; wenn die Mutter dem Kind glaubt und wenn bei beiden Eltern die Einsicht vorhanden ist, daß die Sorge um das Wohl des Kindes an erster Stelle stehen muß. Das letztere setzt voraus, daß die Mutter sich in ausreichendem Maße von ihrem Mann unabhängig fühlt und Unterstützung erhält – sowohl durch ihr eigenes soziales Umfeld als auch durch die professionellen Helfer –, um die Betreuung der Kinder nötigenfalls ohne den Vater bewältigen zu können. Weitere Voraussetzungen sind, daß die Evaluation der Familie erkennen läßt, daß das erforderliche Veränderungspotential vorhanden ist, daß die Familienmitglieder nicht zusammen das Kind zum Sündenbock machen und daß eine liebevolle Atmosphäre ohne Zurückweisung und Schuldzuschreibungen geschaffen werden kann.

Auch ein ausreichendes Maß an Kooperationsbereitschaft zwischen den Familienangehörigen und den zuständigen Betreuern muß sich in der Vergangenheit und Gegenwart bereits erwiesen haben. Außerdem müssen die erforderlichen Geldmittel für eine Behandlung zur Verfügung stehen und eine Zusammenarbeit zwischen Jugendämtern, Justizbehörden und therapeutischen Einrichtungen zustandekommen. Für die professionell Beteiligten ist es leicht, die Brüche und Antagonismen innerhalb der betroffenen Familie zu erkennen, während diese in unserer gesamten Gesellschaft weit verbreitet sind.

Die oben erwähnte Familie B. ist ein Beispiel für eine Familie, die eine optimistische Prognose rechtfertigt. Herr B. war nicht nur in der Lage, den aktuellen Mißbrauch der Stieftochter zu schildern und dafür die Verantwortung zu übernehmen, sondern es gelang ihm auch in Ansätzen, Erklärungen für die Ursprünge des Mißbrauchs zu finden und die familiäre Dynamik zu verstehen, die zu seiner Partnerwahl geführt und schließlich die Mißbrauchshandlungen ausgelöst hat. Herr B. akzeptierte, daß es notwendig war, nach der Entlassung aus dem Gefängnis getrennt von seiner Familie zu leben, damit er noch intensiver daran arbeiten konnte, Ursprünge und Auslöser für sein Wiederholungsmuster sexuellen Mißbrauchs zu verstehen. Er zeigte auch ein angemessenes Maß an Reue und war sich darüber im klaren, daß er der Tochter sehr geschadet hatte. Frau B. bot der Tochter Schutz, unterstützte sie und gab ihr in keiner Weise die Schuld, wollte aber trotzdem wenn möglich die Ehe aufrechterhalten. Sie konnte den Alltag auch ohne ihren Mann bewältigen. Die Tochter litt zwar noch lange an den posttraumatischen Folgen des Mißbrauchs, die sich massiv auf ihre schulischen Leistungen und ihr Gefühlsleben auswirkten, hatte aber neben zeitweiligen Phantasien, die auf aggressive Wünsche nach Vergeltung schließen ließen, auch positive Gefühle gegenüber Herrn B. Obwohl die Einmischung der Behörden ins Familienleben bei den Beteiligten auf Widerspruch stieß, waren sie in der Lage, Vereinbarungen zu treffen und einzuhalten und zeigten sich aufgeschlossen für das Angebot der therapeutischen Arbeit.

*Familien, bei denen eine Wiederherstellung zweifelhaft erscheint*

In dieser Kategorie haben wir es mit Fällen zu tun, bei denen größere Zweifel daran bestehen, daß eine Wiederherstellung der Familie möglich ist, gelegentlich auch, weil keine ausreichenden Informationen zur Verfügung stehen, um eine optimistische oder eindeutig negative Prognose zu stellen. In solchen Familien ist sich der Vater oft viel stärker darüber im unklaren, inwieweit er bereit ist, für die vom Kind geschilderten Mißbrauchshandlungen die Verantwortung zu übernehmen. Die Mutter akzeptiert zwar die Tatsache, daß Mißbrauch stattgefunden hat, ist aber nicht in der Lage, sich mit der eigenen Beteiligung in der Rolle derjenigen, die das Kind im Stich gelassen hat, zu konfrontieren. Dieser Familientyp neigt dazu, dem Mädchen die Schuld für das Verhältnis mit dem Stiefvater zuzuschieben, anstatt den Mann für sämtliche Probleme verantwortlich zu machen. Es kann sein, daß die Familie das Kind als sexuell provozierend schildert und sich, wenn man versucht, die Probleme beim Namen zu nennen, gegen jegliche Korrektur ihrer Wahrnehmung heftig sperrt.

Die Bedürfnisse des Kindes werden also nicht als vorrangig gesehen, und in manchen Fällen ist zu befürchten, daß das Bedürfnis der Eltern nach Aufrechterhaltung der gegenseitigen Abhängigkeit alles andere in den Hintergrund drängt. Es kann sein, daß die Mutter nicht in der Lage ist, allein zurechtzukommen. Vielleicht hat sie nicht die Kraft, die Forderungen, die der Vater an sie stellt, abzuweisen, und so gehen die Bedürfnisse der Kinder unter. Oft besteht ein langjähriger Konflikt zwischen Mutter und Tochter, was bedeutet, daß in Belastungssituationen wenig Aussicht auf den Schutz des Kindes besteht.

Ressentiments, Ärger und Schwierigkeiten bei der Zusammenarbeit mit den Behörden sind ein weiteres Merkmal dieses Familientyps, und manchmal wenden sie sich in der Hoffnung auf Rettung immer wieder an eine andere Stelle. Bei solchen Familien ist es unerläßlich, für die Zusammenarbeit entweder einen Vertrag mit Nichteinhaltungs-Klauseln zu vereinbaren (WHITE 1984) oder eine Anordnung des Jugendamtes zu erwirken. Wenn nicht erreicht werden kann, daß die Mutter für den erforderlichen Schutz der Kinder sorgt und der Mißbraucher die volle Verantwortung übernimmt, ist es oft unvermeidlich, das Zusammenleben der Familie zu unterbinden und eine längerfristige Fremdunterbringung für das Kind zu finden.

### Familien ohne Aussicht auf Zusammenführung

Hier handelt es sich um Familien, in welchen jegliche Verantwortung für den Mißbrauch abgelehnt wird und auch die Mutter dem Kind die Schuld gibt. Sie entscheidet sich eindeutig für ihre Ehe und weist das Kind ab; oft wird auch den anderen Kindern eingeredet, daß das mißbrauchte Kind der Übeltäter sei. Die Familie ist davon überzeugt, daß die Vertreter der Behörden die physischen und psychischen Gegebenheiten falsch einschätzten oder gar einen Mißbrauch vermuten, wo es gar keinen gibt. Es ist klar, daß es besonders problematisch wird, wenn es in einer solchen Situation zu einem Gerichtsverfahren kommt, in dessen Verlauf der Konflikt zwischen Familie und Behörden noch dadurch verstärkt wird, daß vor Gericht Darstellung und Gegendarstellung ausführlich verhandelt werden.

Auch wenn die Beteiligten erklärtermaßen das Interesse des Kindes im Auge haben, können sowohl die Familie als auch die Behörden versagen, wenn es darum geht, Hilfe bei Problemen zu bieten, deren Ursache eine schon seit langem bestehende psychische Erkrankung, Sucht oder massive Ehekrisen sein können. Für sich genommen sind dies keine Probleme, bei denen eine Behandlung aussichtslos wäre, aber wenn die Beteiligten nicht wenigstens ansatzweise erkennen, wie bedeutsam sie sind, und nicht den Willen bekunden, sich helfen zu lassen, dann sind die Aussichten für eine erfolgreiche Behandlung in der Tat gleich null.

Erhebliche Konsequenzen für die Prognose ergeben sich auch, wenn die Tatsache, daß mehrere Kinder mißbraucht worden sind, darauf schließen läßt, daß der Mißbraucher pädophile Neigungen hat, sich dies aber nicht eingestehen kann.

Die Familie eines vierzehnjährigen Mädchens mit posttraumatischer dissoziativer Störung ist ein Beispiel für die Prognose »chancenloser Fall«. Obwohl der Vater wegen Mißbrauchs der Tochter vor Gericht gestellt und inhaftiert worden war, weigerte sich die Mutter zu glauben, daß er das Mädchen mißbraucht hatte, und warf ihr vor, sie habe sich alles nur ausgedacht und dann auch noch andere von der Wahrheit ihrer Aussagen überzeugt. Sie glaubte fest daran, daß die medizinischen Beweise für eine Penetration der Phantasie eines übereifrigen Kinderarztes entstammten, und sie wurde in ihrer Überzeugung bestärkt, als vor Gericht der Verteidiger des Mannes das Mädchen beschuldigte, sich provozierend verhalten zu haben.

Als der Sozialarbeiter die Mutter fragte, wie sie die Tatsache erkläre, daß das Mädchen schon während der Grundschuljahre mit ihr über den Mißbrauch gesprochen habe, forderte sie ihn auf, ihre Wohnung zu verlassen und sich nie wieder blicken zu lassen. Sie sorgte auch dafür, daß die Geschwister die Mißbrauchsdarstellung der Schwester ebenfalls eher bezweifelten. Sogar die Schwester, die als erste die Polizei vom Mißbrauch informiert hatte, schloß sich dem Interpretationssystem der Familie an. Die ganze Familie hielt an den bestehenden Beziehungen fest, indem sie die Tatsachen verleugnete und das mißbrauchte Kind für all ihre Probleme verantwortlich machte. Daß eine bestimmte Person als Ursache aller Probleme wahrgenommen wird, ist eine der grundlegenden familiären Dynamiken, die bei sexuellem Mißbrauch von Kindern häufig zu beobachten ist (BENTOVIM und KINSTON 1990).

## Prognosen in der klinisch-therapeutischen Praxis

Das Angebot therapeutischer Einrichtungen im Rahmen des Projekts Familientherapie am Great Ormond Street Hospital wendet sich an Familien in den verschiedensten Konfliktsituationen. Von 120 betroffenen Familien waren 15% zu einer uneingeschränkten Mitarbeit am therapeutischen Prozeß in der Lage, das Ziel der Wiederherstellung des Zusammenlebens von Kind und beiden Eltern konnte bei ihnen erreicht werden (Kategorie »aussichtsreich«). In 30% der Fälle leben die Kinder inzwischen allein mit ihrer Mutter (Kategorie »zweifelhaft«), in weiteren 25% der Fälle leben die Kinder jetzt ohne ihre Eltern in Pflegefamilien oder in therapeutischen Wohnprojekten, weil beide Eltern sie abgewiesen haben (»hoffnungslose Fälle«). Eine andere Gruppe von Kindern (30%) hatte zum Zeitpunkt der Nachbehandlung bereits eine eigene Wohnung.

In der Übersicht ist die Zahl der Familien, die therapierbar im Sinne der Prognose »aussichtsreich« sind, begrenzt. Die psychotherapeutische Nachbehandlung der Kinder zeigte dort positive Resultate, zum Beispiel ging die Sexualisierung erheblich zurück, ihre emotionale Verfassung besserte sich. Mit nur einem Elternteil zusammenzuleben oder in einer neuen Familie untergebracht zu werden ist für das Kind doch oft sinnvoller als die Wiederherstellung der ganzen Familie.

## Hypothesen für eine längerfristige Familienarbeit

Wesentliche Voraussetzung für eine effektive Familienarbeit ist es, zunächst eine Fallbeschreibung zu erarbeiten, die sowohl die Grundzüge der Familiendynamik als auch die angestrebten Ziele umreißt. Das oben skizzierte fokale Modell der Familientherapie (BENTOVIM und KINSTON 1990) zeigt auf, wie sämtliche Informationen über die Familie und eigene Beobachtungen zusammengetragen werden können. Dieser Prozeß vollzieht sich in vier Schritten.

*1. Schritt: Wie hängen die Symptome der Betroffenen mit dem System der Familie zusammen und umgekehrt?*

Bei dieser Frage geht es zunächst einmal um das jeweilige Muster des Mißbrauchs und des Geheimhaltungssystems, das die Aufdeckung verhindert und die Bedingungen dafür bietet, daß der Mißbrauch fortgesetzt werden kann. Ein 14-jähriges, schwer traumatisiertes Mädchen vertraute sich seiner Mutter an, die daraufhin versprach, mit dem Vater zu reden, es aber nicht tat. Der Mißbrauch wurde im geheimen fortgesetzt, bis das Mädchen außerhalb der Familie darüber sprach. Trotz der strafrechtlichen Verfolgung wird die zum Stillschweigen verpflichtende, bagatellisierende Geheimhaltung noch immer aufrechterhalten, die Ehepartner und ihre Angehörigen geben einander Rückendeckung, kritisieren und diffamieren das Kind und glauben ihm nicht; sie weisen professionelle Hilfe zurück, der Mißbrauch des Kindes wird fortgesetzt.

*2. Schritt: Was würde passieren, wenn Geheimhaltungssystem und Sündenbock-Strategie aufgegeben würden?*

Folgende Fragen müssen gestellt werden: Warum wird dieses System der Verleugnung und Schuldzuweisung aufrechterhalten? Was würde passieren, wenn man dem Kind glauben würde? Zum Beispiel müßte die Mutter sich mit dem Vater und damit, daß er die Schuld trägt, konfrontieren und dafür sorgen, daß er das Haus verläßt. Die Behörden wären genötigt, sich mit der Familie zu

101

befassen. Der Vater müßte sich der Tatsache stellen, daß er sein Kind mißbraucht hat und infolgedessen Selbstbestrafung, Selbsthaß, suizidale Impulse und Ablehnung ertragen. Auch die Angst vor der Zerrüttung der Ehe kann eine Rolle spielen.

*3. Schritt: Was ist die befürchtete Katastrophe, was der zu vermeidende Zusammenbruch?*

Offensichtlich ist das, was – abgesehen von der gesetzlichen Bestrafung – unbedingt vermieden werden soll, der Zusammenbruch der Ehe und der Verlust der Paarbeziehung. Der Verlust des Kindes scheint eine weit geringere Katastrophe zu sein; Kinder scheinen überhaupt eher entbehrlich zu sein. So schrieb zum Beispiel die Mutter im oben erwähnten Fall an ihren Sozialarbeiter: »Ich habe keine Tochter mehr, ich habe nicht mehr drei, sondern nur noch zwei Kinder, meinetwegen kann sie tot umfallen, ich will sie nie mehr wiedersehen, sie ist nicht mehr meine Tochter.«

*4. Schritt: Was sind die Ursprünge der befürchteten Katastrophe und der entsprechenden Abwehrreaktion?*

Gefragt werden muß nach den entscheidenden Traumata in der Biographie und im familiären Hintergrund beider Elternteile, die das Kind entbehrlich machen und dazu führen, daß die Ehe um jeden Preis aufrechterhalten werden muß. Die Kindheit der Eltern muß oft eingehend untersucht werden, um die belastenden Beziehungen und traumatischen Ereignisse aufzudecken, die ihr Leben geprägt haben.

Welche blinden Flecke gibt es in ihrem Bewußtsein, die sie um jeden Preis bewahren müssen? Jede belastende Erfahrung löst beim Betroffenen automatisch Abwehrstrategien aus. Die Mutter im oben genannten Fall hatte bereits den traumatischen Zusammenbruch einer anderen Ehe hinter sich, und es war eine Reaktion auf die Drohung eines weiteren Zusammenbruchs, daß sie sich um jeden Preis an ihrem Mann festklammerte. Der Vater hatte den größten Teil seines Lebens in Heimen verbracht und war dort von einem Betreuer mißbraucht worden. Diese Erfahrung wurde abgewehrt, indem er sich mit dem Aggressor identifizierte, zwanghaft perverse sexuelle Mißbrauchshandlungen inszenierte und sie anschließend aus dem Gedächtnis löschte. Die Mutter hatte eine ganze Reihe von Zusammenbrüchen, Verlusten und Ablehnungserlebnissen hinter sich. Vielleicht hatte sie das Gefühl, daß sich um

Kinder jemand anders kümmern kann, daß sie aber nie wieder einen Partner wie ihren Mann finden würde.

## Zusammenfassende Hypothese

Das Bedürfnis der Eltern, ihre Paarbeziehung zu retten, kann sehr viel stärker sein als das Bedürfnis, die elterliche Beziehung zum mißbrauchten Kind zu erhalten, so daß es abgewiesen und zum Sündenbock gemacht wird. Eine Familie wie die soeben beschriebene fällt daher, was die Chancen für eine Wiedereingliederung des Kindes in die Familie betrifft, unter die Kategorie »hoffnungslos«. In einem solchen Fall muß man sich natürlich auch große Sorgen um das körperliche und seelische Wohl der anderen Kinder der Familie machen und die Möglichkeit in Betracht ziehen, daß der Vater eine eindeutig pädophile Neigung hat. Daß er trotz Verbüßung einer Gefängnisstrafe unfähig war, sich den Mißbrauch einzugestehen, ist nicht nur für die Chancen einer therapeutischen Behandlung von erheblicher Bedeutung, sondern auch im Hinblick auf den Schutz der anderen Kinder in seiner Obhut. Auch die Tatsache, daß die Mutter nicht in der Lage war, die Bedürfnisse der Kinder wichtiger zu nehmen als ihre eigenen oder als ihre Ehe, müßte unbedingt genauer verfolgt werden.

## Die Evaluation der einzelnen Familienmitglieder

Von den Prognosen für die Wiederherstellung der Familie unabhängig ist die Beurteilung der einzelnen Individuen und der jeweiligen Aussichten einer therapeutischen Behandlung.

Wenn es im Zusammenhang mit dem Mißbrauch zu einer längerfristigen Trennung der Familie gekommen ist, die eine Heimunterbringung des Kindes erforderlich gemacht hat, muß diese Trennung auch bei der therapeutischen Arbeit aufrechterhalten werden, bevor eine Wiederherstellung der Familie möglich ist. So ist beispielsweise die individuelle Evaluation des Täters erforderlich, um die von FINKELHOR (1984) genannten Grundprobleme zu untersuchen. Sie hilft auch der Therapeutin, die Ursachen des Mißbrauchsverhaltens zu verstehen. Die Beurteilung des Täters muß folgende Fragen berücksichtigen: Welche Faktoren haben zu einer emotionalen Affinität zum Kind als Sexualobjekt geführt? Welche inneren und äußeren Faktoren haben die Scheu gegenüber Kindern außer Kraft gesetzt? Welche besonderen Faktoren in der Beziehung zwischen Familie und Kind haben den Mißbrauch begünstigt? Welche sexuellen Phantasien treten auf, und was sind die auslösenden Faktoren für den tatsächlichen Mißbrauch?

Darüber hinaus ist es unbedingt nötig, nicht nur das Ausmaß der durch Traumata ausgelösten Verhaltensweisen des Kindes einzuschätzen, sondern auch den nicht-mißbrauchenden Elternteil im Hinblick auf persönliche Erfahrungen, die dazu geführt haben könnten, daß er anfällig für einen mißbrauchenden Partner war oder nur bedingt in der Lage war, das Kind zu schützen.

### Arbeitshypothesen bei Familien mit günstigeren Aussichten

Im Beispiel der Familie B. fiel es den Eltern anscheinend wesentlich leichter, dem Kind beizustehen und der zu befürchtenden Katastrophe – dem Verlust der ehelichen Gemeinschaft – ins Auge zu sehen. Ihre traumatischen Erfahrungen waren also nicht so dramatisch, daß sie einen blinden Fleck im Bewußtsein schaffen mußten, der sowohl mißbrauchsfördernde als auch abweisende Einstellungen gegenüber dem mißbrauchten Kind ausgelöst hätte. Im Fall der Familie B. bezog sich die Arbeitshypothese vor allem auf die Verwechslung von emotionaler Nähe und Sexualität, die in Herrn B.s Verwechslung von emotionalen und sexuellen Beziehungen ihren Ursprung hatte. Der Verlust des ersten Ehepartners und die Trauer darüber hatten eine Kluft zwischen Mutter und Tochter entstehen lassen, und bei Herrn B. hatte der Versuch, als Stiefvater eine emotionale Nähe zur Tochter herzustellen, sexuelle Handlungen ausgelöst.

Herr B. war in der Lage, die Verantwortung für den Mißbrauch zu übernehmen, und die Mutter gewährte dem Kind Schutz, so daß günstige Voraussetzungen für eine Behandlung gegeben waren, in deren Verlauf eine ganze Reihe therapeutischer Ziele erreicht werden konnten. Dazu gehörten die Aufarbeitung der individuellen traumatischen Erfahrungen von Stiefvater und Tochter, der Aufbau einer guten Beziehung zwischen Mutter und Tochter und die Bearbeitung von ehelichen Differenzen, um schließlich die Wiederherstellung der Familie als Möglichkeit ins Auge zu fassen. Diese Ziele müssen in der zweiten Behandlungsphase erreicht werden, der Phase der Trennung der Familie.

## Familienarbeit in der Trennungsphase

Obwohl manche Kollegen durchgängig für die Behandlung der gesamten Familie sind, ist in der klinischen Praxis noch kein Nachweis erbracht worden, daß dies erfolgreich wäre. Aus meiner Sicht ist eine Phase der Trennung unverzichtbar, in der auf individuelle Behandlungsziele hingearbeitet wird und in der die Jugendämter sicher sein können, daß das Kind umfassend geschützt ist. Dieser Schutz ist nur dann langfristig zu gewährleisten, wenn beim Täter eine grundlegende Verhaltensänderung erreicht und beim nicht-mißbrauchenden Elternteil die Fähigkeit zum uneingeschränkten Schutz des Kindes entwickelt wird.

Entsprechend ist die Kontaktsperre zwischen Mißbraucher und Kind meist der Ausgangspunkt für die Trennung der Familie, und tatsächlich ist dies aus der Perspektive des Kinderschutzes die beste Lösung. Die Dauer der Trennung der Familie hängt stark vom Verlauf des Strafverfahrens ab – ob eine Gefängnisstrafe verhängt wird oder eine Strafe auf Bewährung mit der Auflage, sich einer therapeutischen Behandlung zu unterziehen – aber auch von den Chancen, getrennte Wohnungen am gleichen Ort zu finden. Die mit einer therapeutischen Behandlung verbundene Strafaussetzung ist in Fällen, in denen der Täter die Verantwortung für das ganze Ausmaß des Mißbrauchs übernimmt, mit Abstand die beste Lösung. Es ist gut möglich, daß in Fällen, bei denen eine starke pädophile Neigung vorliegt, der Täter eine gewisse Zeit in einer geschlossenen Einrichtung untergebracht werden muß, beispielsweise in einem Gefängnis mit psychiatrischer Abteilung oder in stationärer klinischer Behandlung. Bevor er wieder in die Gemeinschaft entlassen wird, sollte allerdings unbedingt der Nachweis erbracht werden, daß die Behandlung tatsächlich zu einer Besserung geführt hat, vor allem dann, wenn eine Rückkehr in die Familie erwogen wird.

Bei Familien aus der Kategorie »zweifelhaft«, in denen das Kind keine Unterstützung durch die Mutter erhält, sollte man das Kind von beiden Eltern trennen und sich für eine Fremdunterbringung einsetzen, etwa in einem Pflegeheim. Manche Kinder sind durch ihre traumatischen Erfahrungen derart verstört, daß sie eine Zeitlang in einer Einrichtung, die auf schwer traumatisierte Kinder spezialisiert ist, untergebracht werden müssen. Wenn die Familienzusammenführung als chancenlos einzustufen ist, erscheint es sinnvoll, für das Kind eine Einrichtung zu suchen, in der Pflegefamilien vermittelt und die traumatischen Erfahrungen mit dem Kind durchgearbeitet werden, um es auf die neue Familie vorzubereiten.

In den meisten Fällen gelingt es erst nach einer gewissen Zeit der Trennung, das Geheimhaltungs- oder Verleugnungssystem aufzubrechen, so daß das Kind überhaupt damit beginnen kann, über das Ausmaß des erfahrenen Mißbrauchs zu sprechen. Die größten Schwierigkeiten haben Kinder mit dieser Offenbarung, wenn es sich um Mißbrauch durch die Mutter handelt. Auch die zuständigen Stellen sind mit Beschuldigungen dieser Art äußerst selten konfrontiert, aber es gibt verschiedene Studien, in denen der Anteil mißbrauchender Mütter mit 5 bis 15% angegeben wird (BENTOVIM et al. 1988; FALLER 1988; FINKELHOR 1984).

Arbeitsschwerpunkte in der Trennungsphase

*Die Arbeit mit Mutter und Kind*

Bevor sich die Therapeutin mit der Mißbrauchsbeziehung zwischen Vater und Kind beschäftigt, sollte sie unbedingt dafür sorgen, daß die elementare Versorgung des Kindes gesichert ist. Entsprechend muß, wie auch FURNESS (1983) betont hat, der erste Arbeitsschwerpunkt die Verbesserung der Beziehung zwischen Mutter und Kind sein: die Kommunikation muß sich verbessern, Vertrauen muß aufgebaut und die Beziehung wiederhergestellt oder neu entwickelt werden.

Charakteristisch für die Familie A. war das seit langem bestehende Beziehungsdefizit zwischen Mutter und Tochter, deshalb war die Arbeit auf neue Erfahrungen der Mutter mit ihren Kindern ausgerichtet. Die Entwicklung ihrer Beziehungen wurde mit der Methode der Familienskulptur (BYNG-HALL 1979) zurückverfolgt. Es stellte sich heraus, daß die Beziehung der Mutter zu beiden Töchtern von massiven Nähe-Distanz-Problemen geprägt war. Die Ergänzung des therapeutischen Verfahrens durch Elemente des Psychodramas half der Mutter, die Ursachen der Distanz zu ihrer ältesten Tochter und den Zusammenhang zum aktuellen Konflikt zu verstehen. Nachdem sie diese Distanz im Psychodrama zunächst dargestellt hatte, wurde sie aufgefordert, dem Therapeuten zu zeigen, wie sie sich die Beziehung ihrer Tochter zur Großmutter vorstellte, also ihrer eigenen Mutter, die das Kind anfangs versorgt hatte. Sie nahm ihre Tochter fest in den Arm – zum ersten Mal. In der nächsten Sitzung berichtete sie, daß sie plötzlich von einer Welle der Nähe ergriffen werde und zum ersten Mal das Gefühl habe, daß es in der Beziehung zu ihrer Tochter große Entfaltungsmöglichkeiten gebe. Diese neue Erfahrung und die neue Realität, die durch die veränderte Art des Kontakts geschaffen worden war, hatten eine starke Wirkung auf sie, denn hier war die Ahnung aufgeblitzt, daß neue Formen der Beziehung möglich sein könnten.

Methoden der strukturellen Familientherapie (MINUCHIN und FISHMAN 1981) sind geeignet, die Mutter ihrem Kind wieder näherzubringen, wenn dies verstört ist und Trost braucht. Die allmähliche Wiederherstellung einer empathischen Beziehung zwischen Mutter und Kind wird auch dadurch gefördert, daß beide angeregt werden, einander mitzuteilen, wie sie jeweils die traumatische Erfahrung des Mißbrauchs erlebt haben.

Die Angst, die Spannungen und das Einengende der posttraumatischen Reaktionsmuster zu bearbeiten, ist bei der Mutter-Kind-Arbeit immer eine vordringliche Aufgabe. Ressentiments seitens der Mutter, die damit zusammenhängen, daß das Kind ihre Rolle als Sexualpartnerin eingenommen hat, müssen zur Sprache kommen, ebenso wie die traumatischen und die lustvollen Aspekte sexueller Kontakte.


*Gruppenarbeit für Mütter und Opfer*

Bei BENTOVIM et al. (1988) ist beschrieben worden, wie sich die Gruppenarbeit als Methode in der Arbeit mit Müttern und Opfern unterschiedlicher Altersgruppen entwickelt hat. Gruppen können für die persönliche Entwicklung der Betroffenen eine große Hilfe sein, denn sie ermöglichen es, traumatische Erfahrungen in einem gesicherten Raum anderen mitzuteilen und neue Formen der Beziehung zu entdecken und auszuprobieren. Von Nutzen ist die Gruppenarbeit aber nur, wenn sie klar strukturiert und auf spezifische Ziele und Methoden der Therapie aufgebaut ist. Je jünger das Kind ist, desto stärker müssen die Gruppen strukturiert werden; aber auch Gruppen von Müttern oder Eltern mißbrauchter Kinder müssen strukturiert werden und einem bestimmten Behandlungsprogramm folgen (BENTOVIM et al. 1988). Daran zu arbeiten, daß das zur Geheimhaltung verpflichtende Tabu gebrochen wird, ausführlich über die Erfahrungen mit dem Mißbrauch zu sprechen, zu beschreiben, welche posttraumatischen Reaktionen wirksam sind und wie man mit ihnen fertig wird, gehört ebenso zu den wichtigen Bestandteilen von Gruppenprogrammen wie das Erlernen von Kommunikationstechniken, die Umstrukturierung der kognitiven Wahrnehmung und das Selbstbehauptungstraining (BERLINER und WHEELER 1987; JEHU 1988).

Die Gruppenarbeit muß den Bedürfnissen von Kindern der verschiedenen Altersstufen angepaßt und auf die Mütter und Betreuer der mißbrauchten Kinder ausgedehnt werden. Es gibt eine Vielzahl von therapeutischen Hilfsmitteln, die in Gruppen genutzt werden können, zum Beispiel die Untersuchung von Genogrammen hinsichtlich der Entwicklung jedes einzelnen (LIEBERMAN 1980); Rollenspiele können die Fähigkeit zur Selbstbehauptung verbessern und das Selbstwertgefühl aufbauen (VIZARD 1986); neue Erklärungs- und Verhaltensmuster helfen, die alten zu korrigieren (BYNG-HALL 1979), und der Einsatz von Bildern und Zeichnungen kann die Darstellung von Problemen und neuen Lösungswegen im Rollenspiel erleichtern (BERLINER und WHEELER 1987). Die Gruppe unterstützt ihre Mitglieder in besonderen Krisensituationen wie etwa bei den Vorbereitungen auf die Gerichtsverhandlung oder bei einschneidenden Veränderungen der familiären Situation.

Die inhaltliche Ausrichtung der Arbeit kann sehr unterschiedlich sein, denn sie hängt von der Entwicklungsphase ab – ob es sich um Kinder in der Latenzphase oder in der frühen Pubertät handelt oder um Jugendliche zwischen fünfzehn und siebzehn Jahren, die sich darauf vorbereiten, sexuelle Beziehungen zu Gleichaltrigen aufzunehmen. Entsprechend haben Eltern, deren Kinder ihre jüngeren Geschwister mißbrauchen, andere Bedürfnisse in der Therapie, als wenn der Vater der Mißbraucher ist.

Es gibt kaum wissenschaftliche Studien über die Effektivität solcher Gruppenprogramme. Dennoch stoßen letztere mittlerweile auf breite Zustimmung, da sie sich in der klinischen Praxis als sinnvoll erwiesen haben. Die begrenzten Erkenntnisse aus der wissenschaftlichen Auswertung der Nachbehandlung (BENTOVIM et al. 1988) sprechen dafür, daß mit diesem therapeutischen Ansatz bei den Kindern Fortschritte erzielt wurden. Die Ergebnisse einer Untersuchung, in der Kinder zufällig einem Gruppenprogramm oder der Kontrollgruppe zugeordnet wurden, stehen noch aus.

*Die Arbeit mit Geschwistern*

Während der Phase der Trennung machen die Geschwister der mißbrauchten Kinder ganz spezifische Erfahrungen: Sie erleben, wie ihre Familie auseinanderbricht, und möglicherweise fühlen sie sich hin- und hergerissen zwischen Mitgefühl und Sorge um die mißbrauchte Schwester oder den mißbrauchten Bruder und ihren eigenen Bedürfnissen in der Beziehung zum Vater, der sich ihnen gegenüber vielleicht unterstützend und liebevoll verhalten hat. Manchmal wollen Familien die Geheimhaltung wahren und bestehen darauf, daß die Geschwister nichts über den Mißbrauch erfahren, damit sie nicht völlig den Respekt vor ihrem Vater verlieren. Es ist unmöglich, über längere Zeit auf dem Märchen zu beharren, der Vater sei beruflich unterwegs oder krank; für die betroffenen Kinder sind solche Dauerlügen aber auch, ähnlich wie die in der Familie herrschende Spannung, hinter der der Mißbrauch versteckt wird, eine Form des Mißbrauchs. Gemeinsame Gespräche mit den Kindern und dem nicht-mißbrauchenden Elternteil können helfen herauszufinden, was die Geschwister im einzelnen wissen, was sie gehört haben und was sie sich aus Gesprächen zusammengereimt haben, die sie eigentlich nicht mitbekommen sollten. In der Regel haben Kinder eine sehr klare Vorstellung davon, was mit ihren mißbrauchten Geschwistern und ihren Eltern passiert ist, brauchen aber die ausdrückliche Erlaubnis, darüber zu sprechen.

Voraussetzung für eine erfolgreiche Arbeit mit dem Täter ist die Klärung der Art und Dauer der Mißbrauchshandlung, der Zusammenhang mit frühen Kindheitserfahrungen des Täters und der auslösenden und stabilisierenden Momente der dem Mißbrauch zugrundeliegenden Grundeinstellung. Die zyklische Natur des Mißbrauchsmusters sowie die Kriterien der Auswahl der Opfer sollten beleuchtet werden. Diese Arbeit kann in der Einzeltherapie oder, was große Vorteile hat, in der Gruppe geleistet werden (Salter 1988). Sie muß außerdem in den meisten Fällen längerfristig angelegt sein als die Arbeit mit dem traumatisierten Kind oder dem nicht-mißbrauchenden Elternteil.

Langzeit-Gruppen für Erwachsene, mit Tätern und Frauen, die in der frühen Kindheit mißbraucht wurden, beschreibt Wheldon (1988). Damit eine in die Tiefe gehende therapeutische Behandlung abgeschlossen werden kann, müssen solche Gruppen langfristig angelegt sein. Im Rahmen des Projekts am Great Ormond Street Hospital wurden zusätzlich zur Gruppentherapie für Väter auch Paartherapien für Täter und ihre nicht-mißbrauchenden Partner angeboten. Wenn diese kombinierte Form der Therapie jedoch in einem sehr frühen Stadium der Trennungsphase durchgeführt wird, kann sie unter Umständen den Entscheidungsprozeß derart beeinflussen, daß sich das Paar auf eine Zusammenführung der Familie festlegt, obwohl eine Entscheidung für eine Trennung längerfristig sinnvoller gewesen wäre.

Aufgrund unserer derzeitigen Erkenntnisse sollte eine gesonderte therapeutische Arbeit mit Müttern angeboten werden, die ihnen dabei hilft, bejahende und beschützende Gefühle für ihr Kind zu entwickeln und in einer Situation, in der sie mit dem sexuellen Interesse des Partners für ihr Kind und der daraus entstandenen Zerrüttung der Familie fertigwerden müssen, ihr Selbstwertgefühl wiederzufinden. Voraussichtlich wird es Frauen nur in der gemeinsamen therapeutischen Arbeit mit anderen Frauen gelingen, die strukturell verfestigten Machtverhältnisse innerhalb der Familie aufzuheben. Die Machtverhältnisse sind ein Faktor, der es dem Vater überhaupt möglich macht, die inneren und äußeren Hemmungen zu überwinden, die normalerweise den Mißbrauch des eigenen Kindes verhindern.

Paar-Gruppentherapie kann in der Phase der Zusammenführung der Familie eine wichtige Rolle spielen, nachdem beide Partner sich mit Mißbrauchsverhalten und posttraumatischen Reaktionen so eingehend auseinandergesetzt haben, daß sie als Paar mit einer stärker gleichberechtigten Beziehung zusammenarbeiten können. Täter müssen sich, neben der Arbeit an den Ursprüngen ihres Mißbrauchsverhaltens, ebenfalls dem Thema der Macht in Beziehungen zwischen Mann und Frau stellen und schließlich den Prozeß in Gang bringen, der am schmerzhaftesten und schwierigsten ist: Einfühlung zu entwickeln dafür, wie traumatisierend ihr Verhalten ist und welche Auswirkungen es auf ihre Kinder hat. Dieser Prozeß muß vorangetrieben werden, wobei es kaum eine Rolle spielt, ob es sich beim Mißbraucher um einen Erwachsenen oder einen Jugendlichen handelt (ABEL et al. 1984). Auch hier fehlt es an gezielten Forschungsarbeiten, die beurteilen, wie effektiv die Gruppenarbeit für die Behandlung ist, was spezielle behaviouristische Ansätze leisten und welche Rolle eine stationäre oder ambulante Betreuung des Patienten spielt.

## Die Arbeit mit der ganzen Familie während der Phase der Trennung

Bei Familien, die eine optimistische Prognose rechtfertigen – in Fällen also, in denen die Verantwortung für den Mißbrauch übernommen wird und das mißbrauchte Kind Unterstützung erhält – sind Familiensitzungen, an denen auch der Mißbraucher teilnimmt, schon während der Phase der Trennung nicht ausgeschlossen. Allerdings sollte man dabei nicht vergessen, daß die Veränderungen der Familienstruktur, die während dieser Phase zu beobachten sind, nicht unbedingt von Dauer sein müssen, denn die Familie hat zwischen den Sitzungen keine Gelegenheit, Probleme zu bearbeiten und sich dadurch wirklich zu verändern. Daneben ist es sinnvoll, daß die Therapeutinnen der Kinder oder Jugendlichen und die der Eltern zusammenkommen, um sich über Fortschritte zu verständigen und dies an die Behördenvertreter weiterzuleiten. Solche Helferkonferenzen können überprüfen, welche Fortschritte bereits erzielt wurden, Aufgaben für die weitere Arbeit bestimmen und Empfehlungen formulieren, sowohl für die Fallbesprechungen der verschiedenen Dienststellen, als auch für die Entscheidungsträger wie Gerichte oder Jugendämter.

## Familienarbeit auf professioneller Ebene

Wie FURNESS (1983) kritisch bemerkt hat, kann es leicht passieren, daß Konflikte innerhalb der Familie – zum Beispiel Ablehnung und Beschuldigung des Kindes, Ablehnung der Mutter oder des Vaters – sich in den Beziehungen zwischen den verschiedenen Behörden widerspiegeln. Einem Sozialarbeiter, der sich engagiert um das Kind kümmert und ein hohes Maß an Verantwortung für es trägt, fällt es unter Umständen sehr schwer zu glauben, daß sich an der Einstellung des Mißbrauchers irgendetwas ändern könnte. Der Bewährungshelfer, der sich weitgehend mit dem Vater als seinem Klienten identifiziert, befürchtet vielleicht, daß die anderen professionell Beteiligten ihn und seinen Klienten außer acht lassen und sich zu stark auf das Kind konzentrieren. Da so viele verschiedene Aspekte berücksichtigt werden müssen, ist es wichtig, genau festzulegen, welche Dienststelle für welchen Teilbereich der Arbeit zuständig ist. Sonst kann es dazu kommen, daß Konfusion statt Klarheit herrscht und die verschiedenen Fachleute die Familienmitglieder in entgegengesetzte Richtungen ziehen. Daher müssen unter anderem folgende Kernbereiche unbedingt klar definiert werden: (a) Welche Stelle arbeitet mit dem Kind und hilft ihm dabei, die posttraumatischen Reaktionen und die Auswirkungen auf die Familiendynamik zu verarbeiten? (b) Welche Stelle übernimmt die Arbeit an der Beziehung zwischen Mutter und Kind? (c) Welche Stelle kann eine Arbeit mit der Mutter anbieten, die ihr dabei hilft, mit der eigenen Belastung zurechtzukommen? (d) Welche Stelle kümmert sich darum, das Mißbrauchsverhalten des Vaters zu bearbeiten? (e) In welchem Rahmen soll später eine Paartherapie stattfinden, die sich näher mit den Beziehungsproblemen der Ehepartner befaßt? (f) Wo werden Entscheidungen über die Unterbringung der Kinder oder den Zeitpunkt für eine Wiedereingliederung in die Familie getroffen und wer bestimmt den Stand des therapeutischen Prozesses?

## Die Phase der Wiedervereinigung

Den richtigen Zeitpunkt für eine erneute Zusammenführung der Familie zu bestimmen und zu planen, wann der mißbrauchende Vater wieder in die gemeinsame Wohnung zurückkehren soll, ist außerordentlich schwierig. Diese Frage hängt unter anderem davon ab, ob eine Gefängnisstrafe verbüßt worden ist, ob eine Bearbeitung des Problems stattgefunden hat und wie motiviert die Familie und die zuständigen Betreuer jeweils einzeln und in der Zusammenarbeit sind, bestimmte Ziele zu erreichen. Der Täter muß seine Fähigkeit, sich verantwortungsvoll zu verhalten, in der Kooperation mit seinem Bewährungshelfer oder den Jugendämtern unter Beweis stellen. Er muß am gleichen Ort, aber getrennt von der Familie leben und die erforderliche Distanz wahren, ohne daß er diese Auflage unterläuft oder Versuche macht, das Geheimhaltungssystem in seiner Familie wieder aufleben zu lassen, indem er sie dazu bringt, Übertretungen getroffener Vereinbarungen zu tolerieren.

Es gibt eine ganze Reihe von Bereichen, an denen in der Phase der Zusammenführung gearbeitet werden muß. Zu den wesentlichen Aufgaben in dieser Phase, in der die Arbeit mit der ganzen Familie den größten Raum einnimmt, gehören die Stärkung der Autorität der Mutter, die Beratung bei Problemen auf der Paarebene und bei sexuellen Problemen sowie die Bestimmung der emotionalen Veränderungen, die erreicht werden sollen.

### Die Stärkung der Autorität der Mutter

Wenn ein Umfeld entstehen soll, in dem der Schutz des Kindes gewährleistet ist und Entwicklungen gefördert werden, sind ganz erhebliche Veränderungen in der Funktionsweise der Familie die Voraussetzung. Und zwar muß die grundlegende Veränderung darin bestehen, daß die Position der Mutter dauerhaft gestärkt wird, sie also an Autorität gegenüber den Kindern und dem Vater gewinnt. Dies kann in einer Familie, in der bisher nach patriarchalischem Muster die Autorität über Frau und Kinder beim Vater lag, durchaus bedeuten, daß ein völlig neues Gleichgewicht hergestellt werden muß.

An diesen Veränderungen kann auch in getrennten Frauen- und Männergruppen gearbeitet werden, die den Betroffenen dabei helfen, bestimmte Grundprobleme zu bewältigen und sich persönlich weiterzuentwickeln. Als Paar gemeinsam in einer Gruppe teilzunehmen, erleichtert die Auseinandersetzung mit Problemen, welche die anderen Paare auch haben, und ermöglicht, neue Beziehungsmuster kennenzulernen. Ein problemorientierter Ansatz mit Elementen der Familientherapie wie Rollenspiel, Familienskulpturen und Interaktionstraining können die Funktionsmechanismen der Partnerschaft nachhaltig beeinflussen.

Es ist notwendig, nicht nur bereits im Erstgespräch vorzustrukturieren, wer sich mit wem in welchen Räumen aufhalten darf, sondern es ist auch für spätere Besuche und schließlich die Rückkehr nach Hause wichtig, eindeutige Regelungen zu finden. Es sollte selbstverständlich sein, daß die Kinder – zu ihrem eigenen Schutz ebenso wie zu dem der Eltern – sich nicht ohne die Anwesenheit von Dritten im selben Raum mit dem Vater aufhalten. Die Einführung neuer Regeln führt auch zu neuen familiären Strukturen. Die neuen Verhaltensmuster müssen langsam zur Gewohnheit werden, und auch wenn sie zunächst als künstlich und unbequem empfunden werden, können sie im Lauf der Zeit Teil eines neuen, von der Familie selbst gesetzten Regelsystems werden. Man könnte sagen, daß dann der therapeutische Kontext ein Bestandteil der Familie wird und so eine ganz neue Basis für die Regelung des Zusammenlebens entsteht.

Betroffene Familien haben oft den Wunsch, sich von den professionellen Helfern zu distanzieren und in Ruhe gelassen zu werden, aber dies muß als Versuch gesehen werden, sich in ein vertrautes System der Geheimhaltung zurückzuziehen, dessen Funktionsweise die Familie nur allzu gut kennt: Nach außen hin wird eine intakte Fassade präsentiert, während im Inneren das Mißbrauchsmuster von Kontrolle, Drohungen und Geheimhaltung herrscht. Mißbrauch vollzieht sich in einer Atmosphäre von Heimlichkeiten und rigiden Grenzen zwischen Familie und sozialem Umfeld. Was die Familie braucht, sind flexible Grenzen und die Öffnung nach außen. So schmerzhaft und belastend es sein mag, wenn professionelle Betreuer nahezu Teil der Familie werden – es ist unbedingt notwendig, einzugreifen und die Arbeit so anzulegen, daß die Familie später ohne Betreuer ihr eigenes System entwickeln kann.

In vielen der betroffenen Familien gibt es eine Rollenkonfusion, in der die Mutter irgendwann eine Mutterrolle gegenüber ihrem Mann einnahm, der sich wie ein pubertierendes Kind verhielt. Dann wieder reagierte die Mutter selbst wie ein Kind auf die Bedürfnisse des Vaters. Manchmal übernahm das Kind eine Elternrolle oder wurde in der Beziehung zur Mutter, zum Vater oder zu beiden Eltern zum Partner. Es empfand die Eltern dann als Kinder, die es beschützen und für die es sich opfern mußte. Diese Themen müssen in therapeutischen Sitzungen mit der ganzen Familie angesprochen werden, wobei vielfältige strukturelle oder strategische Techniken eingesetzt werden können. Es muß zu dauerhaften Veränderungen kommen, wenn sichergestellt werden soll, daß die Therapie zufriedenstellend abgeschlossen werden kann und die Zusammenführung tatsächlich eine Chance auf Erfolg hat.

### Paarberatung und Sexualtherapie

Obwohl die sexuelle Orientierung des Mißbrauchers auf Kinder meist das primäre Problem ist, mit dem man sich intensiv und detailliert befassen muß, hängen damit oft auch andere sexuelle Probleme zusammen. Durch unbewußte Muster einer korrespondierenden Pathologie zwischen den Eltern kommt es häufig vor, daß die Mutter ihrerseits mit den Folgen einer früheren Mißbrauchserfahrung zu kämpfen hat. Unter Umständen dauert es lange, bis sich ein Vertrauensverhältnis hergestellt hat und die Mutter mit einer Betreuerin offen über ihre eigenen Mißbrauchserfahrungen sprechen kann, über ihre Frigidität, ihre Wut und die Ablehnung von sexuellen Kontakten mit dem Mann, sowohl in der Vergangenheit als auch in der Gegenwart. In diesem Fall soll eine gemeinsame Beratung beider Partner helfen, neue Beziehungsmuster zu entwickeln. Oft muß diese Arbeit sowohl in der Gruppentherapie mit anderen Paaren geleistet werden als auch in der Paartherapie, wo auf die besondere Problematik eingegangen werden kann.

## Die Bestimmung von emotionalen Veränderungen, die noch zu erreichen sind

Auf lange Sicht geht es darum, daß der Täter die Ursachen seines Mißbrauchsverhaltens versteht und zu eigenen traumatischen Erfahrungen wieder einen Bezug findet. Er sollte in der Lage sein, offen zeigen zu können, daß er echte Reue empfindet und sich über die qualvollen Auswirkungen seines Verhaltens im klaren ist – es genügt nicht, wenn er nur begrenzt die Verantwortung übernimmt. In einem frühen Stadium muß das Risiko von Suizidabsichten einkalkuliert werden, weil der Täter vielleicht versucht, sich so den Konsequenzen seines Tuns, der befürchteten Katastrophe des Freiheitsentzugs oder der Verurteilung durch andere zu entziehen. Aber auch in einem späteren Stadium kann Suizidgefahr bestehen, wenn dem Täter das wirkliche Ausmaß seines Verhaltens bewußt wird.

Es ist wichtig, daß das Opfer Vertrauen entwickelt, sowohl zu sich selbst als auch zu den Menschen, die innerhalb und außerhalb der Familie für seinen Schutz sorgen, ohne daß es das Gefühl hat, das ganze System aus Familie und Helfern manipulieren zu können. Unbedingt notwendig ist es auch, die Positionen der entfernteren Angehörigen zu klären und Beziehungen wiederherzustellen, die vielleicht durch das Bekanntwerden des Mißbrauchs, die Zeit der Inhaftierung und die notwendigen Maßnahmen der Behörden erheblich gestört waren. Darüber hinaus muß die Familie sich damit konfrontieren, welche Krisen in der Zukunft auftreten könnten, und überlegen, an welchen Punkten das Risiko, daß sich der Mißbrauch des Opfers oder eines anderen Kindes in der Familie wiederholt, besonders hoch ist. Wenn man bedenkt, welch intensive und langfristige Arbeit geleistet werden muß, um in schweren Fällen von sexuellem Mißbrauch Veränderungen herbeizuführen, ist es nicht überraschend, daß die Rehabilitierungsquote so niedrig ist.

### Auf dem Weg zu neuen Familien

Eine neue Familie benötigen mißbrauchte Kinder, wenn sie von ihren Eltern verstoßen worden sind oder wenn diese offenkundig nicht in der Lage sind, Verantwortung zu übernehmen und sich entsprechend zu verändern. In dieser Situation wird eine alternative Unterbringungsmöglichkeit auf Dauer notwendig, gegebenenfalls – vor allem bei jüngeren Kindern – auch eine Adoption. Parallel zu der üblichen, sehr umfangreichen Arbeit, das Kind auf die Unterbringung in einer Pflegefamilie oder die Adoption vorzubereiten und die Gefühle von Verlust, Schuld, Versagen, Wut und Enttäuschung zu bearbeiten, brauchen wir ein spezifisches Beratungsangebot für die Pflege- und Adoptiveltern.

Die neue Familie sollte sicher im Umgang mit ihrer eigenen Sexualität sein und dazu bereit, ihre eigenen Erwartungen im Hinblick auf die Geschwindigkeit, mit der die Kinder sich mit sexuellen Dingen vertraut machen, anzupassen. Sie müssen außerdem in der Lage sein, dem Ausagieren von Sexualität offen zu begegnen, die verdeckten oder unbewußten, nicht altersgemäßen sexualisierten Reaktionsmuster zu erkennen und klare Regeln und Rollengrenzen zu etablieren.

Diese Vorbereitungsarbeit kann parallel zur Arbeit mit den Kindern in Gruppen für Pflege- oder Adoptiveltern geleistet werden.

## Schlußfolgerungen

Bei der Arbeit mit den betroffenen Familien wird sehr schnell deutlich, daß es im Hinblick auf das Individuum, das Paar und die Familie als ganze eine breite Palette von therapeutischen Zielen gibt. Eine bestimmte Methode der Familientherapie, die allen Bedürfnissen gerecht wird, gibt es nicht. Vielmehr kommt es darauf an, eine ganze Reihe von Konzepten mit einzubeziehen, um die jeweiligen Auswirkungen von traumatischen und belastenden Beziehungen zu erkennen, sämtliche Mitglieder der Familie zu verstehen und Hilfsangebote – für diese wie für die professionellen Helfer – zu entwickeln.

Es gibt derzeit viele unterschiedliche Methoden, die für die Arbeit mit Mißbrauchsfamilien zur Verfügung stehen. Die unterschiedlichen Herangehensweisen leiten sich von verschiedenen familientherapeutischen Schulen ab, insbesondere aus der strukturellen Familientherapie, der systemorientierten Mailänder Schule und dem psychodynamischen Ansatz. Diese Schulen haben sehr effektive Techniken und Arbeitsweisen entwickelt, die in Fällen sexuellen Mißbrauchs beachtliche Veränderungen erreichen können.

# Anmerkungen

1 Hospital for Sick Children, Great Ormond Street, London
2 »Clinical Work With Families in Which Sexual Abuse Has Occured« erschien im Original in: HOLLIN, C. R.; HOWELLS, K. (1991): Clinical Approaches to Sex Offenders and Their Families. John Wiley & Sons Ltd., London. Übersetzt von BARBARA JUNG mit freundlicher Genehmigung des Verlags. Alle Rechte vorbehalten.

# Literatur

ABEL, G. G.; BECKER, J. V.; CUNNINGHAM-RATHNER, J.; ROULEAU, J.; KAPLAN, M.; REICH, J. (1984): The treatment of child molesters. SBC-TM, 722 W. 16th Street, Box 17, New York.

BAKER, T.; DUNCAN, S. (1985): Child sexual abuse: A study of prevalence in Great Britain. Child Abuse and Neglect 9: 457-467.

BENTOVIM, A. (1990): Physical violence in the family. In: BOWDEN, P.; BLUGLASS R. (Hg.), Principles and Practice of Forensic Psychiatry. Livingston, London, S. 543-562.

BENTOVIM, A.; ELTON, A.; HILDEBRAND, J.; TRANTER, M.; VIZARD, E. (1988): Sexual Abuse in the Family. John Wright, Bristol.

BENTOVIM, A.; ELTON, A.; TRANTER, M. (1987): Prognosis for rehabilitation after abuse. Adoption and Fostering 11: 28-31.

BENTOVIM, A.; VAN ELBURG, A.; BOSTON, P. (1988): The results of treatment. In: BENTOVIM, A.; ELTON, J.; HILDEBRAND, M.; TRANTER; VIZARD, E. (Hg.), Child Sexual Abuse in the Family. John Wright, Bristol, S. 250-285.

BENTOVIM, A.; KINGSTON, W. (1990): Focal family therapy – Joining systems theory with psychodynamic understanding. In: GURMAN, A.; KNISKERN D. (Hg.), A Handbook of Family Therapy. Basic Books, New York, S. 450-485.

BERLINER, L.; WHEELER, J. R. (1987): Treating the effects of sexual abuse on children. Journal of Interpersonal Violence 2: 415-434.

118

BYNG-HALL, J. (1979): Re-editing family mythology during family therapy. Journal of Family Therapy 1: 103-116.

BYNG-HALL, J. (1989): Replicative and corrective scripts. Presentation to the Institute for Family Therapy, London.

FALLER, K. (1988): Child Sexual Abuse: An Interdisciplinary Manual for Diagnosis, Case Management and Treatment. Columbia University Press, New York.

FINKELHOR, D. (1984): Child Sexual Abuse: New Theory and Research. Free Press, New York.

FINKELHOR, D.; BROWNE, A. (1986): Sexual abuse: Initial and long-term effects: A conceptual framework. In: FINKELHOR, D. (Hg.), A Sourcebook on Child Sexual Abuse. Sage, Beverly Hills, S. 130-198.

FURNESS, T. (1983): Mutual influence and interlocking professsional-family process in the treatment of child sexual abuse and incest. Child Abuse and Neglect 7: 207-223.

GELLES, R. J.; CORNELL, C. P. (1985): Intimate Violence in Families. Sage, Beverly Hills.

GIARRETTO, H. (1981): A comprehensive child sexual abuse treatment program. In: MRAZEK, P. B.; KEMPE, C. H. (Hg.), Sexually Abused Children and Their Families. Pergamon Press, Oxford, S. 150-188.

GOOLISHIAN, H. A.; WINDERMAN, L. (1988): Constructivism, autopoiesis and problem determining systems. Irish Journal of Psychology 9: 130-143.

JEHU, D. (1988): Beyond Sexual Abuse. John Wiley, Chichester.

JOHNSON, T. C. (1988): Child perpetrators: Children who molest other children. Child Abuse and Neglect 12: 219-229.

JOHNSON, T. C.; BERRY, C. (1989): Children who molest – a treatment program. Journal of Interpersonal Violence 4: 185-203.

KEMPE, C. H. (1979): Recent developments in the field of child abuse. Child Abuse and Neglect 3: IX-XV.

KINGSTON, W. (1987): A general theory of symptom formation. Discussion paper.

LIEBERMAN, S. (1980): Intergenerational Family Therapy. Croom-Helm, London.

LUSTIG, N.; DRESSER, J. W.; SPELLMAN, S. W.; MURRAY, T. B. (1966): Incest: A family group survival pattern. Archives for General Psychiatry 14: 31-40.

MINUCHIN, S.; FISHMAN, C. (1981): Family Therapy Techniques. Harvard University Press, Cambridge.

PYNOOS, R. S.; ETH, S. (1985): Post-traumatic Stress Disorder in Children. American Psychiatric Association, Los Angeles.

RUSSELL, D. E. H. (1984): Sexual Exploitation. Sage, Beverly Hills.

SALTER, A. C. (1988): Treating Child Sex Offenders and Victims. Sage, Beverly Hills.

STRAUSS, M.; GELLES, R. (1979): Behind Closed Doors: Violence in the American Family. Anchor Press, Garden City.

119

TERR, L. (1987): Post traumatic states – Types I & II. Severe Trauma and Sudden Shock. Sam Hibbs Lecture. American Psychiatric Association, Chicago.

TOMM, K. (1987): Circualar interviewing – a multifaced clinical tool. In: CAMBELL, D.; DRAPER, R. (Hg.), Application of Systemic Therapy. Grune & Stratton, London.

VIZARD, E. (1986): Self-Esteem and Personal Safety. Video Film. Tavistock, London.

VIZARD, E.; TRANTER, M. (1988): Interviewing sexually abused children. In: BENTOVIM, A.; ELTON, A.; HILDEBRAND, J.; TRANTER, M.; VIZARD, E. (Hg.), Treatment of Sexual Abuse in the Family. John Wright, Bristol.

WHELDON, E. (1988): Therapeutic work with male perpetrators and female victims in groups. Paper given to the Tavistock Clinic, London.

WHITE, R. (1984): Written agreements with families. In: ADCOCK, R.; WHITE, R. (Hg.), Good-enough Parenting. British Agencies Adoption and Fostering, London.

Ursula Buss und Oliver Schubbe

# Gruppenarbeit mit sexuell mißbrauchten Kindern im Kontext der Heimerziehung

Die Kinder malen »Wutbilder«. Fast lebensgroß stellt die zwölfjährige Jasmin[1] ihre Großmutter dar: »Die hat nichts getan, obwohl sie genau wußte, was der Opa mit mir macht.« Sie klebt das Bild der Oma an die Matratzenwand und rennt dagegen. Detailliert zeichnet sie ihren Opa. An den Brusthaaren kommt sie nicht weiter und bittet die Gruppenleiterin, ihr zu helfen. Jasmin zeichnet zuletzt das Geschlecht ihres Opas mit festem Strich: »Wenn er da noch mehr Haare gehabt hätte, hätte er gar nichts mehr machen können.« Dann pinnt sie auch den Opa an die Wand. Sie schlägt ihm in den Bauch. Mit der messerscharfen Kante einer runden Blechdose dreht sie ihm das Geschlechtsteil heraus. Das runde Papier steckt sie sich in den Mund. Sie beißt immerfort mit den Zähnen vom Papier ab. Sie zerkaut die Fetzen. Die nasse weiße Masse spuckt sie weit weg. Wütend zischt sie: »Das schmeckt genauso wie damals bei meinem Opa.«

»Die Aufrollung des Lebens im Schein wirkt nicht wie ein Leidensgang, sondern bestätigt den Satz: jedes wahre zweite Mal ist die Befreiung vom ersten.« (Moreno 1923) Sexuell mißbrauchte Kinder brauchen Angebote, die auf ihre Situation zugeschnitten sind und die Bearbeitung des Traumas ermöglichen. Denn mindestens zwei Drittel aller mißbrauchten Kinder leiden an Folgen, die in Störungen ganz unterschiedlicher Art zum Ausdruck kommen (Goodwin 1987). Ausgehend von den Symptomen sexuell mißbrauchter Kinder werden zehn zentrale Themen für die therapeutische Arbeit benannt (Sgroi 1982):

*1. Verzerrte Selbstwahrnehmung.* Sie äußert sich in dem Eindruck, daß etwas mit einem selbst nicht stimme. Dies schließt die Erfahrung, körperlich verletzt worden zu sein, ebenso ein wie die subjektive Wahrnehmung, von der Gesellschaft als minderwertig und sozial abweichend angesehen zu werden.

2. *Schuldgefühle.* Kinder halten sich oft für ganz allein verantwortlich für den Mißbrauch, die Trennung der Familie und den
Aufruhr nach der Eröffnung des Mißbrauchs.

3. *Angst.* Die angedrohte Rache des Mißbrauchers erzeugt
beim Kind große Angst. Des weiteren befürchtet das Kind, wichtige Bezugspersonen zu verlieren.

4. *Depressive Stimmungen.* Mißbrauchte Kinder zeigen depressive Stimmungen als häufigstes Symptom – in der Schule, zu
Hause oder in anderer Umgebung.

5. *Niederes Selbstwertgefühl und geringe soziale Fähigkeiten.*
Mißbrauchte Kinder neigen dazu, sich unterlegen zu fühlen, und
verhalten sich in solchen Momenten Erwachsenen und Kindern
gegenüber unangemessen.

6. *Unterdrückter Ärger und Feindseligkeit.* Sie sind am deutlichsten gegen den Mißbraucher gerichtet, oft aber auch gegen die
nicht schützende Mutter, gegen Geschwister oder andere Personen.

7. *Eingeschränkte Vertrauensbereitschaft.* Da das ursprüngliche Vertrauen des Kindes mißbraucht wurde, sinkt die Bereitschaft,
anderen Vertrauen entgegenzubringen, und damit die Möglichkeit,
soziale Fähigkeiten zu erwerben.

8. *Verwischte Rollengrenzen und Unsicherheit über die eigene
Rolle.* Die Familienrollen sind typischerweise so verdreht, daß
kleine Kinder sich bereits wie Eltern verhalten und die Erwachsenen zu viel oder zu wenig Verantwortung übernehmen.

9. *Scheinbare Reife verknüpft mit unbewältigt gebliebenen
Entwicklungsaufgaben.* Diese Kinder erscheinen aufgrund ihrer
widersprüchlichen Entwicklung regrediert oder altklug.

10. *Autonomie und Selbstkontrolle.* Im Mittelpunkt steht für
das Kind zunächst sein Gefühl der Hilflosigkeit. Ziele sind Autonomie und Selbstkontrolle.

Was die geeigneten Methoden angeht, diese Themen mit Kindern zu bearbeiten, gibt es einerseits die Ansicht, individuelle
Spieltherapie sei am besten geeignet (JONES 1986; MCELROY und
MCELROY 1989). Andererseits gibt es unterschiedliche Ansätze,
welche die besonderen Vorteile von Gruppenarbeit mit sexuell
mißbrauchte Kinder betonen (BERLINER und ERNST 1984; NELKI und
WATTERS 1989; CORDER, HAIZLIP und DEBOER 1990).

Kurz nach der Aufdeckung des Mißbrauchs sind Gespräche mit
der gesamten Familie, in welcher der Mißbrauch stattgefunden hat,

nicht mit den Interessen des Kindes vereinbar. Zuerst sollte mit Vater, Mutter und Kinder einzeln gearbeitet werden (GIARRETTO 1989). Zweck der Gruppenarbeit für Kinder kann es deshalb nur sein, nach der unmittelbaren Krisenintervention Gelegenheit zur Verarbeitung der Mißbrauchserfahrung zu bieten. Einzeltherapie ist direkt nach der Aufdeckung, bei akuter Suizidgefahr und mangelnder Gruppenfähigkeit des Kindes angezeigt. Sie kann sich mit der Gruppenarbeit sinnvoll ergänzen.

Therapeutische Prozesse sind ausgesprochen vielschichtig, da unterschiedliche Faktoren zusammenwirken. Einige Faktoren, die zur Verarbeitung sexuellen Mißbrauchs äußerst sinnvoll erscheinen, können nur innerhalb von Gruppen zur Geltung kommen:

Während der Glaube an die Wirksamkeit eines Therapieangebots an sich einen wirksamen Faktor darstellt, den sogenannten Placebo-Effekt, brauchen sich die Teilnehmer einer fortlaufenden Gruppe nicht auf ihren Glauben zu verlassen, sondern können die Fortschritte der anderen Teilnehmer direkt erleben und daraus Zuversicht gewinnen.

Insbesondere die jüngeren Kinder, aber auch noch zahlreiche Jugendliche, fühlen sich durch die sexuelle Traumatisierung nicht nur stigmatisiert und von der Gruppe Gleichaltriger ausgeschlossen, sondern sind auch davon überzeugt, mit ihrer Mißbrauchserfahrung alleine dazustehen. In einer Gruppe mißbrauchter Kinder erleben die Kinder unmittelbar, daß andere Mädchen oder Jungen ähnliche Erfahrungen wie sie selbst gemacht haben. So bekommt der sexuelle Mißbrauch eine verbindende statt eine isolierende Bedeutung. Gerade in einem Alter, in dem Gleichaltrige einen besonderen Stellenwert für die psychosoziale Entwicklung gewinnen, ist es Kindern wichtig, innerhalb der Peer-Group mit ihrer Mißbrauchserfahrung akzeptiert und verstanden zu werden. Ähnliche Mißbrauchserfahrungen erlauben es, sich gegenseitig in besonderer Weise einzufühlen und eine angemessene Sprache für unverarbeitete Erinnerungen zu finden. Die Sexualität Erwachsener überfordert das Kind. Dem Kind fehlen ganz oder teilweise die entsprechenden Begriffe und Worte, um die Mißbrauchserfahrung kognitiv verarbeiten zu können. In der Gruppe können die entsprechenden Begriffe und Worte von den Leitern gelehrt oder von den Kindern untereinander gelernt werden.

Nicht nur Erwachsenen, sondern auch Kindern tut es gut, sich als Gebende zu erleben. Während sich die Teilnehmer gegenseitig unterstützen, verlassen sie selbst die Opferrolle, ohne sich statt dessen mit der Rolle des Aggressors zu identifizieren. Auf andere Kinder einzugehen erlaubt es, ähnliches Leid aus erträglichem Abstand zu betrachten und das eigene Leid ins Verhältnis dazu setzen zu können.

Die Erfahrung in der therapeutischen Kindergruppe steht oft in korrektivem Gegensatz zur ersten Gruppenerfahrung mißbrauchter Kinder in der Familie. In vielen Aspekten ähnelt die Zusammensetzung der therapeutischen Gruppe der einer Familie, insbesondere dann, wenn sie von einer Frau und einem Mann betreut wird. Die von den einzelnen Kindern in der Familie erfahrenen Verhaltens- und Kommunikationsmuster werden von den Kindern reinszeniert. Dieser Spiegelprozeß kann diagnostisch und therapeutisch genutzt werden, da er das Muster der Herkunftsfamilie in der Gruppendynamik sichtbar macht. In der Gruppe ist es leichter, alte Verhaltensmuster aufzubrechen und neue modellhaft zu erlernen als im System der Familie, in dem die alten Muster noch ihre stabilisierende Funktion besitzen.

Therapeutische Gruppen ermöglichen in besonderem Maße das Erlernen und Erweitern sozialer Kompetenzen. Die Kinder profitieren von den Rückmeldungen aus der Gruppe. Diejenigen, die schon länger in der Gruppe sind, können zu Leitbildern für einfühlendes und konfliktlösendes Verhalten werden. Sozial gehemmte Kinder, die sich nur mit Mühe in die Gruppe einbringen, können durch ihre Anwesenheit innerlich mitgehen und andere nachahmen, von denen sie gelernt haben.

Einen besonderen Stellenwert nimmt der Ausdruck von Gefühlen innerhalb der Kindergruppe ein. Die Kinder dürfen hier Gefühle erleben und ausdrücken, die innerhalb der Familie verboten waren, zum Beispiel Haß auf den Mißbraucher. Wenn es beispielsweise einem Kind gelingt, seine Wut innerhalb der Gruppe angemessen zu äußern, braucht es nicht zu warten, bis seine Wut später vielleicht unkontrolliert aus ihm herausbricht. Gefühle akzeptieren und zulassen zu können, stärkt die Beziehungen der Kinder untereinander wie auch die Beziehungen zu Menschen außerhalb der Gruppe. Die Wahrnehmung von Gefühlen fördert die allgemeine Beziehungsfähigkeit und schafft so zusätzliche Handlungsspielräume.

Das Zusammengehörigkeitsgefühl innerhalb einer Gruppe befriedigt ein vitales menschliches Bedürfnis und wirkt verstärkend auf die Beteiligung und die in der Gruppe vermittelten Inhalte. Manche Kinder benötigen den Rahmen einer solchen Gruppe, um emotionale Nähe zulassen zu können.

Sobald die Gruppe ein Forum für tiefe Gefühle und Erfahrungen geworden ist, gewinnen die Mitglieder untereinander emotional an Bedeutung. Entstehende Solidarität kann die Teilnehmer, die ein ähnliches Schicksal verbindet, anregen, auch angesichts von Gewalt und Unterdrückung eine auf innere und äußere Befreiung gerichtete Lebensperspektive zu entwickeln.

1972 richtete der Familientherapeut HENRY GIARRETTO im Auftrag des Jugendamtes von Santa Clara in Kalifornien die ersten beiden Gruppen für sexuell mißbrauchte Kinder ein – die eine für Kinder bis zur Latenzzeit, die andere für jugendliche Mädchen. Die Bildung weiterer Gruppen in kurzer Zeit erforderte strukturelle Verbesserungen und die Bildung einer eigenen Organisation: *Daughters and Sons United,* abgekürzt »DSU«.

Sechs Jahre später fand sich DSU als Teil eines noch umfassenderen Therapieprogramms wieder. Dieses *Child Sexual Abuse Treatment Program* (CSATP) bietet Gruppen an für ehemalige Opfer aller Altersstufen, für jugendliche und erwachsene Täter, für Mütter und für nicht mißbrauchte Geschwister, sowie zahlreiche Formen der Beratung. Heute haben ungefähr 25 000 Klienten dieses Therapieprogramm durchlaufen, und die entsprechenden Gruppen sind in fast jeder Stadt der Vereinigten Staaten anzutreffen.

Die vier bis acht Kinder einer Gruppe sollten sich auf einem möglichst ähnlichen Entwicklungsniveau befinden. Wenn sie die Ziele der Gruppe erreicht haben, scheiden sie aus; dafür kommen andere Kinder hinzu. Vorbereitet und betreut werden die wöchentlich stattfindenden Sitzungen von einem Leiterpaar.[2] Dieses plant vor jeder Sitzung Übungen und Aktivitäten entsprechend den aktuellen Themen der Gruppe und beschafft Materialien, die aus Spenden der Eltern finanziert werden. Nach jeder Sitzung treffen sie sich mit den Leiterpaaren der Kindergruppen anderer Altersstufen zur angeleiteten Supervision.

Für den inhaltlichen Verlauf der Kindergruppen von DSU gibt es mehrere Curricula, die in verschiedenen Staaten der USA nach den jeweiligen äußeren Bedingungen modifiziert werden. Ein Curriculum aus San Diego und mehrjährige Erfahrungen mit der DSU-Arbeit bildeten den Grundstock, als wir im Januar 1990 die erste Kindergruppe in Berlin gründeten. Das Curriculum enthält detaillierte Anregungen für Aktivitäten zu 24 Sitzungen, die jeweils unter einem Thema oder Motto stehen: Vertrauen, Gefühle, Ängste und Stärken, depressive Gefühle, Schuldgefühle, Wut, Berührungen, Mißbrauch und Verantwortung, Familienrollen, Drogen, selbstschädigendes Verhalten, Ändern von Einstellungen und Verhalten, Sich-beschädigt-Fühlen, Prävention weiterer Mißbrauchs, Streß und Streß-Management, Gruppendruck, Sexualität und Liebe, intime Beziehungen, Ressourcen, Abschied. Solche im Handbuchstil verfaßte Sitzungskonzepte sind als der »Tod der Therapie« bezeichnet worden, da sie mit ihrer vorgegebenen Struktur einiges an Flexibilität vernichten können. Alle bisherigen Erfahrungsberichte erkennen jedoch die Notwendigkeit an, Gruppen für mißbrauchte Kinder vorzustrukturieren, einen konstanten zeitlichen Rahmen einzuhalten und klare Grenzen zu wahren (NELKI und WATTERS 1989). Es ist wichtig, die jeweiligen Themen und Angebote entsprechend den momentanen Bedürfnissen und Themen in der Gruppe auszuwählen und die Aktivitäten dem Entwicklungsstand der Teilnehmer anzupassen. Das erfordert, daß sich die Leiter nach jeder Sitzung über aktuelle Stimmung, Dynamik und Themen verständigen und sich vor jeder Sitzung treffen.

Das DSU-Programm gilt als abgeschlossen, wenn das Kind in der Lage ist, (1) über Freunde beiderlei Geschlechts zu reden, (2) eigene Gefühle und Meinungen zu zeigen, (3) die schulischen Anforderungen zu erfüllen, (4) an Freizeitaktivitäten außerhalb teilzunehmen und (5) an Entscheidungen, die es selbst betreffen, teilzunehmen. Das Kind soll (6) den sexuellen Mißbrauch verbal anerkennen, (7) mit seinen Gefühlen gegenüber Eltern und Geschwistern umgehen können, (8) positive und negative Gefühle bezüglich der Mißbrauchsbeziehung auseinanderhalten können, sowohl die sexuellen Aspekte als auch die mögliche Bevorzugung durch den Mißbraucher betreffend. Das Kind soll (9) altersgemäß aufgeklärt sein, (10) altersgemäße Beziehungen mit erwachsenen Autoritätspersonen eingehen können und (11) Möglichkeiten kennen, sich gegen Ausbeutung durch Erwachsene zu schützen.

(12) Alle Familienmitglieder sollten einen eigenen Plan zur Prävention weiteren Mißbrauchs gemacht haben.

## Die Einbettung therapeutischer Gruppen
## in die Heimerziehung

Therapeutische Gruppenkonzepte für im Heim untergebrachte Kinder müssen sowohl die Eltern als auch die Erzieher der Kinder berücksichtigen. Zu den Eltern gibt es unterschiedlich ausgeprägte Besuchskontakte. Von den Erziehern werden die Kinder durch den Alltag begleitet.

Rechtliche Grundlage für die Unterbringung von Kindern in Heimen ist das *Kinder- und Jugendhilfegesetz (KJHG)*. Es hat am 1. 1. 1990 das *Jugendwohlfahrtsgesetz* abgelöst. Das KJHG beschreibt die Beziehung von Eltern und Heim vereinfacht als Verhältnis zwischen Klient und Dienstleistungsbetrieb. Diese Grundhaltung widerspricht in den meisten Fällen den Vorurteilen, mit denen Heimerziehung noch heute belegt wird.

Das Bild von Heimerziehung in der Öffentlichkeit orientiert sich nicht am aktuellen gesetzlichen Anspruch, sondern an der Geschichte der Heimerziehung. Waisenhäuser und Anstalten für Schwererziehbare in der Nachfolge preußischer Kadettenerziehung und traditioneller klösterlicher Internatserziehung prägen den Hintergrund für die Vorurteile, mit denen auch heute noch in Heimen lebende und arbeitende Menschen konfrontiert werden. Das Bild vom Heim als Strafinstanz oder »Kinderknast« ist schwer zu verändern. Mit dem KJHG wurde die Grundlage für entscheidende Neuerungen in der Heimerziehung geschaffen: Heimerziehung hat nun den Auftrag, die Erziehung in der Familie zu *ergänzen*, nicht zu ersetzen! Immer mehr Heime machen in dieser Hinsicht ein differenziertes Hilfsangebot.

Die Zahl der Kinder und Jugendlichen in Heimen ist in der Zeit von 1968 bis 1988 um mehr als die Hälfte zurückgegangen (MÜNDER 1991). Diese Entwicklung ist maßgeblich als Auswirkung der Heimkampagnen zu sehen, die Ende der sechziger Jahre im Rahmen der Studentenbewegung durchgeführt wurden. Damals hieß die Parole: »Holt die Kinder aus den Heimen!« Seither wird von den Jugendämtern die Unterbringung in Pflegefamilien bevorzugt. Hinzu kamen ambulante Hilfen wie Einzelfallhilfe, Familienhilfe und Tagesgruppen. Der Anteil der Fürsorgeerziehung, das heißt Unterbringung gegen den Willen der Eltern, ging drastisch von ungefähr einem Drittel aller Unterbringungen 1968 auf ganze 1,2% im Jahre 1988 zurück. Diese Praxis der Jugendämter wurde mit Paragraph 5 des KJHG – Wunsch- und Wahlrecht der Leistungsberechtigten – festgeschrieben.

PARAGRAPH 5: Wunsch- und Wahlrecht
Die Leistungsberechtigten [i. d. R. die Eltern, Anm. d. Verf.] haben das Recht, zwischen Einrichtungen und Diensten verschiedener Träger zu wählen und Wünsche hinsichtlich der Gestaltung der Hilfe zu äußern. Den Wünschen soll entsprochen werden, sofern dies nicht mit unverhältnismäßigen Mehrkosten verbunden ist. Die Leistungsberechtigten sind auf dieses Recht hinzuweisen.

Diesem Wahlrecht der Eltern trägt das *Haus am Fichtenberg* in Berlin-Steglitz Rechnung, von dem im folgenden die Rede sein wird. In der Regel nimmt es nur Kinder und Jugendliche auf, deren Eltern der Unterbringung ausdrücklich zustimmen. Die Eltern müssen zumindest die Absicht äußern, auch weiterhin Verantwortung als Eltern übernehmen zu wollen.

Das *Kinder- und Jugendhaus am Fichtenberg* ist ein Vollheim mit 48 Plätzen, getragen vom *Evangelischen Jugend- und Fürsorgewerk (EJF)*, das derzeit 19 Einrichtungen der Behinderten- und Jugendhilfe in Berlin und Brandenburg unterhält.

In der Konzeption des »Fichtenbergs« werden folgende Schwerpunkte begründet:

Das Heim ist integrativ ausgerichtet. Es will deshalb keine Spezialeinrichtung für sexuell mißbrauchte Kinder sein. Mit der Diagnose »sexuell mißbraucht« werden bis zu 50% der Kinder und Jugendlichen aufgenommen. Darüber hinaus eröffnen manche Kinder erst während ihres Heimaufenthalts, daß sie sexuell mißbraucht wurden. Außerdem leben im »Fichtenberg« unbegleitete minderjährige Flüchtlinge, die auf Wunsch der Eltern Krisengebiete verlassen haben. Bis zu vier behinderte Kinder und Jugendliche können aufgenommen werden, wenn ihre Behinderung nicht der Grund zur Unterbringung ist. Die Arbeit mit den Herkunftsfamilien wird als Grundpfeiler der Konzeption betrachtet und findet ihren Niederschlag beispielsweise in der Art des Aufnahmeverfahrens.

Das »Haus am Fichtenberg« arbeitet nach einem speziell entwickelten Aufnahmeverfahren, das sich an den Erfordernissen des KJHG orientiert. Die Anfrage zur Aufnahme eines Kindes erfolgt in der Regel durch eine Mitarbeiterin eines Jugendamtes. Wenn es einen freien Platz gibt, wird erörtert, wie die Aufnahmeleiterin des »Fichtenbergs« die Eltern über das Angebot informieren kann. Dieses Erstgespräch ist für die Eltern unverbindlich; es dient ausschließlich der Information über die Möglichkeiten der Einrichtung. Heimintern beginnt damit allerdings die Anamnese mit Blick auf die Erziehungsplanung.

Die Aufnahmeleiterin bittet die Eltern – wenn diese Interesse an der Unterbringung des Kindes im »Fichtenberg« zeigen – um die Erlaubnis, weitere Informationen über die Situation des Kindes[3] einholen zu dürfen. In Telefonaten oder persönlichen Gesprächen mit Personen aus dem Umfeld des Kindes, wie beispielsweise dem Klassenlehrer, der Erzieherin aus der Kindertagesstätte oder dem Trainer im Sportverein, soll die Problemlage des Kindes erfaßt werden. Wenn die Analyse dieser Informationen ergibt, daß der »Fichtenberg« ein Hilfsangebot sein kann, werden die Eltern eingeladen, das Heim und auch die mögliche Wohngruppe des Kindes zu besuchen. Unverzichtbar ist, daß die Eltern den Ort, an dem ihr Kind leben soll, kennenlernen und gutheißen. Erst danach wird das Kind eingeladen, sich das Heim anzusehen und erste Kontakte mit Erziehern und Kindern zu knüpfen. So werden Belastungen durch lange Wartezeiten oder Absagen vermieden. Das Kind sollte vor dem endgültigen Einzug mindestens einen Nachmittag in seiner zukünftigen Wohngruppe verbracht haben.

Im Aufnahmegespräch wird der Hilfeplan mit folgenden Beteiligten verhandelt: Eltern, Jugendamt, Heimpflege, Heimleitung und der zukünftigen Bezugserzieherin.

Die zentralen Fragestellungen sind: (1) Was sind die Probleme, die zur Heimeinweisung führen? (2) Welche Ziele sollen erreicht werden, und was können die einzelnen dafür tun? (3) Unter welchen Bedingungen kann das Kind wieder zurück in die Familie? (4) Welche flankierenden Maßnahmen sind notwendig, und wie können sie finanziert werden? (5) Wie soll die Besuchsregelung zwischen Eltern und Kindern gestaltet werden?

Flankierende Maßnahmen können beispielsweise die Teilnahme an Freizeitaktivitäten sein, Nachhilfeunterricht, Beratungsgespräche für die Eltern, insbesondere aber auch therapeutische Angebote wie die in diesem Kapitel beschriebenen Kindergruppen. Parallel zu dieser Erwachsenenverhandlung bearbeitet eine Mitarbeiterin des Heimes mit dem Kind in Gespräch und Spiel dessen Situation. In der letzten Phase des Aufnahmegesprächs kommen das Kind und die Mitarbeiterin zur großen Runde hinzu. Die Mitarbeiterin unterstützt das Kind, den Hilfeplan zu verstehen und ergänzende Wünsche zu formulieren.

Sexueller Mißbrauch gedeiht in einer Atmosphäre der Geheimhaltung, der Angst und der Ohnmacht. Das heißt, daß das Kind nicht spüren darf, nicht reden kann über das, was es als verunsichernd, verletzend und schmerzhaft empfindet.

Das Kind bringt seine Geschichte und seine Traumata mit ins Heim und versucht vielfach, diese hier neu zu inszenieren. Die gesamte Institution übernimmt folglich die Verpflichtung, für das Kind einen Rahmen zu schaffen, der ihm die notwendige Sicherheit und Anregung gibt, um neue Verhaltensmuster zu lernen.

Transparenz für das Kind ermöglicht die gezielte Interessenvertretung durch das »Bezugserziehersystem«: Für jede Bewohnerin wird eine Bezugserzieherin benannt, die das Kind vertritt, beispielsweise an Schulveranstaltungen teilnimmt, Gespräche mit dem Jugendamt führt, das Kind zum Arzt begleitet, gemeinsam mit dem Kind Kleidung besorgt und Kontakt zu den Eltern hält. Diese Erzieherin sammelt alle Informationen, die das Kind betreffen und schreibt regelmäßige Entwicklungsberichte. Transparenz der Einrichtung bedeutet, Entscheidungsprozesse für alle Beteiligten nachvollziehbar zu gestalten. Voraussetzung dafür sind fest installierte Besprechungsformen auf verschiedenen Ebenen. Die diensthabenden Erzieher treffen sich unter der Woche täglich mit der Heimleitung, um gemeinsam aktuelle Vorkommnisse zu besprechen. In Wochenabständen kommt auch das Personal aus Hauswirtschaft und Büro zu diesen Besprechungen. Die Erzieherteams der einzelnen Wohngruppen reservieren einen Vormittag in der Woche für die Erziehungsplanung und laden dazu bei Bedarf Heimleitung, Lehrer, Therapeutinnen oder Sozialarbeiterinnen ein. Grundsatzfragen der Pädagogik werden von allen pädagogischen Mitarbeitern in monatlichen Konferenzen gemeinsam erarbeitet.

Die Kinder und Jugendlichen wissen von den Besprechungen des Personals und erfahren die sie unmittelbar betreffenden Ergebnisse in Gesprächen mit den (Bezugs-)Erziehern und auf den gruppeninternen Kinderbesprechungen.

Wenn Kinder von ihren Eltern liebevoll erzogen werden, erscheint es natürlich, daß sie sich im Zweifelsfall ihren Eltern gegenüber loyal verhalten. In Fällen sexuellen Mißbrauchs bedarf es dagegen der Erklärung, warum selbst anhaltend und schwer sexuell mißbrauchte Kinder immer noch im Interesse ihrer Eltern, ja sogar im Interesse des Mißbrauchers handeln. Viele Kinder verschweigen den Mißbrauch, damit der Vater nicht ins Gefängnis kommt und die Mutter guten Gewissens bei ihrem Mann bleiben kann; sie nehmen einmal gemachte Anschuldigungen zurück und dementieren Verdachtsmomente. IVAN BOSZORMENYI-NAGY bezeichnet diese fundamentale Kraft als unsichtbaren Loyalitätsdruck (BOSZORMENYI-NAGY und SPARK 1973).

In der therapeutischen Arbeit mit Inzestfamilien ist es deshalb weder sinnvoll noch möglich, Kinder gegen Willen und Wohl der Eltern parteilich zu unterstützen. Um wirklich die Interessen des Kindes zu fördern ist es umgekehrt notwendig, mindestens einen Elternteil von der Notwendigkeit der geplanten Schritte zu überzeugen und das Einverständnis dieses Elternteils zu erwerben. Wenn aber die Eltern nicht erlauben, daß es dem Kind gut geht, sind die Möglichkeiten jeder Therapie eingeschränkt.

Die Heimeinweisung eines sexuell mißbrauchten Kindes findet meist dann statt, wenn die Aufdeckung gezeigt hat, daß das Kind von einem Elternteil mißbraucht wurde, der andere aber nicht bereit ist, sich von seinem Partner zu trennen. Auftrag der Heimerziehung ist es, das Kind vor weiterem Mißbrauch zu schützen. Obwohl bei unseren Kindern die Trennung vom Elternhaus notwendig war, arbeitet das »Haus am Fichtenberg« herkunftsfamilienorientiert und respektiert die bestehende Bindung des Kindes an die Familie. Wenn die Kinder ihre Eltern sehen wollen, besteht regelmäßig sonntagnachmittags die Möglichkeit eines Elternbesuchs: Im Gruppenraum der Wohngruppe treffen sich mehrere Eltern mit ihren Kindern zum Kaffee trinken und zum Spielen im Beisein einer Erzieherin. Die Anwesenheit der Erzieherin schützt das Kind davor, von den Eltern unter Druck gesetzt oder gar erneut mißbraucht zu werden. In diesem Rahmen spielen manche Eltern erstmals mit ihren Kindern (z.B. Brett- oder Kartenspiele) und schauen sich deren Schulhefte an. Der halböffentliche Rahmen verunsichert viele an eine isolierte Familie gewöhnte Eltern, ermöglicht ihnen aber auch zu erkennen, daß sie nicht die einzigen sind, die in diesem Dilemma stecken.

PARAGRAPH 27 KJHG: »Hilfe zur Erziehung«
»(1) Ein Personensorgeberechtigter hat bei der Erziehung eines Kindes oder eines Jugendlichen Anspruch auf Hilfe (Hilfe zur Erziehung), wenn eine dem Wohl des Kindes oder des Jugendlichen entsprechende Erziehung nicht gewährleistet ist und die Hilfe für seine Entwicklung geeignet und notwendig ist.
(2) Hilfe zur Erziehung wird insbesondere nach Maßgabe der Paragraphen 28-35 gewährt [...].« (In den Paragraphen 28-35 sind Hilfeformen, wie beispielsweise Erziehungsberatung (28), soziale Gruppenarbeit (29), Erziehungsbeistand und Betreuungshelfer (30), sozialpädagogische Familienhilfe (31), Erziehung in einer Tagespflegegruppe (32), Vollzeitpflege (33), Heimerziehung und sonstige betreute Wohnformen (34) verankert.)

Wünschenswert ist ein gezieltes Angebot für Eltern, deren Kinder – insbesondere nach sexuellem Mißbrauch – im Heim leben. Die Unterbringung eines Kindes im Heim sorgt für Entlastung in einer nicht länger tragbaren Situation. Für eine mögliche Rückkehr des Kindes zu den Eltern ist es jedoch notwendig, die Erziehungsressourcen der Eltern zu stärken. Dieses Stärken kann auf verschiedenen Ebenen stattfinden. Beispiele dafür sind:

– Hilfe beim Anmieten einer Wohnung mit ausreichender Raumzahl und adäquater Ausstattung
– Einsatz eines Familienhelfers
– Therapien für einzelne Familienmitglieder oder auch Familientherapie
– Beratung bei Abbau eines Schuldenberges
– Unterstützung bei der Trennung vom Täter
– Eröffnung sexuellen Mißbrauchs in der Familie. Dies kann das Schuldgeständnis des Täters beinhalten
– Therapeutische Aufarbeitung nach sexuellem Mißbrauch
– Einbindung der Eltern in soziale Systeme wie Kirchengemeinde, Nachbarschaftstreffs, Sportvereine, Volkshochschule und so weiter
– Gespräche zwischen Erziehern und Eltern über die Entwicklung des Kindes

Leistungen dieser Art erbringt in geringem Maße das Heim selbst. Das Heim ist deshalb auf die vernetzende Zusammenarbeit mit anderen Institutionen angewiesen.

Kinder mit unverarbeiteten Erfahrungen sexuellen Mißbrauchs werden oft in der Schule auffällig. Folgende Symptome wurden geschildert:
- sexualisiertes Verhalten
- sexualisierter Sprachgebrauch
- plötzlicher Leistungsabfall oder auch -anstieg
- Schulschwänzen
- Verschlossenheit und Rückzug
- Distanzlosigkeit
- aggressives Verhalten

Hier hat das Heim die Aufgabe, um Verständnis bei den Lehrern zu werben. Da das Thema »Sexueller Mißbrauch« in der Lehrerausbildung keinen obligatorischen Studieninhalt darstellt und nur in gesonderten Fortbildungen angeboten wird, ist es häufig notwendig, den Lehrern grundlegende Informationen zu vermitteln. Früher wurden Schwierigkeiten sexuell mißbrauchter Kinder in der Schule oft dadurch »gelöst«, daß die Kinder in eine andere Klasse oder Schule versetzt wurden.

Mindestens einen Beziehungsabbruch haben alle im Heim untergebrachten Kinder bereits erfahren: die Trennung von der Familie. Um weitere Beziehungsabbrüche für die Kinder zu vermeiden, sollten Schule und Heim nach einem gemeinsamen Konzept zur Unterstützung der Kinder suchen. Vorbereitende Gespräche mit den Lehrern und regelmäßige Fallbesprechungen zwischen Lehrern und Erziehern sind ein wichtiges Forum.

## Unser Ansatz für therapeutische Spielgruppen

Im Januar 1991 haben die Autoren mit der ersten therapeutischen Spielgruppe im Jugendheim »Haus am Fichtenberg« begonnen. Wichtige Voraussetzung für unsere Arbeit war der Prozeß, den dieses Haus als Institution bereits durchlaufen hatte:

(1) Eine Anfrage des Berliner Senats war Anlaß zur Überprüfung gewesen, ob sexuell mißbrauchte Mädchen und Jungen aufge-

nommen werden könnten. (2) Im Rahmen der Planung eines gezielten Angebots für mißbrauchte Kinder wurde bekannt, daß Mißbrauchshandlungen innerhalb des Heimes vorgefallen waren. Die Betroffenheit unter den Mitarbeitern, Anzeichen übersehen zu haben, und die folgende Aufarbeitung der Geschehnisse machten deutlich, wie notwendig Fortbildungen zum Thema »Sexueller Mißbrauch« waren.

Das Konzept der DSU-Kindergruppen steht bei GIARRETTO (1982, S. 268f.) in größerem Zusammenhang mit einem integrierten und familienorientierten Ansatz, dem *Child Sexual Abuse Treatment Program (CSATP)*. Innerhalb eines deutschen Kinderheimes gelten für therapeutische Spielgruppen andere Bedingungen, denen wir unser Konzept von Grund auf anpassen mußten.

1. Wir nehmen auch Kinder auf, bei denen der Verdacht auf sexuellen Mißbrauch nicht erhärtet ist.

2. Den Eltern stellen wir Ziel und Zweck unserer Arbeit vor, aber die Eltern nehmen nicht unmittelbar an der Gruppe teil. Wir brauchen das Einverständnis der Eltern zur Teilnahme des Kindes. Wenn Eltern den Mißbrauch erneut leugnen, muß dieses Einverständnis erneut eingeholt werden. Wir empfehlen ihnen Beratungsgespräche bei anderen Einrichtungen, oft bei der Beratungsstelle für sexuell mißbrauchte Kinder und deren Familien »Kind im Zentrum«.

3. Die Erzieher sind unsere unmittelbaren Ansprechpartner. Mit ihnen finden regelmäßige Gespräche in etwa zweimonatigen Abständen statt, ergänzt durch einen kurzen wöchentlichen Austausch nach Bedarf.


Zielgruppe

Therapeutische Spielgruppen sind für Kinder ab fünf Jahren geeignet, bei denen sexueller Mißbrauch zumindest vermutet wird. Die Kinder sollten Unterstützung beim Erreichen von mindestens drei der folgenden Ziele benötigen:
1. Positive Körperwahrnehmung
2. Wahrnehmung und Ausdruck der emotionalen Befindlichkeit
3. Bewältigung von depressiven Stimmungen und Ängsten
4. Starkes Selbstwertgefühl

5. Altersgemäße soziale Fähigkeiten
6. Konstruktiver Umgang mit Aggressionen
7. Angemessene Vertrauensbereitschaft
8. Setzen und Respektieren von Grenzen
9. Lösung von Entwicklungsaufgaben
10. Autonomie und Selbstkontrolle

Um einem Kind zu ermöglichen, die Folgen sexueller Traumatisierung zu bearbeiten, braucht dieses Kind nicht nur den Schutzraum der Gruppe, sondern auch die Erlaubnis mindestens eines Elternteils, in der Gruppe über sexuellen Mißbrauch sprechen zu dürfen.

### Der Raum

Der Raum sollte außerhalb des Wohnbereichs der Kinder liegen und von diesem Wohnbereich aus nicht einsehbar sein. Zeitpunkt und Ort der Sitzungen sollten im Haus bekannt sein, damit bei Lärm, Schreien oder Weinen der Kinder keine Störungen von außen zu erwarten sind. Der Raum soll den Kindern Schutz und Geborgenheit vermitteln. Die dem entsprechende Nestatmosphäre vermittelt eine Kuschelecke mit Matratzen, Decken, Kissen und Kuscheltieren. In einer anderen Ecke sollten Bücher über Drogen, Aufklärung, Tod und sexuellen Mißbrauch sowie Märchenbücher offen zugänglich sein. Ein Badezimmer in unmittelbarer Nähe des Gruppenraums wirkt als Katalysator beim Wiederbeleben von Erinnerungen der Kinder an den Mißbrauch.

### Der Rahmen für die Gruppensitzungen

Die Gruppen sind für Mädchen und Jungen und nach Altersgruppen getrennt. Die vier bis sechs Teilnehmer sollten in ihrem Entwicklungsalter höchstens zwei Jahre auseinanderliegen. Geschwister sollten in unterschiedliche Gruppen gehen, damit der Gruppenprozeß nicht von der Dynamik ihrer Familie bestimmt wird. Die Sitzungen von je 90 Minuten finden in drei über das Jahr verteilten Blöcken statt, die wiederum jeweils zwischen den Ferienzeiten liegen. Die Anwesenheit ist für die Teilnehmer Pflicht. Da sexueller Mißbrauch bei manchen der aufgenommenen Kinder nur vermutet wird und um der Stigmatisierung der Teilnehmer entgegenzuwirken, nennen wir die Gruppen »Mädchengruppe« und »Jungengruppe«. Unterschiedliche Symptomate der Kinder tragen zu einer ausgewogenen Gruppenstruktur bei; Kinder mit offen aggressiver Problematik sollten auf unterschiedliche Gruppen verteilt werden. Sowohl bei Suizidgefahr als auch in der Phase der Aufdeckung sexuellen Mißbrauchs sollte mit dem betroffenen Kind zusätzlich zur Gruppe Einzeltherapie durchgeführt werden. In den genannten Fällen führt jedoch keiner der beiden Gruppenleiter die Einzeltherapie durch. Eine Stunde zur Vorbereitung und anschließend an die Sitzung anderthalb Stunden werden benötigt, um die Sitzung in einem Protokoll auszuwerten und Fragen der Zusammenarbeit zu besprechen.

Methoden und Inhalte

Die Bearbeitung sexueller Gewalterfahrung wird ermöglicht durch therapeutische Methoden:
– klientenzentrierte Spieltherapie und Gruppengespräche,
– Rollenspiel und Psychodrama,
– Malen, Kneten, Musik, Schminken und Regelspiele,
– Masken und Schminken.
Folgende Inhalte vermitteln wir den Kindern ergänzend zur Verarbeitung sexueller Gewalterfahrung:
– altersgemäßes Wissen über positive Sexualität und über Mißbrauch,
– das Recht auf den eigenen Körper,
– Strategien, sich Hilfe zu holen.
Zusätzlich zu den eingangs nach SGROI (1982) zitierten Themen erwiesen sich für die Kinder auch folgende Themen als sehr bedeutsam: Konflikte mit Schule, Heim und Elternhaus, Frauen und Männerbilder sowie Tod.
Speziell im Zusammenhang mit sexuellem Mißbrauch sollen die Kinder folgendes lernen (vgl. FEY 1988):
1. Das Recht, den eigenen Körper zu schützen.
2. Gefühle zum Maßstab für Grenzen zu machen.
3. Ungewollte Berührungen abzulehnen, »Nein« zu sagen.
4. Sich angenehme Berührungen zu suchen.

5. Zwischen guten und bösen Geheimnissen zu unterscheiden.
6. Sich Hilfe bei Erwachsenen zu holen.

## Ablauf einer Sitzung

1. Kontaktaufnahme; Erzählen von der vergangenen Woche und Mitteilen der momentanen Befindlichkeit
2. Sammeln von Vorschlägen und gemeinsame Entscheidung für eine oder mehrere Aktivitäten
3. Durchführung der Aktivitäten
4. Blitzlicht, Singen oder ein anderes Abschiedsritual

## Anforderungen an die Gruppenleiter

Angeleitet wird die Gruppe von einem Leiterpaar, das Erfahrung in der Arbeit mit Kindern und fundiertes entwicklungsbezogenes Wissen mitbringen sollte. Die natürliche Zuneigung zu Kindern und die Fähigkeit, sich in die Situation der Kinder hineinzuversetzen, sowie Erinnerungen der Leiter an die eigene Kindheit im Alter der betreuten Kinder unterstützen den therapeutischen Prozeß. Echtes Interesse an der Arbeit und an den Kindern stärkt deren Selbstwertgefühl. Die Bereitschaft, eventuell auftauchende eigene Mißbrauchserfahrungen aktiv zu bearbeiten, ist notwendig.

Das Leiterpaar sollte ein sicheres und warmes Klima schaffen. Klare Grenzen und abgestufte Konsequenzen bei Störungen vermitteln Sicherheit. Zugewandtes Verhalten erzeugt Wärme und zeigt den Kindern, daß sie mit ihren oft widersprüchlichen Gefühlen akzeptiert werden, mit all ihrer maßlosen Wut auf den Mißbraucher, auf weitere Erwachsene und sogar auf sich selbst. Die Gruppenleiter sollten auf sie gerichtete Gefühle wie maßlose Wut oder Verliebtsein ernst nehmen und sich davon – für die Kinder sichtbar – berühren lassen. Entscheidend ist, daß die Gruppenleiter genug innere und äußere Distanz wahren, um Übertragungsphänomene zu erkennen und aufzugreifen. Nicht das gewissenhafte Verfolgen therapeutischer Ziele, sondern eine akzeptierende Grundhaltung gegenüber dem gesamten Gruppenprozeß ist für Kinder und Gruppenleiter am tragfähigsten. Hierzu gehört der notwendige Respekt gegenüber Kindern, die in bestimmten Situationen und von bestimmten Personen keine Hilfe annehmen wollen.

Die therapeutischen Ziele lauten nach GIARRETTO:

1. Erleichterung des vom Kind erlebten Traumas durch intensive emotionale Unterstützung.

2. Unterstützung bei der Erinnerung unterschiedlicher Gefühlsregungen.

3. Förderung von persönlichem Wachstum und Kommunikationsfähigkeit.

4. Rückgabe der vollen Verantwortung für die sexuellen Handlungen an den Erwachsenen.

5. Vorbeugung gegen selbstzerstörerisches Verhalten.

6. Vorbeugung gegen sexuellen Mißbrauch durch Stärkung von Unabhängigkeit, Durchsetzungsfähigkeit und Selbstbewußtsein.

7. Ersetzen pathologischer Beziehungsmuster.

8. Unterbrechen der oft über Generationen weitergegebenen Tradition sexuellen Mißbrauchs.


## Praxisbericht

Die therapeutischen Spielgruppen fanden von Januar 1991 bis Dezember 1992 statt. Insgesamt wurden 10 Mädchen und 4 Jungen in drei verschiedenen Gruppen nach dem vorgestellten Konzept betreut. Die Verweildauer der Teilnehmer betrug zwischen zwei und sechs Blöcken.

Zwischen den Schulferien blieb die Zahl der Teilnehmer jeweils gleich. Aufnahmen in und Entlassungen aus der Gruppe fanden nur vor oder nach den Schulferien statt.

Die Kinder wurden uns zur Gruppenarbeit durch die Heimleitung zugewiesen, wenn die Zustimmung der Erzieher aus den Wohngruppen, der Eltern und des Jugendamtes vorlag. Bei fünf Kindern war der Mißbraucher bereits konfrontiert worden; bei den übrigen Kindern gab es unterschiedlich intensiv erhärteten Verdacht auf sexuellen Mißbrauch. Täter und Verdächtige waren Väter und Stiefväter.

Die Kinder kamen mit großer Neugier und der Bereitschaft, sich auf die Gruppe einzulassen. Sie nahmen die von uns angebotenen Themen und Aktivitäten bereitwillig auf und freuten sich, daß ein »Freizeitangebot« da war. Als Orientierungshilfe für die Kinder gaben wir den Sitzungen einen festen Rahmen vor. Wichtig waren der gemeinsame Beginn und das gemeinsame Schlußritual einer jeden Sitzung. In der Anfangsrunde wurde das jeweils beste – schönste, lustigste – und das unangenehmste – ekeligste, traurigste – Erlebnis der vergangenen Woche berichtet. Dies diente den Kindern dazu, ihre eigenen Gefühle wahrzunehmen und auszudrücken und half uns, die aktuelle Situation der Kinder zu erfassen. Das Schlußritual bestand lange Zeit in einem gemeinsamen Lied. Wir brachten überwiegend Lieder des GripsTheaters ein, die sich auf aktuelle Themen der Kinder bezogen. Sehr beliebt war das Lied »Wir werden immer größer ...«. Im zweiten Jahr brachten die Mädchen eigene Vorschläge ein. Sie sangen und spielten Lieder aus der Kinder-Hitparade. Vor dem Schlußlied regten wir häufig ein »Blitzlicht« an, bei dem jedes Kind seine Befindlichkeit in ein Wort zu fassen versuchte. In der Gestaltung des »Blitzlichts« machte sich die zunehmende Bewußtheit bemerkbar, mit der die Kinder ihre Befindlichkeit wahrnahmen. Auf die Frage »Wie geht es euch jetzt?« oder »Wie fühlt ihr euch?« kam in den ersten Sitzungen ein stereotypes »Gut« als Antwort. Die angebotenen Kissen, auf welche Gesichter mit unterschiedlichem Gefühlsausdruck – Freude, Angst, Wut und Trauer – genäht waren, flogen in die Ecke. Über den Gebrauch der Kissen, beispielsweise die Möglichkeit, mit zwei Kissen ambivalente Stimmungen auszudrücken, entwickelte sich ein sehr differenzierter Ausdruck von Empfindungen, der auch die Verbalisierung von körperlichen Zuständen beinhaltete, wie: »Ich bin wütend und könnte jetzt losschlagen.«

In der Übertragung sehen und behandeln die Kinder die leitenden Erwachsenen als symbolische Repräsentanten ihrer Eltern. In der Arbeit mit sexuell mißbrauchten Kindern bedeutet dies, daß die Kinder in der Übertragung all jene Gefühle gegenüber einem der Gruppenleiter empfinden können, die ursprünglich Reaktionen auf den Mißbrauch waren. Meist wählt das Kind denjenigen Gruppenleiter, der es sowohl am stärksten an den Mißbraucher erinnert, als ihm auch am ungefährlichsten erscheint.

Zu bestimmten Zeiten zeigten die Mädchen dem Leiter gegenüber starke Ablehnung; sie setzten sich demonstrativ nicht neben ihn und attackierten ihn verbal: »Du bist ja so häßlich«, »Du stinkst«, »Du hast Mundgeruch.« Die Jungen, die zwischen 5 und 8 Jahren alt waren, verhielten sich eher gegenüber der Leiterin aggressiv: übermalten ihre Zeichnung und zerknüllten sie, bissen in Tierrollen heftig zu, traten und spuckten. Wenn geklärt war, daß eine solche aggressive Reaktion keinen situativen Anlaß hatte, gaben wir den Kindern den Raum, die entsprechenden Gefühle auszuagieren. Grundsätzlich hielt dann derjenige von uns die Leitung, der außerhalb der Übertragung stand. So hockte sich beispielsweise der Leiter hinter eine Matratze, auf die die Mädchen einschlugen und gegen die sie mit vereinten Kräften sprangen. Die Leiterin unterstütze die Mädchen dabei, ihre Gefühle und Phantasien zu benennen: »Ich springe so lange, bis du tot bist, bis du nichts mehr sagen kannst«. »Ich mach' dich fertig. Wer ist denn da hinter der Matratze?« Neben Menschen, mit denen im Moment ungelöste Konflikte bestanden, wurden immer wieder die Täter genannt. Solchen Sequenzen folgte meist ein großes Bedürfnis nach Ruhe. Aus dem ruhigen Malen, Collagen kleben oder Geschichten erzählen ergaben sich Gespräche, in denen die Kinder zu ihren vorher ausagierten Gefühlen entsprechende Erfahrungen schilderten.

Die Übertragung auf einen Gruppenleiter konnte auffallend plötzlich zwischen zugewandten Gefühlen und Versuchen, die Aufmerksamkeit des Leiters zu gewinnen, und großer Wut und Enttäuschung umschlagen. Wir erlebten Reaktionen auf der gesamten Bandbreite zwischen distanzloser Anhänglichkeit und offen aggressiver Ablehnung, wobei die Zwischentöne, die unseres Erachtens der realen Beziehung entsprochen hätten, seltener anklangen.

Diese Reaktionen sind nicht Ausdruck *eines* ambivalent empfundenen Verhältnisses zum Mißbraucher, sondern Ausdruck sowohl eines positiven zum »guten Vater« als auch eines negativen zum »bösen Vater«. Nacheinander treten beide Verhältnisqualitäten in Erscheinung. Zwischen beiden Extremen kann sich die Reaktion eines traumatisierten Kindes überraschend und schlagartig ändern. Das Gegenüber, im folgenden der männliche Gruppenleiter, braucht nur etwa sein Aussehen etwas zu verändern, um damit den Wechsel einer Übertragung auszulösen – von der Übertragung auf den »guten Vater« hin zur Übertragung auf den »bösen Vater«.

Die neunjährige Anja hat in vorangegangenen Gruppenstunden ein entspanntes Vertrauensverhältnis zum Leiter aufgebaut, auch körperliche Berührungen im Spiel gesucht und genossen. Jetzt betritt sie den Gruppenraum und sieht, daß der Leiter – im Gegensatz zu den vorangegangenen Gruppenstunden – seine Haare sehr kurz trägt. Sie empört sich und droht an, den Raum zu verlassen. Der Leiter fragt, worauf sie wütend sei. Sie schreit ihn aus vollem Halse an, findet aber zu ihrer Wut keine Worte. Statt dessen gestikuliert sie in einer Zeichensprache, die eines der anwesenden Mädchen versteht. Die Leiterin, die nicht Teil der Auseinandersetzung ist, fragt Anja, ob das andere Mädchen für sie übersetzen dürfe. Auf diese Weise erfahren wir den Grund, aus dem Anja aufgebracht ist: Der Leiter sehe mit den kurzen Haaren aus wie ihr Vater, der sie sehr hart geschlagen hatte, auf den sie unsagbar wütend sei. Das übersetzende Mädchen hatte zu Hause selbst einen hart schlagenden Vater erlebt.

Die Gruppenleiterin bleibt in einer distanzierteren Rolle, während sich der Leiter auf die Übertragungsbeziehung einläßt. Im abschließenden Sharing und Rollenfeedback löst sich die Übertragung Anjas, und alle Kinder finden Gelegenheit, sich zu der Auseinandersetzung zu äußern.

Im ersten Block der Mädchengruppe nahm das Thema »Familie« in spontanen und angeleiteten Rollenspielen viel Raum ein. Die Kinder nutzten diese Spiele zu Phasen lange anhaltender Regression, in denen sie nur noch Babys und Kleinkinder spielen wollten. Wir boten dazu mit Milch gefüllte Nuckelflaschen an. Da es für uns sehr anstrengend war, vier Babies gleichzeitig zu versorgen, versuchten wir manchmal, für andere Spiele zu werben, letzteres jedoch ohne Erfolg. Die Kinder zeigten deutlich, was sie brauchten. Nach ungefähr sechs Monaten genügte es, wenn Flaschen und Milch vorhanden waren. Die Kinder benutzten Flaschen und Milch, wenn sie sich alleine zurückziehen wollten. Im zweiten Block lasen wir gemeinsam Märchen, welche die Kinder in einzelnen Szenen oder vollständig nachspielten. Auf großes Interesse stießen Szenen zwischen Mann und Frau. Das Märchen »Allerleirauh«, in dem der Vater seine Tochter heiraten will, löste bereits beim Zuhören heftige Reaktionen der Kinder aus: Ein Mädchen hielt sich die Ohren zu, ein anderes schrie und redete dazwischen. Eine lebhafte Diskussion entstand darüber, wer nach dem Gesetz heiraten darf und wer nicht.

Das Rollenspiel als methodisches Element blieb, solange die Gruppe bestand, zentraler Bestandteil unserer Arbeit. In den letzten beiden Blöcken wurden zunehmend Szenen aus dem Alltag spielend aufgearbeitet. Hierzu setzten wir Techniken des Psychodramas nach MORENO ein, wie das Interview vor Spielbeginn, Rollentausch und »Zur Seite sprechen« während des Spiels. Das Rollen-Feedback half den Kindern, aus ihren Rollen wieder auszusteigen und erhöhte das Verständnis für die Situation. Manchmal regte die Feedback-Runde dazu an, eine schon gespielte Szene zu wiederholen.

Das Malen mit Wasserfarben oder Wachsmalkreiden erlaubte den Kindern die kreative Darstellung von symbolischen Inhalten. Wasserfarben und Wachsmalkreiden fördern besonders den Ausdruck von Gefühlen. Außerdem klebten die Kinder Kollagen aus Zeitschriftenbildern; dazu hatten wir unterschiedliche Themen gestellt: Welche Frauen und Männer gefallen mir? Wie möchte ich selbst sein? Was können Jungen und Männer, was Mädchen und Frauen?

Beispiel: In einer der ersten Stunden hatten wir die Mädchen aufgefordert, mit Bildern aus Zeitschriften sich selbst und ihre Vorlieben auf Papiertüten darzustellen. Diejenigen Bilder, über die die Mädchen sprechen wollten, sollten sie außen auf die Papiertüte kleben; diejenigen Bilder, die sie niemandem oder nur bestimmten Menschen zeigen wollten, sollten sie in die Tüte stecken, die dann wahlweise offengelassen oder verschlossen werden konnte. Die zehnjährige Simone hatte ihre farbenfrohen Bilder von Urlaub, spielenden Kindern und Spielzeug nur flüchtig uns Leitern gezeigt und ihre Bilder dann in die Tüte hineingelegt. Sie verschloß die Tüte ganz fest mit Tesafilm und Heftklammern, schrieb ihren Namen mit bunten Buchstaben groß auf die Außenseite der Tüte und bat uns, die Tüte für sie aufzubewahren.

Ein Jahr später wurde Simone aus dem Heim und damit auch aus der Spielgruppe entlassen. Beim Abschlußgespräch mit Mutter und Tochter fragten wir Simone, was mit der Tüte geschehen solle. Sie wollte die Tüte zurückhaben, öffnete sie und erklärte ihrer Mutter und uns mit großer Begeisterung die Bedeutung der Bilder.

Die Arbeit mit den Eltern der Kinder aus unseren therapeutischen Spielgruppen ist nur in Kooperation mit den Gruppenerziehern und weiteren Helfern möglich:

Die zehnjährige Franzi kann in der Therapiegruppe nicht über ihre sexuellen Gewalterfahrungen sprechen; auf einem Bild zeichnet sie sich mit zugeklebtem und mit einem Kreuz doppelt verschlossenem Mund. Es stellt sich heraus, daß die nicht beschuldigte Mutter, die zuvor den Mißbrauch durch den Vater als Tatsache akzeptiert hat, den Mißbrauch nun erneut verleugnet. In einem zweiten »Eröffnungsgespräch« tragen Sozialarbeiter und Therapeuten noch einmal alle bekannten Fakten über den Mißbrauch zusammen. Die Mutter erinnert sich im Verlauf des Gespräch nach einigem Zögern sogar an weitere

Einzelheiten der Mißbrauchshandlung, die bislang noch nicht bekannt gewesen sind. Darüber hinaus will die Mutter den Aussagen ihrer Tochter glauben. Im Beisein der Gruppenleiter reden Mutter und Tochter daraufhin gemeinsam über ihre Erinnerungen an den Mißbrauch.

Das Eröffnungsgespräch mit dieser Mutter ist der erste Schritt dahingehend, der Tochter zu ermöglichen, ihrerseits über den Mißbrauch zu sprechen. Umgekehrt würde ein Besuch des leugnenden Vaters die Tochter wahrscheinlich wieder so unter Druck setzen, daß sie ihre Aussage zurückzunehmen würde.

Um Kindern während ihres Heimaufenthaltes eine therapeutische Bearbeitung ihrer Mißbrauchserfahrung zu gestatten, ist eine solche Elternarbeit notwendig, die das Kind vom Redeverbot befreit, an welches das Kind durch seine Loyalität gegenüber den Eltern gebunden ist. Dies geschieht (1) durch Eröffnungsgespräche mit den Eltern, (2) durch stärkende neue Bindungen innerhalb der Wohngruppe und innerhalb der Therapiegruppe und (3) durch eine Besuchsregelung, die den Kontakt zu möglicherweise noch leugnenden Elternteilen nur unter Aufsicht gestattet oder ganz unterbindet.

Dabei ist es unerläßlich, im Netz des Helfersystems an einem Strang zu ziehen und sich regelmäßig zu verständigen.

Im Heim gehört heute die Frage, ob ein Kind eventuell mißbraucht wurde, selbstverständlich mit in die Analyse auffälligen Verhaltens.

Beispiel: Der neunjährige Kai teilt mit dem sechsjährigen Michael ein Zimmer. Die beiden Jungen vertragen sich gut. Kai, der den Tag nicht ohne Mittagsschlaf durchhält, weigert sich in letzter Zeit wiederholt, sich mittags hinzulegen. Die Erzieher wissen, daß vor Michaels Aufnahme bereits gegen Michaels Vater Anzeige wegen sexuellen Mißbrauchs erstattet worden war. Nach wiederholten Gesprächsversuchen berichtet Kai, daß Michael während der Mittagsruhe immer wieder an seinem, Kais, Glied lutschen wolle; Kai finde diese Annäherungsversuche Michaels unangenehm. Die Erzieher sprechen mit beiden Kindern zusammen, ermutigen Kai, die Annäherungen des sechsjährigen Zimmergenossen eindeutig zurückzuweisen, und erklären beiden Kindern, daß sie sich nicht gegen ihren Willen an ihrem Glied anfassen lassen müssen, von wem auch immer. In der therapeutischen Jungengruppe haben beide Jungen anschließend Gelegenheit, sich immer wieder in ihren Bedürfnissen wahrzunehmen, ihre Bedürfnisse zu äußern und Erfüllung oder Verweigerung miteinander zu verhandeln.

Nach zwei Jahren sind die ersten Gruppen abgeschlossen, und neue Gruppen werden geplant. In einem anderen Heim hat eine nächste Gruppe für 9- bis 11jährige Mädchen begonnen. In unser Konzept fließen Anregungen ein, die wir in Fachdiskussionen mit anderen Kollegen kontinuierlich erhalten. Besonders seien hier der Verein »Kind im Zentrum« und die »Fachrunde gegen sexuellen Mißbrauch« in Berlin-Kreuzberg genannt. Das »Haus am Fichtenberg« hat zwei Gruppen als Pilotprojekt vorfinanziert; mehrere Jugendämter genehmigten Zuschüsse für einzelne Kinder nach dem Kinder- und Jugendhilfegesetz. Das »Haus am Fichtenberg« strebt an, die therapeutischen Spielgruppen über den Pflegesatz zu finanzieren, um jedem Kind die ihm notwendige Hilfe zukommen zu lassen.

## Schlußfolgerungen

Kinder, bei denen die Aufdeckung des sexuellen Mißbrauchs zur Heimeinweisung führt, brauchen umfangreiche und qualifizierte Unterstützung, um einen Weg aus der falschen Schuldzuschreibung zu finden, die oft lautet: »Wenn du das erzählst, dann komme ich ins Gefängnis und du ins Heim.«

Grundlegende Voraussetzung für das Angebot von therapeutischen Spielgruppen für sexuell mißbrauchte Kinder ist die Bereitschaft der Erzieher, sich mit der Problematik sexuellen Mißbrauchs auseinanderzusetzen und diese Problematik auch im Alltag zu bearbeiten.

Spielgruppen als Alibi – »für das Thema Mißbrauch sind die Fachleute zuständig« – funktionieren nicht. Angeregt durch die Angebote in den Gruppen, beispielsweise durch spezielle Kinderbücher, setzen sich Fragen und Erzählungen im Alltag der Wohngruppen fort. Manchmal bringen Kinder ihre Bilder in die Wohngruppe mit und wollen die Werke in ihrem Zimmer an die Wand hängen. Solche Bilder zeigen beispielsweise eine Umrißzeichnung ihres Körpers, in der farbig markiert ist, an welchen Stellen das Kind angefaßt werden möchte und an welchen nicht. Die Reaktionen der anderen Kinder müssen von den Erziehern in den Wohngruppen aufgegriffen werden, um die mißbrauchten Kinder zu integrieren und keinesfalls zu stigmatisieren. Mißbrauchte Kinder brauchen Erzieher, die problematische Verhaltensweisen der Kinder verstehen und aushalten können.

Reflexion und Unterstützung innerhalb des Teams ist notwendig, um die Kinder durch schwierige Phasen zu begleiten. Weitergehende Hilfestellungen können in regelmäßigem Austausch mit den Spielgruppenleitern erarbeitet werden.

Zu Beginn unserer Arbeit haben wir die Wichtigkeit der Eltern für ihre Kinder, auch wenn sie nicht zusammenleben und nur wenige Stunden im Monat miteinander verbringen, unterschätzt.

Die Kinder können das therapeutische Angebot nur nutzen, wenn sie spüren und wissen, daß sowohl die Erzieher als auch die Eltern mit der Teilnahme der Kinder an der Gruppe einverstanden sind. Das setzt voraus, daß die Eltern über die Spielgruppen und deren Ziele informiert werden und sowohl ihrem Kind als auch uns als Leitern in einem Vorgespräch ihre Zustimmung zur Teilnahme des Kindes an der Spielgruppe geben.

Falls das Kind die Teilnahme ablehnt und es den Gruppenleitern nicht gelingt, eine tragfähige Beziehung zu ihm aufzubauen, sollten andere Therapeuten gefunden werden.

Die räumliche Nähe von Gruppenraum und Wohnbereich hat sich für die Kinder bewährt, da sie die Hemmschwelle für die Teilnahme an der Gruppe niedrig hält. Für Jugendliche ab 13 Jahren erscheint uns ein Angebot sinnvoller, das den Jugendlichen durch das äußere Setting eine größere Privatsphäre gibt. Die Gruppen für höhere Altersstufen sollten demzufolge außerhalb des Heimes stattfinden. Da in der Adoleszenz nach Eintritt der Geschlechtsreife die Suche nach der eigenen Identität als Mann oder als Frau einen hohen Stellenwert einnimmt, sollten Gruppenleiter gewählt werden, die dem Geschlecht der Kinder angehören. Die Kinder selbst haben nicht nur durch ihr Verhalten, sondern auch durch direkte Aussagen zu diesen Überlegungen beigetragen.

Sich im Körper zu Hause zu fühlen, ist Grundlage einer gesunden kindlichen Gesamtentwicklung. Wir wünschen uns für die von uns betreuten Kinder, daß sie ein wohliges Verhältnis zu ihrem Körper zurückgewinnen.

# Anmerkungen

1 Zum Schutz der Anonymität haben wir Namen und nebensächliche Details geändert.

2 Die Gruppenleiter erwerben durch ihre Arbeit ein Zertifikat. In Kalifornien können Therapeuten ihre Lizenz alle zwei Jahre nur dann auffrischen, wenn sie eine erneute Weiterbildung über sexuellen Mißbrauch nachweisen.

3 Wir beschränken uns hier auf Kinder, weil unser therapeutisches Angebot nur für Kinder gilt. Für Jugendliche ist das Aufnahmeverfahren modifiziert.

# Literatur

BERLINER, L.; ERNST, E. (1984): Group work with pre-adolescent sexual assault victims. In: STUART, I. R.; GREER, J. G., Victims of sexual aggression: treatment of children, women and men. Van Nostrand Reinhold, New York, S. 105-123.

BOSZORMENYI-NAGY, I.; SPARK, G. M. (1973): Invisible loyalties: Reciprocity in intergenerational family therapy. Harper & Row, New York.

CORDER, B. F.; HAIZLIP, T.; DEBOER, P. (1990): A pilot study for a structured, time-limited therapy group for sexually abused pre-adolescent children. Child Abuse and Neglect 14: 243-251.

LEUTZ, G. A. (1974): Psychodrama. Theorie und Praxis, Berlin/Heidelberg/New York.

FEY, E. (1988): Von unabhängigen Müttern, starken Kindern, dem Sinn des Ungehorsams und sozialen Netzen. In: KAZIS, C. (Hg.), Dem Schweigen ein Ende. Basel, S. 210-213.

GIARRETTO, H. (1982): A comprehensive child sexual abuse treatment program. Child Abuse and Neglect 6: 263-278.

GIARRETTO, H. (1989): Community based treatment of the incest family. Psychiatric Clinics of North America 12 (2): 351-361.

JONES, D. P. (1986): Individual psychotherapy for the sexually abuse child. Child Abuse and Neglect 10: 377-385.

MACKAY, B.; GOLD, M.; GOLD, E. (1987): A pilot study in drama therapy with adolescent girls who have been sexually abused. The Arts in Psychotherapy 14: 77-84.

GOODWIN, J. M. (1987): Group psychotherapy for victims of incest. Psychiatric Clinics of North America 12 (2): 279-293.

MCELROY, L. P.; MCELROY, R. A. JR. (1989): Psychoanalytically oriented psychotherapy with sexually abused children. Journal of Mental Health Counseling 11 (3): 244-258.

MORENO, J. L. (1923): Das Stegreiftheater. Kiepenheuer, Berlin/Potsdam.

MUNDER, J. (1991): Frankfurter Lehr- und Praxiskommentar zum Kinder- und
Jugendhilfegesetz. Votum Verlag, Münster.

NELKI, J. S.; WATTERS, J. (1989): A group for sexually abused young children:
Unravelling the web. Child Abuse and Neglect 13: 369-377.

SGROI, S. M. (1982): Handbook of clinical intervention in child sexual abuse.
D.C.-Health, Lexington.

MATHIAS HIRSCH

# Psychoanalytische Therapie

Sexualität und Inzest haben in der Psychoanalyse in Form inzestuöser Triebwünsche des Kindes und den damit verbundenen unbewältigten Konflikten, die ins Erwachsenenalter pathogen hineinwirken können, einen zentralen Stellenwert. Insofern entbehrt es nicht eines gewissen Zynismus, wenn das Opfer realen sexuellen Mißbrauchs mit einer Therapie konfrontiert wird, die die ungeheuerliche dramatische Realität wenn nicht verwirft, so doch zugunsten der entsprechenden Phantasien weit in den Hintergrund treten läßt. Bis vor nicht allzu langer Zeit ist das immer wieder geschehen, und die Erinnerung an einen realen Mißbrauch wurde häufig als Produkt ödipal-inzestuöser Phantasie verstanden. Eine Psychoanalyse, die einem überholten ideologisierten Schema von ödipalem Triebkonflikt verhaftet bleibt und die Bedeutung des realen Traumas nicht anerkennt (vgl. HIRSCH 1987; 1988a), ist wahrlich nicht zur Behandlung von Opfern realen Inzests geeignet. Psychoanalytische Therapie sollte vielmehr Verständnis für Menschen aufbringen, die Hilfe bei der Befreiung von psychischen Anteilen suchen, über die sie keine Macht haben, die im Gegenteil in einem nicht steuerbaren Wiederholungszwang Symptome und unerwünschtes Verhalten produzieren. Dieses Verständnis wird von der Überzeugung bestimmt sein, daß in jedem Menschen ein Unbewußtes existiert, das für Appelle, moralische Vorhaltungen, aber auch verhaltensmodifizierende Trainingsprogramme nicht zugänglich, sondern lediglich aus dem Verständnis seiner Geschichte veränderbar ist. Geschichte meint in diesem Zusammenhang die Summe der Erfahrungen eines Menschen, den guten und schlechten, sowie die Reaktionen des Individuums darauf, mit denen es die Erfahrungen in mehr oder weniger gelingender Form – oder im Falle von dramatischen Einwirkungen oft in selbstdestruktiven, wiederum Symptome und

Leiden verursachenden Abwehrmaßnahmen – zu bewältigen und zu integrieren suchte. Eine moderne Psychoanalyse wird Persönlichkeit und Charakter, Fähigkeiten und Verformungen, Kreativität und psychische Krankheit eines Menschen immer als Niederschläge realer Erfahrungen in Beziehungen zu anderen Menschen – in der Kindheit zu den wichtigsten, den Familienmitgliedern – und darüber hinaus als Ergebnis der intrapsychischen Veränderungen dieser Erfahrungen, deren Bilder erträglich bleiben müssen, verstehen. Die so entstandenen inneren Bilder vom Menschen, von der Welt, vom Leben und von sich selbst – man nennt sie Objekt- und Selbstrepräsentanzen – beeinflussen später oft massiv entstellend die Selbst- und Fremdwahrnehmung, sind für Symptome und Verhalten verantwortlich und gestalten die aktuellen Beziehungen. Die Aufgabe der psychoanalytischen Therapie wäre, die verzerrten Objekte und Selbstbilder (das Inzestopfer fühlt sich wertlos, sein Selbstwertgefühl ist gering, es entwickelt Partnerbeziehungen, in denen es wieder Opfer ist, es benutzt masochistisch Sexualität, um emotionale Wärme zu bekommen, wird jedoch wiederum ausgebeutet) realistischer zu machen in einem Prozeß, der nicht nur kognitiv-intellektuell abläuft, sondern ganz wesentlich mit den oft verschütteten emotionalen Anteilen der vergangenen und gegenwärtigen Beziehungen arbeitet.

Neben der Entdeckung des Unbewußten war es vielleicht die größte Tat Freuds, die ärztlich-therapeutische Beziehung selbst als therapeutisches Instrument zu verwenden, und zwar nicht in einer vorgefertigten väterlich-ärztlichen Form, sondern in der Realität, die das Erleben des Patienten ihr zu einem gegebenen Zeitpunkt gibt. Gemeint ist das Phänomen der Übertragung von Beziehungsqualitäten; aktuelle Beziehungen – nicht nur zum Therapeuten, auch zum Partner, zum Chef, zur Nachbarin, zu allen Menschen – werden nach alten Mustern gestaltet und besonders in ihren emotionalen Qualitäten entstellt erlebt. Die analytische Haltung erfordert es nun, mit einem gewissen neutralen Interesse die sich verändernden Qualitäten der Beziehung zum Therapeuten zu beobachten und in Bezug zu den verinnerlichten Objekterfahrungen und ihren intrapsychischen Veränderungen zu verstehen. Dabei entstehen durchaus zum Teil heftige Emotionen auf seiten des Therapeuten, nämlich Gegenübertragungsgefühle, denen man nicht einfach platt handelnd nachgeben darf, sondern die man im Gegenteil wie einen bedeutsamen Indikator verwenden sollte, der einer Abbildung der inneren Objektbilder des Patienten entspricht. In der psychoanalytischen Therapie Erwachsener spielt die Deutung der Übertragung, die Konfrontation des Patienten mit der Qualität der therapeutischen Beziehung, eine zentrale Rolle. Im übrigen ist die Beziehung von relativer Zurückhaltung des Therapeuten in bezug auf Bestätigung, Ermunterung, Rat und direkte Hilfestellung bestimmt. Eine solche Haltung des Therapeuten fördert die erwünschte Regression zur kindlichen Erlebensweise, so daß die Wurzeln der psychischen Störung um so deutlicher an die Oberfläche kommen. Soweit das Prinzip; im Falle schwerer gestörter Patienten, bei Jugendlichen und meines Erachtens auch bei Patienten mit schweren realen Traumaerfahrungen, um die es ja hier geht, sind weder ständige Deutung der Übertragungsbeziehung und Verweise darauf noch eine allzu strenge Zurückhaltung indiziert, vielmehr sind stützende, bestätigende Aktivitäten erforderlich. Ich-Funktionen müssen übernommen werden, Wertungen und Beurteilungen (zum Beispiel der Handlungen des Inzestvaters) haben im Sinne einer Unterstützung der Einschätzung von Realität durchaus ihren Platz. Größere Bedeutung des Realanteils der therapeutischen Beziehung ergibt sich aus der größeren Unfähigkeit der Patienten, sich selbst, andere sowie die Beziehung zu ihnen realistisch einzuschätzen. Man kann hier die Frage anschließen, ob es überhaupt besondere Merkmale der analytischen Therapie des Inzestopfers gibt, ob für diese nicht die Regeln der Therapie schwerer gestörter, ich-schwacher Menschen gelten, ob nicht auch Opfer anderer Gewaltformen – ich denke an Folter und Naziterror – viel eher begleitend und stützend als aufdeckend und mit Übertragungsgefühlen konfrontierend behandelt werden sollten. Eine so verstandene psychoanalytische Therapie wird sexuellen Mißbrauch in der Familie als schweres psychisches Trauma verstehen, das die körperlich-sexuellen sowie psychischen Grenzen des Kindes in seiner Entwicklung überrollt. Im Falle einer lange vorher bestehenden Beziehung zu dem erwachsenen Täter erfährt das Kind das Überstülpen einer Erwachsenen-Sexualität, die es nicht verstehen kann. Neben der Angst entsteht eine Konfusion über den Begriff der Liebe, der für das Kind plötzlich eine völlig neue Bedeutung bekommt, wie Ferenczi (1933) es beschrieben hat. Dazu kommt in der Regel das Verbot, mit einem Dritten darüber zu sprechen. Häufig ist dem

Kind schon längst die eigene, altersentsprechende legitime Sexual-
betätigung, die kindliche Masturbation, mit Androhung empfindli-
cher Strafen streng untersagt worden, von demselben Elternteil,
der es später zum Zwecke der eigenen sexuellen Befriedigung
mißbraucht. Hier ist die widersprüchliche Gewaltanwendung, aus
der es kein Entrinnen gibt, auf die Spitze getrieben. Das Redeverbot
ist dem Inzestgeschehen immanent, und so sind die beiden Kriterien der Doublebind-Beziehung, der für die Entstehung von Psy-
chosen eine so große Bedeutung gegeben wurde, auch für das
Inzestgeschehen im Prinzip gegeben. Da es sich um Kinder handelt
und die Täter-Opfer-Beziehung schon lange Zeit intensiv vorher
besteht, sind Abwehrmechanismen notwendig, die ein Überleben
ermöglichen: Dissoziation und Verleugnung von Gefühlen wie
Angst, Auflehnung, Wut; Dissoziation von Teilen des Körper-
Selbst vom integrierten Gesamt-Selbst (vgl. HIRSCH 1989) sowie
die Internalisierung der Gewalterfahrung und der entsprechenden
Beziehung in Form von Introjektion und Identifikation mit dem
Aggressor (FERENCZI 1933; vgl. HIRSCH, 1993b). Als zentrale psy-
chodynamische Bereiche der Analyse des Inzestopfers, die integriert werden müssen, sind besonders die immense Angst (SHENGOLD
1989), die ungeheuere Wut (SHENGOLD 1989; BECKER 1990; BRIERE
1989; HIRSCH 1987; HIRSCH, 1993b) sowie die komplexe Scham-
und Schulddynamik (HIRSCH 1987; 1993b) beschrieben worden.
Alle diese Bereiche sind Ausdruck einer Kombination aus traumatischer Angst sowie durch das Trauma extrem verstärkter Trennungsangst. Diese ist es, die paradoxerweise zu einem starken und
allzuoft therapieresistenten Anklammern an die traumatischen
introjizierten Objekte führt und die Befreiung von dem zuerst von
außen implantierten, dann introjizierten inzestuösen traumatischen
Geschehen und der anschließenden Identifikation mit ihm (HIRSCH,
1993b) so schwer macht. In der analytischen Therapie kommt es
darauf an, das introjizierte, fremdkörperartige Inzestgeschehen zu
externalisieren, es mitsamt den verleugneten, dissoziierten Affekten
in die Übertragungsbeziehung zu bringen beziehungsweise projektiv
externalisierte Selbst- und Objektanteile zu integrieren. Dabei
gehe ich davon aus, daß das inzestuöse Trauma entsprechend der
typischen Dynamik der Inzestfamilie (HIRSCH 1987) auf ein früh
emotional depriviertes, zum Teil auch gegen seine Bedürfnisse
überstimuliertes Kind trifft, so daß im Sinne des »telescoping«

(ANNA FREUD 1951; KRIS 1956; KOHUT 1971) einem frühen (Ent-
behrungs-)Trauma ein späteres inzestuöses folgt. Besonders un-
willkommene, in ihrem Selbstwertgefühl und besonders in ihrer
Geschlechtsidentität verunsicherte und unsichere Kinder sind für
spätere Traumata prädestiniert, und die drei Hauptbereiche Angst,
Wut und Schuldgefühl lassen sich als frühe Trennungsangst, als
aggressive Reaktion auf Deprivation sowie Überstimulierung und
als Schuldgefühl der bloßen Existenz wegen aufdecken, frühe
Affekte, denen die entsprechenden späteren durch den Inzest auf-
gesetzt werden. Die bei Inzestopfern auf Grund der Introjektion
stets vorliegende Sexualisierung der Beziehungen und ihre Abwehr entspricht dagegen dem inzestuösen Trauma selbst. Die
folgende Beschreibung typischer Phasen der analytischen Therapie erwachsener Patientinnen, die als Kinder Opfer sexuellen
Mißbrauchs geworden waren, hat verständlicherweise nur Mo-
dellcharakter. Sie ist das Gerüst eines Therapieverlaufs, der sich im
Einzelfall auch abweichend entwickeln kann. Darüber hinaus über-
schneiden sich die Abschnitte und können sich, im Sinne immer
weiter fortschreitender Durcharbeitung, mehrmals wiederholen.
Besonders für jugendliche Patienten gilt, daß man keinen Phasen-
ablauf, nicht einmal charakteristische Übertragungsmanifestationen
erwarten kann. Oft wird man sich mit Deutungen weitgehend
zurückhalten, die Mitteilungen und Berichte über das Erleben der
Beziehung zu anderen Menschen sowie das Verhalten und Agieren
ihnen gegenüber als metaphorische Mitteilungen sowohl über die
aktuelle Übertragungsbeziehung als auch über die Qualität der
inneren Objekte, der Beziehungserfahrungen also, verstehen. Insofern ist man besonders bei jugendlichen Patienten vielmehr ein
»container«, der psychische Inhalte für den Patienten aufbewahrt,
sie modifiziert – »verdaut« –, zu gegebener Zeit zurückgibt oder es
auch unterläßt, im Vertrauen darauf, daß es in diesem Lebensalter
nicht so sehr auf Regressionen ankommt, sondern eher auf Ent-
wicklungsanstöße und zuverlässige Begleitung. Die Frage, ob
weibliche Inzestopfer – eigentlich auch männliche, die von einem
Mann mißbraucht worden sind – ausschließlich von weiblichen
Therapeutinnen behandelt werden sollten, ist von feministisch
orientierter Seite entschieden bejaht worden, zum Beispiel von
BRIERE (1989). Ich denke eher, daß ganz allgemein jeder Patient die
Aufgabe hat, sich einen Therapeuten zu suchen, mit dem er arbei-

ten und zu dem sich eine tragfähige Beziehung entwickeln kann. Eine Gruppe von weiblichen Inzestopfern zieht es vor, zu einem männlichen Therapeuten zu gehen, ich nehme an, weil der positive Anteil der Beziehung zum Vater, auch wenn er der Täter war, oder zu einer anderen männlichen Bezugsperson überwiegt und das grundlegende Vertrauen zur Mutterfigur noch mehr erschüttert ist. Viele Inzestopfer befinden sich gerade dadurch in einem so großen Zwiespalt dem Vater (Täter) gegenüber, weil er eine liebevolle, annehmende Beziehung entstehen lassen konnte – in der Regel anders als die Mutter – so daß Verrat, Betrug und Verwirrung durch den Inzest noch erheblich verstärkt wurden (vergleiche HIRSCH 1987).

## Idealisierende Mutter-Übertragung

Die Anfangsphase der Therapie ist in der Regel von einer idealisierenden Beziehung bestimmt (nicht etwa einer idealisierenden Übertragung im Sinne KOHUTS, 1971), in der eine gewisse Öffnung, insbesondere über die bewußte Erinnerung an den Mißbrauch selbst, im Vordergrund steht. Diese Idealisierung ist nötig, um die habituelle Verschlossenheit, Verleugnung und Abspaltung der Affekte, das Mißtrauen (vergleiche besonders SHENGOLD 1989) und die ständige Kontrolle der Beziehungen zu umgehen und ein Arbeitsbündnis entstehen zu lassen. Es ist möglich, daß dieses erste Vertrauen einem »als ob«-Verhalten, einer oberflächlichen Anpassung entspricht (SHENGOLD 1989) und erst allmählich genuinen Charakter annimmt. Von seiten des Therapeuten muß die erste Phase von einem unterstützenden Begleiten und vorwiegendem Bestätigen von Erinnerung und Wahrnehmung bestimmt sein, und zwar in allen Bereichen wie Kindheit, heutiger Beziehung zu den realen Eltern und Partnerbeziehungen. AMATI (1990, S. 731) spricht von der »Unschuldsvermutung«, mit der der Patient ohne Reserve angenommen und angehört werden muß. Dabei wird eine erste Wut auf den Täter, aber auch auf die Mutter, die das Kind nicht hatte schützen können, sowie eine erste Milderung des Schuldgefühls möglich sein. Die Anerkennung der Realität des Traumas ist als ich-stützende Maßnahme unbedingt notwendig, und von BECKER

(1990, S. 116) auch für die Therapie von Folteropfern gefordert worden. Für den Inzest trifft das auch dann zu, wenn seine Realität nicht gesichert ist. Nimmt der Analytiker von vornherein an, es handele sich um den Ausdruck der ödipalen Phantasie, begibt er sich in die Rolle der verleugnenden Mutter, falls der Inzest Realität gewesen sein sollte (BLUM 1986, S. 14), und es entsteht eine traumatische Reinszenierung in der Analyse. Auch die nicht agierten inzestuösen Phantasien der Eltern im Sinne eines latenten Inzests sind eine Realität, der das Kind ausgesetzt ist (vgl. HIRSCH 1987). Der umgekehrte Fall – es stellt sich während der weiteren Arbeit heraus, daß die zuerst angenommene Realität des Inzests doch der ödipalen Phantasie entstammt – kann nicht traumatisch wirken, da der Analytiker dem Patienten jeweils folgte und ihm nichts Fremdes überstülpte. Es ist zu beachten, daß dem Patienten aber, auf Grund von Verdachtsmomenten, nicht wiederum gewaltsam die Diagnose Inzestopfer »übergestülpt« wird. Ein solches Vorgehen wäre ebenso autoritär und in seiner Wirkung traumatisierend wie die früher vorkommende Verneinung der Möglichkeit des realen Inzests. Meine Ausführungen in dieser Arbeit beziehen sich auf Patienten, bei denen das inzestuöse Trauma in der Kindheit klar erinnert wird und in seinem Realitätscharakter evident ist. Sie treffen aber auch auf die Fälle zu, in denen die Realität erst im Laufe der Analyse wahrscheinlich wird oder gesichert werden kann. Die Haltung des Therapeuten in dieser Phase sollte eine geduldig begleitende sein. AMATI (1990, S. 731) drückt es für die Therapie von Folteropfern so aus: »Die Verfügbarkeit des Therapeuten, der meines Erachtens am Anfang der Kur eher Depositar (Verwahrungsnehmer) und alternatives Identifizierungsobjekt als Übertragungsobjekt ist, scheint mir von wesentlicher Bedeutung zu sein.« Dementsprechend sollten Übertragungsdeutungen vermieden werden (AMATI 1990). Auf keinen Fall darf das Inzestopfer in dieser Phase mit den internalisierten Aspekten konfrontiert werden, die dem sexuellen Mißbrauch entsprechen, wie sexuell provozierendes Verhalten, entsprechende Kleidung oder Gestik und insbesondere das Partnerverhalten. Das trifft ebenso auf selbst initiiertes, sich selbst oder andere schädigendes Agieren zu. Eine derart vorzeitige Konfrontation würde sicher einer Angst des Therapeuten entsprechen, der das Ausmaß von Sexualisierung und Destruktion auf diese Weise begrenzt halten möchte.

154

Als ein Beispiel für eine zu frühe Interpretation sei hier eine Situation aus der Anfangsphase einer Therapie einer fünfundzwanzigjährigen Frau geschildert, die als Kind über Jahre hinweg vom Stiefvater in brutaler Weise sexuell mißbraucht, physisch mißhandelt und ständig erniedrigt worden war. Sie schilderte unter großen Schamgefühlen eine Vergewaltigung durch einen Fremden, als sie sechzehn Jahre alt war. Sie berichtete von einem tranceartigen Zustand, in dem sie überhaupt nicht in der Lage gewesen war, zu erkennen, was auf sie zukam. Eine sie begleitende Freundin wurde vom Täter weggeschickt, die Patientin ging willig mit, bemerkte erst, als es tatsächlich zu spät war, worum es ging. Völlig aufgelöst und zerbrochen war sie zu Hause angekommen; die Mutter jammerte: »Wie konntest du uns das antun!«, der Stiefvater: »Du Hure!«. Die Patientin war während des Berichts emotional sehr beteiligt, die Scham stand im Vordergrund, und um ihr zu helfen, sagte ich, wie ich meinte, einfühlsam, daß leider in den Menschen manchmal destruktive Anteile verborgen sind, die es verhindern, daß man sich schützt, die im Gegenteil bewirken, daß man mitzuspielen gezwungen ist, auch wenn man sich selbst schädigt und sogar die traumatischen Erfahrungen zuläßt, unter denen man einmal als Kind so gelitten hat. Die Patientin konnte diese Intervention aber nicht als Hilfe auffassen, im Gegenteil, sie verstummte, sagte irritiert, daß sie mir nicht folgen könne. In der folgenden Stunde teilte sie mir voller Wut mit, daß sie fast nicht wiedergekommen wäre, daß sie lange mit sich gerungen habe, ob sie weiter zu jemandem gehen könne, der mit Schuldzuweisung arbeite, genau wie beide Eltern es getan hätten.

## Negative Mutterübertragung

Eine zweite Phase der analytischen Therapie wird häufig durch den realen Einschnitt erster Therapieferien eingeleitet, die eine heftige Trennungsbedrohung darstellen können. Es hat sich inzwischen allmählich, überwiegend unbewußt, eine Abhängigkeitsbeziehung entwickelt, die weit über die anfängliche Vertrauens- und Solidaritätsbeziehung hinausgeht. Es kann sich um die frühe Mutterbeziehung in der Übertragung handeln, die hier in ihren negativen Anteilen erlebt wird. Gefühle von existentieller Angst, ihre Abwehr durch körperliche Reaktionen, das Auftreten von Alpträumen sowie Rückzug von sozialen Kontakten entsprechen relativ weitgehenden Versagen der frühen mütterlichen Umgebung, das dem Inzesttrauma in aller Regel vorausgegangen ist. Es handelt sich aber gleichzeitig um die schon damals regressive, also der frühen ersten Traumatisierung entsprechende Angst angesichts des späteren inzestuösen Angriffs, die abgespalten werden mußte und nun in der Übertragung wiedererlebt werden kann. Der Abwehr der großen Angst dienen häufig gravierende paranoide Vorstellungen in der Übertragung; der Therapeut wird zum alles kontrollierenden verfolgenden Objekt, das sowohl die Nähebedürfnisse vernachlässigt als auch jede Autonomiebebestrebung verurteilt und behindert.

Frau D., die sich einer langjährigen analytischen Therapie unterzog, wähnte in einer besonders regressiven Phase, ich sei ständig hinter ihr her, auf der Straße, sogar verschlüsselt in Fernsehsendungen, einmal meinte sie mich zwischen den Bücherregalen einer Buchhandlung zu sehen, um sie zur Rede stellen zu können, was sie wieder für Bücher lesen wolle. Es konnte verstanden werden, daß Lesen für sie mit Autonomiebestrebungen zusammenhing, die eine feindliche Mutter-Imago behindern wollte. In ihrer Kindheit waren besonders solche Bücher verboten gewesen, in denen die Eltern irgendwelche Darstellungen sexuellen Inhalts vermuteten.

Spaltungen der Objektbeziehungen setzen ein, andere Objekte werden dem »nur bösen« therapeutischen entgegengesetzt, die, von außen gesehen, allerdings alles andere als positiv, im Gegenteil als autodestruktiv zu bewerten sind. Rückfälle in destruktives promiskuöses Verhalten, Aufsuchen von sadomasochistischen Partnerbeziehungen, aus denen eine Trennung bereits möglich gewesen war, Suchtmittelmißbrauch, Suizidalität oder Flucht in die körperliche Krankheit werden an die Stelle des verlassenden oder verfolgenden therapeutischen Objekts gesetzt. Auf diese Weise wird ein aggressives Potential freigesetzt, das sich zwar noch gegen das eigene Selbst beziehungsweise den eigenen Körper richtet, jedoch auf die Übertragung bezogen werden kann und muß.

Frau D. hatte eine lange ärztliche Beziehung zu ihrem Gynäkologen Dr. K., der sie mehrmals operiert hatte. Vor der Psychotherapie hatte sie sein Angebot, öfter wiederzukommen, gern angenommen. Sie war dankbar und etwas in ihn verliebt, hatte aber oft das Gefühl, die »Sache« wachse ihr über den Kopf. Die »Sache« waren die Spritzen, die ihre Schmerzen bekämpfen sollten, in die Leistengegend und auch direkt in die Vagina, sie waren schmerzhafter als der Schmerz, den sie bekämpfen sollten. Nach Therapiebeginn wollte sie von mir die Erlaubnis oder das Verbot, »zur Spritze zu gehen«. Oft war sie wütend, daß ich sie von der Spritze abhalten würde, wie sie meinte, obwohl davon gar nicht die Rede war. Nachdem die zweiwöchigen Therapieferien begonnen hatten, fühlte sie sich in die Nähe der Praxis des Gynäkologen getrieben, schwankte, ob sie »zur Spritze gehen« sollte, wie eine Süchtige, die nicht rückfällig werden will. Die große Leere, die sie auffüllen wollte, und der Sog waren jedoch so stark, daß sie ihren Widerstand aufgab; später meinte sie schuldbewußt, sie habe sich an mir rächen wollen. Auf jeden Fall mußte sie den Verlust, den für sie die Therapieferien bedeuteten, ersetzen.

Eine andere Patientin wurde in den Therapieferien sehr depressiv, sie wurde schwanger, und als sie es bemerkte, reagierte sie mit Selbstbeschädigungen ihres Körpers. Sie besuchte ihre Mutter, die sie eineinhalb Jahre nicht gesehen hatte. In der nachfolgenden Bearbeitung konnte ihr Versuch verstanden werden, das Gefühl endloser Nichtigkeit in den Ferien in den Griff zu bekommen: Der schlechte Selbstanteil wurde durch ihren Körper repräsentiert, der Selbsthaß gegen ihn in Form von Selbstverstümmelung gewendet. Das in ihr wachsende Kind stellte ein gutes Selbst-Objekt dar, das wie eine gute Mutter für die Patientin sorgen sollte. Mit Hilfe dieser Spaltung konnte das Bild ihres psychischen Selbst als erträglich aufrechterhalten bleiben, ein scheinbarer neutraler Kontakt mit der Mutter war möglich, aber auch ein genügend gutes Bild des Therapeuten konnte erhalten bleiben, so daß die Therapie nicht abgebrochen werden mußte. Es kam zu einer spontanen Fehlgeburt im dritten Monat.

Das Ausmaß der Wut, auf das besonders BECKER (1990) für Folteropfer und SHENGOLD (1989) für Opfer verschiedener, gerade auch familiärer Gewalt hingewiesen haben, ist oft nicht in der therapeutischen Beziehung allein auszuhalten. Andere Personen wie Partner, Ärzte und Vorgesetzte müssen als Übertragungsobjekte einspringen, auf die entweder positive Beziehungsanteile übertragen werden, so daß sie einen Schutz, eine Alternative zum negativen therapeutischen Objekt bieten, oder auf die die destruktiven Anteile projiziert werden, so daß die therapeutische Beziehung entlastet wird.

Für die Patientin wird es um so notwendiger sein, die therapeutische Beziehung zu kontrollieren, je negativer sie erlebt wird. Es werden ganze Bereiche herausgehalten oder Entscheidungen ohne die Therapie gefällt, Beziehungsabbrüche, Schwangerschaften, auch Eheschließungen kommen vor, ohne daß der Therapeut informiert worden ist. Einer Aggressionsabwehr, an der auch der Therapeut beteiligt sein kann, würde es entsprechen, wenn das Ziel der Aggression die versagende Mutter oder der inzestuöse Vater bliebe, der Therapeut so verschont bliebe. BECKER (1990, S. 116) weist für die Therapie von Folteropfern eindringlich auf die Gefahr einer solchen Unterlassung hin, der Patient müsse den Haß so weiter abspalten. BECKER zufolge muß der Therapeut an diesem Punkt in der Lage sein, die eigenen vom Opfer induzierten Gefühle von Angst, Schuld, aber auch Wut auf das Opfer zuzulassen und auszudrücken. Er folgt hier WINNICOTT (1947), der annahm, daß der schwer gestörte Patient den eigenen Haß auf den Analytiker nur dann ertragen kann, wenn dieser den seinen erlebt und aushält. Anlässe für Wut und Enttäuschung des Therapeuten sind im allgemeinen autodestruktives Verhalten, sei es sexualisiert, gegen den eigenen Körper oder gegen Beziehungen gerichtet.

Eine Patientin hatte Jahre vor der Therapie in einer Phase manischen Protests gegen die gesamte Erwachsenenwelt der bürgerlichen Fassade, hinter der inzestuöse Gewalt, unter der sie jahrelang gelitten hatte, gang und gäbe sei, extremes promiskuöses Verhalten entwickelt, es kam sogar vor, daß sie nachts auf den Stufen einer Kirche oder am hellichten Tage auf den Rheinwiesen oder Parkanlagen sexuellen Verkehr hatte. Ähnlich bekämpfte sie in einem Urlaub während der Therapieferien, den sie allein verbrachte, ihre aufsteigende Depression mit sexuellen Kontakten, ungeachtet durchaus gegebener Aids-Gefährdung. Durch ihre genüßliche, detaillierte Schilderung ihres destruktiven Agierens löste sie bei mir in der Gegenübertragung eine Mischung von Wut, Schuldbewußtsein, sie allein gelassen zu haben, und sogar Eifersucht aus, die den Gefühlen des Inzestvaters entsprochen haben mögen, der zunehmend die Macht über die adoleszente Tochter verloren hat.

Selbstdestruktion stellt immer ein provozierendes Attentat auf die Therapie dar. Nicht zuletzt durch derartiges Agieren entstehen im Therapeuten oft aversive Gefühle; Empörung, Ablehnung und Wut bestimmen die Beziehung. Es ist wichtig, diese Gegenübertragungsgefühle bei passender Gelegenheit vorsichtig selbst zu verbalisieren, da angenommen werden muß, daß derart sensible Patienten die negativen Gefühle atmosphärisch spüren werden. In dieser Phase der Therapie, in der es vor allem um die Frustration früher Bedürfnisse, Angst und besonders Wut geht, findet meines Erachtens eine Verknüpfung zwischen frühem Deprivationstrauma und späterem inzestuösen Trauma statt, so daß die Analogie des Verrats des kindlichen Vertrauens, des Mißbrauchs der Bedürftigkeit und der Liebe, aber auch die grenzüberschreitende Intrusion auf beiden Ebenen verstanden und auf die aktuelle therapeutische

Beziehung ausgedehnt werden kann. Es kann auch die Verbindung zwischen der Mutter, die vor dem Inzest nicht schützte, und dem frühen Mutter-Bild hergestellt werden, das dem Gefühl der fehlenden Existenzberechtigung, gerade übrigens als weibliches Kind, als Tochter, entspricht. Häufig kann jetzt auch ein sexueller Mißbrauch rekonstruiert werden, der lange vor dem bewußten der späteren Kindheit stattgefunden hatte und gründlich verdrängt worden war zugunsten einer Idealisierung des frühen Vaters, als wäre er vor dem bewußten Beginn des Mißbrauchs ein ganz anderer gewesen. Die De-Idealisierung ist ein erster Schritt der Trennung, der Emanzipation von dem introjizierten Täter-Objekt, wie sie SHENGOLD (1989) beschrieben hat. Im Zusammenhang mit der Wut auf die frühe Mutter und dem fehlenden Gefühl für die Berechtigung der bloßen Existenz sowie dem fehlenden Selbstwertgefühl, wird die zentrale Dynamik von Schuld und Schuldgefühl, die sich in dem beschriebenen selbstdestruktiven Agieren niederschlägt, welches immer auch einem Strafbedürfnis entspricht, erstmals zu bearbeiten sein. Das Schuldthema wird fortan im Zusammenhang mit dem sexuellen inzestuösen Introjekt und seiner therapeutischen Bearbeitung eine große Rolle spielen.

Die Bedeutung dieser Therapiephase liegt meines Erachtens in der Möglichkeit der Aufdeckung und Bearbeitung der Aggression, die wegen der traumatischen Angst, einer Vernichtungsangst, bisher abgespalten bleiben mußte. Durch beharrliches Interpretieren verschiedenster Äußerungen dieser Wut – wobei die therapeutische Beziehung nicht umgangen werden darf, im Gegenteil immer wieder vom Therapeuten einbezogen werden muß – erlebt die Patientin, daß der Analytiker als Mutter-Repräsentanz trotz der immensen (SHENGOLD 1989 spricht von der parentozidalen) Wut überlebt und dadurch zur schützenden Mutterfigur wird, wie von WINNICOTT (1953; 1963) beschrieben. Erst auf dieser neuen Beziehungsgrundlage ist es möglich, in die dritte Phase der Therapie einzusteigen.

## Externalisierung des traumatischen Introjekts

Das traumatische Introjekt ist zu einem Teil der Persönlichkeit des Opfers geworden. In der erotisierten oder sexualisierten Übertragungsbeziehung kann das sexuelle Trauma der späteren Kindheit externalisiert erlebt werden. Man kann die Reinszenierung der inzestuösen Beziehung, die ja auch in promiskuösen Kontakten und sadomasochistischen Beziehungen unter Wiederholungszwang immer wieder hergestellt wird, als Reparationsversuch sehen (vergleiche SHENGOLD 1989, S. 314), als Ausdruck der unbewußten Phantasie, der Vater werde sich eines Tages doch kindgerecht, nicht ausbeuterisch verhalten und dadurch ein alternatives mütterliches Objekt sein können. Andererseits ist sie das Ergebnis der Introjektion des sexuellen Traumas und des damit verbundenen Verschmolzenseins mit dem traumatischen Objekt (für Folteropfer vergleiche AMIGORENA und VIGNAR 1977; AMATI 1990; BECKER 1989; EHLERT und LORKE 1988). Insbesondere jugendliche Patientinnen werden – oft völlig unbewußt – dem männlichen Therapeuten gegenüber alle Mittel der Verführung einsetzen. Gestik, Mimik, Makeup und Kleidung sowie kindlich-verführerisches Verhalten entsprechen eindeutig dem »verführerischen« Verhalten, mit dem man dem Inzestopfer seit jeher die Verantwortung für den Inzest zu geben versuchte. BRIERE (1989, S. 70) weist in diesem Zusammenhang darauf hin, daß sexualisiertes Verhalten gar nicht Ausdruck eines tatsächlichen sexuellen Bedürfnisses ist, sondern einer Vermischung von sexuellen Zügen mit anderen Aspekten und Bedürfnissen in Beziehungen entspricht. Dennoch ist es ein sexuelles Beziehungsangebot, verbunden mit oft panischer Angst vor der möglichen Realisierung, erneuter Wut wegen der (hoffentlich nur) befürchteten Ausbeutung, aber auch Wut wegen einer erlebten Zurückweisung.

Eine jugendliche Patientin hatte sich von ihrem Freund getrennt und entwickelte allein in ihrer Wohnung panische Angstzustände. Den ganzen Abend beschäftigte sie sich mit dem Gedanken, ob sie mich anrufen solle. Sie war hin und her gerissen zwischen dem Wunsch, beschützt zu werden, und der Angst, ich könnte ihre Not irgendwie ausnutzen, um sie sadistisch kleinzumachen, oder ihren Annäherungsversuch als sexuellen mißverstehen. Schließlich hielt sie es nicht mehr aus und rief mich gegen zwei Uhr morgens an. Sie schilderte mir ihre Not, aber auch ihre Angst. Ich könnte mir vorstellen, wie sie jetzt um diese Nachtzeit bekleidet sei. Sie gerät wiederum in Panik, als sie ihrer eigenen

Phantasie, wie ich denn bekleidet sei, nicht ausweichen kann. Ganz abrupt beendet sie schließlich das Gespräch, als sie die Phantasie entwickelt – wie sie mir später mitteilte –, ich könnte wie ein Hausarzt sagen, sie solle ganz ruhig bleiben, ich werde sofort vorbeikommen ...

Die so entstehende Beziehung kann den Charakter eines Macht-kampfes annehmen, wie zwischen Inzestvater und einer inzwischen jugendlichen Tochter, die sich zunehmend triumphierend an der Abhängigkeit des bisher so mächtig erlebten Vaters weidet (HIRSCH 1987). Gegenübertragungsgefühle von Enttäuschung bis ohnmächtige Wut über eventuelle promiskuöse Rückfälle oder eigenmächtige Entscheidungen, schwanger zu werden oder zu heiraten, entsprechen den Gefühlen des Inzestvaters. In der Gegenübertragung werden jetzt verstärkt erotische Gefühle und sexuelle Wünsche des Therapeuten auftreten. Es ist nicht immer leicht, eine zum Teil ungeheuere Spannung auszuhalten zwischen dem Bedürfnis, die Gegenübertragungsgefühle entweder in die Realität hinein zu agieren oder sie andererseits völlig zu verleugnen und zu unterdrücken, sie im Gegenteil anzuerkennen und der Bearbeitung im Sinne der Beziehungsklärung zugänglich zu machen, gegebenenfalls auch in ihrem Abwehrcharakter, und sie in angemessener Weise der Patientin zu kommunizieren (vgl. HIRSCH 1988b; 1993a). Das muß nicht unbedingt direkt verbal geschehen, zumal ein solches Vorgehen (unter Umständen ein Vorpreschen, eine Flucht nach vorn aus Angst des Therapeuten) mit Recht als intrusiver Angriff erlebt würde, es kann sich auch um ein taktvolles atmosphärisches gegenseitiges Erkennen handeln, das keiner Worte bedarf, welche bereits zuviel Realität enthalten würden. In Unsicherheiten, Fehlleistungen und anderen verborgenen Mitteilungen wird die Patientin erkennen können, was im Therapeuten vorgeht.

Ein drastisches Beispiel erlebte ich mit einer Patientin, bei der sich erst später herausstellte, daß sie mit großer Wahrscheinlichkeit Opfer des sexuellen Mißbrauchs durch ihren Vater in einem Alter geworden war, in dem sie noch Windeln trug. In einer sehr regressiven Gruppensitzung passierte es mir aus Gegenübertragungsgründen, daß ich sie duzte. Trotz meiner peinlichen Gefühle auf Grund dieser Fehlleistung versuchte ich, ihre Bedeutung zu bearbeiten, was offenbar zuwenig gelang. Die Patientin geriet in einen psychotisch-manischen Zustand, in dem sie mich mit Anrufen bombardierte, mir ihre Liebe erklärte, sich unbedingt mit mir verabreden wollte, mich andererseits beschimpfte, ich wolle nur das eine, meine sie nicht als Menschen und so weiter. Ich gab ihr den bewilligten Einzeltermin, in dem ich ihren Versuch, sich mir körperlich zu nähern, entschieden, aber so freundlich, wie es mir möglich war, zurückwies, worauf sie in derartige Wut geriet, daß sie in der Praxis herumtobte und das Haus zusammenschrie. Es folgte ein Aufenthalt in der psychiatrischen Klinik von einigen Tagen ohne länger andauernde medikamentöse Behandlung. Ich empfand es als großen Vorteil, daß das beidseitige Agieren in der Gruppe, also mit Zeugen, stattfand, die sowohl etwas Trennendes als auch etwas Verbindendes, nämlich die Beziehung Erhaltendes, hatte.

Wie bei der Bearbeitung der Aggression ist es nun notwendig, die Patientin in ihrer Wahrnehmung zu bestätigen und nicht etwa ihr und ihrer Übertragung die »Schuld« zuzuschieben. Im Grunde ist eine Haltung gefordert, die der Vater der ödipalen Tochter gegenüber einnehmen sollte, indem er die spielerisch erotischen Angebote freundlich akzeptiert, auch aus dem eigenen erotischen Interesse, der Bewunderung und Wertschätzung keinen Hehl macht, aber eine absolute Grenze vor die eigene sexuelle Befriedigung setzt, welche einer narzißtischen Bemächtigung, der gewaltsamen Beseitigung der Identität einer Tochter und einem plötzlichen Verlust eines Vaters gleichkäme. Eine solche Haltung, nämlich die erotische Übertragung wie auch die entsprechende Gegenübertragung zuzulassen und zu kommunizieren, ohne sie in die Realität hinein auszuagieren, ist auch für die therapeutische Beziehung gefordert worden (SEARLES 1959; MASSING und WEGEHAUPT 1987; PFANNSCHMIDT 1987; GRUNERT 1989). Daß diese Haltung einzuhalten bei der Therapie von Inzestopfern besonders schwer ist, läßt sich mit dem großen Externalisierungsdruck, mit dem das sexuelltraumatische Introjekt in die aktuelle Beziehung strebt, erklären. Inzwischen gibt es einige Berichte über sexuelle Beziehungen zwischen meist männlichen Therapeuten und meist weiblichen Patientinnen (ANONYMA 1988; AUGEROLLES 1989; BATES und BRODSKY 1989) sowie wenige Veröffentlichungen, die sich mit diesem Phänomen auseinandersetzen (PFANNSCHMIDT 1987; CREMERIUS 1988; GRUNERT 1989; REIMER 1990; HIRSCH 1993a). Aus allen Arbeiten wird der narzißtische Charakter des therapeutischen Inzests deutlich (HIRSCH 1988b; 1993a). Es ist die emotionale Bedürftigkeit des Analytikers, der nicht in der Lage ist, von sich abzusehen, der die Sexualisierung nicht als solche erkennen kann, weil er sich als einzigartiges Individuum gemeint fühlt. Wenn man einmal eine berechtigte moralische Empörung über den neuerlichen zerstörerischen Angriff auf einen schwächeren abhängigen Menschen zurückstellt und die sicher vorliegende narzißtische Bedürftigkeit eines solchen Therapeuten nicht als ausreichenden Grund für sein Agieren gelten läßt, wird man seine Unfähigkeit, Grenzen zu erkennen und einzuhalten, sowie einen partiellen Empathiedefekt feststellen, die ihn allerdings für seine berufliche Tätigkeit disqualifizieren.

## Schuld, Scham und Trauer

Die vorangegangenen Abschnitte handelten von Aggression und Sexualisierung, im folgenden geht es um Schuld und Schuldgefühle, die einen zentralen Stellenwert in der Dynamik des Opfers einnehmen. Übrigens denke ich nicht, daß dieses Gebiet zeitlich im Sinne einer Therapiephase abgrenzbar ist, es erstreckt sich gleichermaßen über die Bereiche der Aggressions- und Sexualisierungsbearbeitung und ist besonders wichtig für die Lösung von den Introjekten. Die zunehmende Thematisierung – im Sinne der Konfrontation durch den Therapeuten – der Sexualisierung von Beziehungen, auch der Übertragungsbeziehung, sowie des selbstzerstörerischen Verhaltens bedeutet die zunehmende Notwendigkeit, das traumatische Introjekt als zum Selbst gehörig zu erkennen, auch in mehr oder weniger fremdkörperartiger oder assimilierter Form. Es wird also überwiegend um die Anteile des Patienten und seine Verantwortung für sein Leben gehen und nicht so sehr um das, was ihm einmal angetan wurde und entsprechend seinen internalisierten Erfahrungen noch immer angetan wird.

Ein fünfzehnjähriges Mädchen, das vom leiblichem Vater, von dem sie jedoch elf Jahre getrennt gelebt hatte, über Jahre auf brutalste Weise sexuell mißbraucht worden war, hatte am Anfang der Therapie einen Initialtraum: Ein Polizist tritt ihr auf der Straße bedrohlich entgegen und schreit sie an: »Du bist verhaftet, weil du dich mit dem Vater zusammengetan hast!«

FERENCZI (1933) hat den Mechanismus der Introjektion der Schuldgefühle des Täters, die dieser so los wird und dem Opfer aufbürdet, und die Identifikation mit dem Aggressor, also der zustimmenden Übernahme der Gewalt und der Ausbeutung als lebensnotwendigen Abwehrmechanismus des Kindes beschrieben. Das Thema der Gewalt bestimmt mit Hilfe der Introjektion Erleben und Verhalten des Opfers. Sexualisierung und Selbstzerstörung werden im Wiederholungszwang agiert, ohne daß es zu einer Befreiung kommt. Schuldgefühle sind wiederum ein Moment starker Bindung an den Täter beziehungsweise das traumatische System. Gerade Inzestopfer sind vielfältig in Schuldgefühle verstrickt (vgl. HIRSCH, 1993b), häufig auch im Sinne eines Dilemmas: *Sowohl Partizipation am Inzest als auch der Wunsch nach Befreiung von ihm verursachen Schuldgefühle*, dazu kommen solche aus der ödipalen Konstellation und der Unfähigkeit, die Verantwortung aus der aufgebürdeten, aber auch angenommenen Rollenumkehr zu erfüllen. Das größte Schuldgefühl entsteht im Zusammenhang mit der eigenen sexuellen Lust des Inzestopfers während des Mißbrauchs und bei der Realisierung der eigenen aktiven Traumatisierungen Schwächeren gegenüber, zum Beispiel aggressiven und insbesondere sexuellen Handlungen an jüngeren Geschwistern oder eigenen Kindern.

Eine Patientin erinnerte sich mit großen Schamgefühlen daran, wie sie als dreizehnjähriges Mädchen, nachdem ihr der Vater seit Jahren nachgestellt hatte, sich wieder einmal in ihr Kinderzimmer flüchten mußte – die Mutter war im Krankenhaus –, weil der Vater sie bedrängte. Sie schloß ab, hörte den Vater auf der anderen Seite der Tür bitten und betteln, sie möchte aufmachen, es werde ihr nichts geschehen, er wolle nur bei ihr sein. Das Mädchen war nicht in der Lage, dem winselnden Betteln des Vaters länger als ein oder zwei Minuten standzuhalten, dann öffnete sie die Tür, nachdem sie alles Denken und Fühlen längst abgeschaltet hatte. Dieselbe Patientin erinnerte sich in derselben Phase der Therapie, in der es um die Bearbeitung der eigenen kollusiven Beteiligung am Inzestgeschehen ging, daran, daß sie als Zwölfjährige einen sechs Jahre jüngeren Cousin, den sie sehr mochte, mehrmals im Schlaf masturbiert hatte, und ihm einmal, als er aufgewacht war, voller Angst, aber auch Wut, unter denselben Drohungen verboten hatte, etwas zu sagen, mit denen auch sie stets zum Schweigen gebracht worden war.

Beide Bereiche sind auch mit extremem Schamgefühl verbunden, was es schwer macht, sie in der Therapie zu bearbeiten. Dabei geht es nicht nur um irrationale Schuldgefühle, sondern um ein realistisches Schuldgefühl wegen der inneren und auch aktiven Komplizenschaft mit der Gewalt, die einen Anteil an realer Schuld bedeutet. Ich habe, FERENCZI (1933) erweiternd, zwischen der Introjektion der Gewalt und des Schuldgefühls des Täters und der *Identifikation mit diesem Introjekt* (SANDLER 1960; HIRSCH, 1993b) unterschieden. Ersteres würde irrationales »neurotisches« Schuldgefühl, letzteres aber reale Schuld und ihre Anerkennung durch ein realistisches Schuldgefühl bedeuten, das mit FREUD (1930) auch Schuldbewußtsein genannt werden kann.

Für die Therapie hat diese Unterscheidung eine große Bedeutung. Denn das irrationale Schuldgefühl, das seine Grundlage in der »Schuld« an der bloßen Existenz durch nicht genügendes Angenommensein hat, das sich durch die Implantation und Introjektion des späteren sexuellen Traumas und seiner Folgen verstärkt und einem tiefsitzenden Strafbedürfnis entgegenkommt, ist Gegenstand der Analyse. Das heißt, es muß auf seine Ursprünge, auf die dahinterliegenden Defizite, Traumata und Konflikte, die das Opfer nicht zu verantworten hat, zurückgeführt werden, mit dem Ziel, sich davon zu befreien. Sorgfältig zu trennen sind die Schuldgefühle, die der realen Schuld auf Grund der Identifikation mit dem Introjekt und der daraus entstehenden Komplizenschaft entsprechen. Diese sollen nicht »weganalysiert«, sondern im Gegenteil benannt und anerkannt werden, damit eine Trennung durch Scham, Reue und Trauer möglich wird. Neben der großen Schwierigkeit, Angst und Wut zu erleben, die mit dem Trauma verbunden sind, ist die Bearbeitung der Schuldgefühle sowie die Anerkennung der eigenen Schuld die schwierigste Aufgabe. Denn sie bedeutet nichts weniger als die Trennung vom – inzwischen internalisierten – traumatischen Objekt und System, was gleichbedeutend ist mit dem Gefühl des Verlustes der als lebensnotwendig empfundenen Bindung des Kleinkindes an die Familie.

## Trennung

Es geht also um einen Loslösungsprozeß, der Schmerzen verursacht, die als größer erlebt werden können als der ursprüngliche – und bekannte, vertraute – traumatische Schmerz. Die Situation des kleinen Kindes, das, vor die Alternative gestellt, die Familie zu verlieren oder das Trauma durch Introjektion in sich aufzunehmen und durch Identifikation zu assimilieren, letzteres wählt, lebt wieder auf. Hier liegt meines Erachtens die größte Schwierigkeit der Therapie, die implizit als eine fortwährende Aufforderung zur Emanzipation aus Abhängigkeit zu verstehen ist: gegen den enormen Widerstand gegen die Loslösung gerade bei Opfern traumatischer Gewalt anzukämpfen, auch wenn es für diese nicht spezifisch ist, sondern ein für schwerer gestörte Patienten allgemeines Problem darstellt. SHENGOLD (1989, S. 321) nennt dieses Problem eine Herausforderung für das Opfer, das »das Gefühl erfahren hat, daß es unmöglich ist, ohne die innere Anwesenheit des Aggressors zu existieren, des Seelenmörders, mit dem das Opfer sich identifiziert hat [...]. Im Bedürfnis nach der Bindung an die Eltern liegt der Kern des Widerstands gegen Veränderung.« SHENGOLD führt die Unfähigkeit der Lösung auf die immense Aggression zurück, die freigesetzt würde. Die ungeheuere Wut, die eigentlich dem ursprünglichen Aggressor gelten sollte, wird gegen die Therapie gerichtet, die die Patientin gerade von der Abhängigkeit von ihm befreien will. Das ganze Ausmaß, das dem realen, teilweise unerträglichen Trauma entspricht, muß keineswegs in die Übertragungsbeziehung hineinkommen und in ihr erlebt werden; das wäre keiner Patientin zuzumuten. Realistischerweise muß man damit rechnen, daß ganze Bereiche von Aggression – im Falle jugendlicher Opfer sexuellen Mißbrauchs große Teile der Angst und Konflikte um sexuelle Beziehungen – nicht in der Therapie bearbeitbar sind. Wie eingangs erwähnt, gibt es gerade bei real traumatisierten Patienten zum Teil sehr enge Grenzen, innerhalb derer eine Konfrontation mit ihrer Destruktion möglich ist, ohne daß wiederum ein Trauma gesetzt wird. Diese Grenzen sind unbedingt einzuhalten, auch wenn das bedeutet, daß eine Befreiung vom Introjekt nur teilweise gelingt, daß also weiter ein gewisses Maß an dem Trauma entsprechender Destruktion wirksam bleibt. Meines Erachtens ist die Angst vor der Trennung vom Introjekt eine Identitätsangst, die Angst vor der neuen Identität, der unbekannten Nicht-Opfer-Identität. Darüber hinaus bedeuten Auflösung der Schuldgefühle und Anerkennung der Schuld, verbunden mit dem schmerzlichen Gefühl der Scham, das so lange unterdrückt werden mußte, jeweils Schritte der Loslösung und Identitätsfindung. Das Zulassen der Scham bedeutet AMATI (1990) zufolge einen Widerstand dagegen, im Terrorsystem ganz aufzugehen, und ihre Rückgewinnung einen

Schritt der Trennung von ihm. Scham ist aber verbunden mit der peinlichen Anerkennung der Diskrepanz zwischen Ideal-Ich und realem Ich. Es ist zu vermuten, daß die Opfer schwerer traumatischer Gewalt ihr Ideal-Ich aufgeben mußten und es in einem schmerzlichen Prozeß erst wiedergewinnen müssen. Wenn man sich vorstellt, wie weit die »Durchtränkung« (AMATI 1990, für die Folter) des Selbst durch das traumatische Objekt gegangen ist, und daß die Bindungen an das Introjekt denen des kleinen Kindes an die Eltern entsprechen, wird man die große Schwierigkeit der Trennung für das Opfer sehen und in ihr die Ursache der negativen therapeutischen Reaktion, also letztlich der Rückkehr zur traumatischen Familie trotz »richtiger Deutung« ihres zerstörerischen Charakters, erkennen können.

Das Wesen der Therapie von Opfern inzestuöser Gewalt – ähnlich der von Opfern anderer Gewaltformen – liegt in der Externalisierung des traumatischen Introjekts und der Loslösung von ihm sowie in der Bearbeitung seiner erfolgten Assimilation durch Identifikation und deren Aufgeben. Die große Schwierigkeit der Loslösung vom introjizierten traumatischen Objekt, das große Maß an Scham, Trauer und Trennungsschmerz läßt bei einer gewissen Zahl der Patienten während der Therapie die »Rückkehr« zum traumatischen System, seine Re-Introjektion im Sinne einer negativen therapeutischen Reaktion erwarten. Die Chancen der Therapie, den Kampf gegen das mächtige Introjekt und die starke Verbindung mit ihm zu gewinnen, sind nicht immer günstig.

## Literatur

AMATI, S. (1977): Reflexionen über die Folter. Psyche 31: 228-245.
AMATI, S. (1990): Die Rückgewinnung des Schamgefühls. Psyche 44: 724-740.
AMIGORENA, H.; VIGNAR, M. (1977): Zwischen Außen und Innen: die tyrannische Instanz. Psyche 33: 610-619 (1979).
ANONYMA (1988): Verführung auf der Couch. Kore, Freiburg.
AUGEROLLES, J. (1989): Mein Analytiker und ich. Tagebuch einer verhängnisvollen Beziehung. Fischer, Frankfurt a.M. 1991.
BATES, C. M.; BRODSKY, A. M. (1989): Eine verhängnisvolle Affäre. Junfermann, Paderborn 1990.

BECKER, D. (1990): Ohne Haß keine Versöhnung. Aus der therapeutischen Arbeit mit Extremtraumatisierten in Chile. In: HERDIECKERHOFF, E. et al. (Hg.), Hassen und Versöhnen. Vandenhoeck & Ruprecht, Göttingen, S. 107-120.

BLUM, H. (1986): The concept of the reconstruction of trauma. In: ROTHSTEIN, A. (Hg.), The Reconstruction of Trauma. Its Significance in Clinical Work. Internat. Univers. Press, Madison, S. 7-28.

BRIERE, J. (1989): Therapy for Adults Molested as Children. Beyond Survival. Springer, New York.

CREMERIUS, J. (1988): Aus gegebenem Anlaß. Abstinenz – Maxime und Realität. In: ANONYMA (1988), S. 166-190.

EHLERT, M.; LORKE, B. (1988): Zur Psychodynamik der traumatischen Reaktion. Psyche 42: 501-532.

FERENCZI, S. (1933): Sprachverwirrung zwischen den Erwachsenen und dem Kind. Schriften zur Psychoanalyse, Bd. II, 303-313, S. Fischer, Frankfurt a.M. 1972.

FREUD, A. (1951): Observations of child development. Psychoanal. Study Child 6: 18-30.

FREUD, S. (1930): Das Unbehagen in der Kultur. GW XIV, S. 419-506.

GRUNERT, J. (1989): Intimität und Abstinenz in der psychoanalytischen Allianz. Jahrbuch Psychoanal. 25: 203-235.

HIRSCH, M. (1987): Realer Inzest. Psychodynamik des sexuellen Mißbrauchs in der Familie. Springer, Berlin, Heidelberg, New York.

HIRSCH, M. (1988a): Inzest zwischen Phantasie und Realität. Über die Schwierigkeit, psychoanalytische Trauma- und Triebtheorie zu integrieren. Z. Sexualforschung 1: 206-221.

HIRSCH, M. (1988b): Inzest und Narzißmus. Bemerkungen zu H. PFANNSCHMIDT: »Das Erleben von Patient und Analytiker bei der Übertragung ödipalinzestuöser Impulse« und CH. STUDT: »Zum Umgang mit einem Tabu«. Forum Psychoanal. 4: 80-82.

HIRSCH, M. (Hg.) (1989): Der eigene Körper als Objekt. Zur Psychodynamik selbstdestruktiven Körperagierens. Springer, Berlin, Heidelberg, New York.

HIRSCH, M. (1993a): Zur narzißtischen Dynamik sexueller Beziehungen in der Therapie. Forum Psychoanal., im Druck.

HIRSCH, M. (1993b): Schuld und Schuldgefühl des weiblichen Inzestopfers – Introjektions- und Identifikationsschicksale traumatischer Gewalt. Zeitschrift psychoanal. Theorie Praxis, im Druck.

KOHUT, H. (1971): Narzißmus. Eine Theorie der psychoanalytischen Behandlung narzißtischer Persönlichkeitsstörungen. Suhrkamp, Frankfurt a.M. 1973.

KRIS, E. (1956): The recovery of childhood memories in psychoanalysis. Psychoanal. Study Child 11: 54-88.

MASSING, A.; WEGEHAUPT, H. (1987): Der verführerische und verführte Analytiker – Bemerkung zur sexuellen Gegenübertragung. In: MASSING, A.; WEBER, I. (Hg.), Lust und Leid – Sexualität im Alltag und alltägliche Sexualität. Springer, Berlin, Heidelberg, New York, S. 55-78.

PFANNSCHMIDT, H. (1987): Das Erleben von Patient und Analytiker bei der Übertragung ödipal-inzestuöser Wünsche. Forum Psychoanal. 3: 205-214.

REIMER, C. (1990): Abhängigkeit in der Psychotherapie. Praxis Psychother. Psychosom. 35: 294-305.

SANDLER, J. (1960): Zum Begriff des Über-Ichs. Psyche 18: 721-743, 812-828 (1964/65).

SEARLES, H. (1959): Oedipal love in the countertransference. Int. J. Psycho-Anal. 40: 180-190.

SHENGOLD, L. (1989): Soul Murder. The Effects of Childhood Abuse and Deprivation. Yale Univers. Press, New Haven, London.

WINNICOTT, D.W. (1947): Haß in der Gegenübertragung. In: Von der Kinderheilkunde zur Psychoanalyse. Kindler, München, 1976, S. 75-88.

WINNICOTT, D.W. (1953): Transitional object and transitional phenomena. Int. J. Psycho-Anal. 34: 89-97.

WINNICOTT, D.W. (1963): Die Entwicklung der Fähigkeit zur Besorgnis (concern). Bull. Menn. Clin. 27: 167-176.

KLAUS-JÜRGEN BRUDER

# Überlegungen zur Therapie von Männern, die ihre Kinder sexuell mißbraucht haben

## Mißbraucher-Mythen und das Tabu des Redens über den Mißbrauch innerhalb der Familie

Noch vor kurzem konnte, wer über den Mißbrauch von Kindern durch ihre Eltern sprach, behaupten, er breche ein Tabu (HIRSCH 1987, S. 2). Das hat sich in der Zwischenzeit geändert. Hat es sich aber *tatsächlich* geändert? Sexueller Mißbrauch ist ein Thema der Medien geworden. Wir brechen kein Tabu mehr, wenn wir über sexuellen Mißbrauch sprechen. Aber wird nun nicht vielmehr ein neues Tabu aufgebaut, durch die Art, wie über sexuellen Mißbrauch in den Medien berichtet wird, in der Charakterisierung des Mißbrauchers und in der Auswahl dessen, was als Mißbrauch dargeboten wird?

Der mißbrauchende Erwachsene erscheint in dieser Darstellung in den Medien fast ausnahmslos als fremder, unbekannter Mann, der hinterrücks sein Opfer überfällt, als Monster,[1] als »Bestie«,[2] als »eiskalter Peiniger voll grenzenloser Grausamkeit«.[3] Wenn über sexuellen Mißbrauch in den Medien berichtet wird, werden die alten Mythen vom Mißbraucher wieder hervorgeholt, die GROTH bereits 1977 in kritischer Absicht aufgelistet hatte: die Mythen vom Mißbraucher als fremdem Mann, alt und schmutzig, retardiert, als Alkoholiker oder Drogenabhängiger, als sexuell Frustrierter, als Verrückter, als progressiv Gewalttätiger, als Homosexueller (S. 360f).

Die Wiederholung, Wiederbelebung dieser Mythen in der Berichterstattung der Medien schützt nach wie vor das Tabu, über *den* sexuellen Mißbrauch zu sprechen, über den zu sprechen wäre: der das Schicksal der meisten sexuell mißbrauchten Kinder ist, den

Mißbrauch *innerhalb* der Familie, durch den Vater, Bruder, Onkel oder Großvater. Die Diskussion über sexuellen Mißbrauch, wie sie in den Medien geführt wird, erfüllt also eher die Funktion, das Schweigen über den eigentlichen sexuellen Mißbrauch *innerhalb* der Familien zu zementieren: die Funktion eines neuen Tabus.

In der Zwischenzeit gibt es aber noch einen anderen Mythos, den GROTH ET AL. noch nicht aufgeführt haben: den Mythos vom Mißbraucher als Patriarchen, und des sexuellen Mißbrauchs als Ausdruck und integralen Bestandteil der patriarchalischen Gesellschaft, als eine der Formen struktureller »männlicher« Gewalt. Auch wenn durch diesen Mythos der »Väter als Täter« die Fiktion gebrochen wird, Mißbrauch finde nur ausnahmsweise, durch Personen in einem Ausnahmezustand, und außerhalb des Schonraums der Familie statt, so wird doch die tatsächliche Erfahrung und das wirkliche Leid der betroffenen Kinder nicht mehr ernst genommen, wenn wir den sexuellen Mißbrauch zum Regelfall erklären, zur alltäglichen Erfahrung von Mädchen in unserer Gesellschaft. Sexueller Mißbrauch ist einerseits in der Tat nichts Spektakuläres, weil er meist eingebettet ist in eine nach außen hin völlig »unverdächtig« erscheinende Familienbeziehung. Er ist andererseits aber auch nicht alltäglich, nicht die alltägliche Normalität der patriarchalen Familie, sondern Ausdruck einer massiven Störung in der Familie.

Die Väter, Stiefväter und anderen männlichen Mitglieder der Familie, die ihre Kinder oder Geschwister sexuell mißbrauchen, sind, obwohl sie innerhalb der Familie nicht selten den tyrannischen Herrscher spielen, meist selbstunsichere, eher schwache Persönlichkeiten. Nach JUSTICE UND JUSTICE (1979, S. 77ff.; s.a. GROTH 1982, S. 222ff.; HIRSCH 1987, S. 76f; S. 110) zeigen etwa zwischen 10 und 20% aller Männer, die ihre Kinder sexuell mißbraucht haben, ein dominant-despotisches, offen aggressives Verhalten. Die überwiegende Mehrzahl (85%) der Männer sind eher nicht offen aggressiv, eher submissiv, passiv-abhängig. JUSTICE UND JUSTICE nehmen darüber hinaus bei beiden Verhaltenstypen eine ähnliche Psychodynamik an, und zwar die des Passiv-Submissiven, die hinter einer autoritären Fassade oft verborgen sei. Diese Männer versuchen, ihre Unsicherheit, emotionale Bedürftigkeit und Verletzlichkeit mit Stärke zu verdecken, als Kompensation für ein labiles Ich, für Schwäche und Verzweiflung. Sie leiden eher daran,

daß sie die kulturell aufgestellten Anforderungen an eine – patri-
archale – »Männlichkeit« nicht erfüllen, ohne sich von diesen
Normen befreien zu können. Sie kompensieren eher das erlebte
Defizit an Männlichkeit. Häufig fühlen sie sich – nach der Aufdek-
kung des Mißbrauchs – als »Opfer der Umstände«, durch die sie
gewissermaßen ohne eigenes Zutun in die Mißbrauchshandlungen
verstrickt worden seien – auch wenn dieses Gefühl nicht den
Tatsachen entspricht und Ausdruck einer Realitätsverkennung ist.

Sexueller Mißbrauch ist darüberhinaus eine Handlungsweise
nicht ausschließlich von Männern, die sich ausschließlich gegen
Mädchen richtet. Erst in letzter Zeit nehmen wir den sexuellen
Mißbrauch von Jungen wahr, und erst in allerjüngster Zeit beginn-
nen wir wahrzunehmen, daß auch Frauen, Mütter, ihre Kinder
sexuell mißbrauchen.

Wir wissen nichts über das tatsächliche zahlenmäßige Ausmaß
dieser Formen des sexuellen Mißbrauchs. Wir denken noch, sexueller Mißbrauch durch Frauen sei eine verschwindende Ausnahme.
Aber die veröffentlichten Zahlen sagen zunächst nichts über das
Ausmaß der Verbreitung, sie sagen zunächst nur etwas über das
Ausmaß des Bekanntwerdens, und da ist die Tendenz steigend. In
einer der letzten Untersuchungen über den sexuellen Mißbrauch
durch Frauen, vorgestellt von CRAIG M. ALLEN auf dem 9. Internationalen Kongreß on Child Abuse and Neglect in Chicago, im
September 1992, gibt es dazu zwei interessante Ergebnisse. Frauen
allgemein, ob mißbrauchende oder nichtmißbrauchende, haben
eine höhere Schwelle der Wahrnehmung des Mißbrauchs als Männer, Mißbraucher und nichtmißbrauchende. Das heißt, sie sehen
viele Dinge nicht als Mißbrauch an, die Männer bereits als Mißbrauch erkennen können. Und Frauen, die ihre Kinder sexuell
mißbraucht haben, sind in einem deutlich geringeren Prozentsatz
als Männer bereit, die ihnen vorgeworfenen Mißbrauchshandlungen
einzugestehen (30% der mißbrauchenden Frauen, gegenüber 47%
der Männer). Diese Ergebnisse weisen eher in die Richtung, daß
wir den tatsächlich stattfindenden sexuellen Mißbrauch durch Frauen
und das tatsächliche Ausmaß nur sehr schwer wahrnehmen.

Wir werden dahin kommen müssen, zu sagen: Kinder beiderlei
Geschlechts werden durch Erwachsene *beiderlei* Geschlechts sexuell mißbraucht. Die Gründe dafür liegen nicht nur in der Person
des mißbrauchenden Erwachsenen, sondern auch in der Struktur

seiner Beziehung zu seiner Partnerin, in der Struktur der Familie, dieser Familie, die er gewählt und aufgebaut hat – im Rahmen des gesellschaftlich Gegebenen und Möglichen.

## Die Mißbrauchsbeziehung: Grenzüberschreitung und Verleugnung; Sexualität und Männlichkeit

Sexueller Mißbrauch – innerhalb der Familie – ist fast nie ein einmaliges oder ›zufälliges‹ Ereignis. Er entwickelt sich in einem über Jahre dauernden Prozeß und ist das Ergebnis eines Beziehungsproblems: Ausdruck von tiefen Konflikten in der Familie, die von allen und vor allen anderen geheimgehalten werden. Die Ursachen des sexuellen Mißbrauchs – innerhalb der Familie – liegen bei beiden Eltern, die weder die Ehepartner-Rolle noch die Elternrolle adäquat ausfüllen können. Beide sind außerstande, Verantwortung für sich und die Kinder zu übernehmen.

Ihre erdrückenden Forderungen an die Kinder, diese Elternfunktionen zu übernehmen, begründen sich in ihrer *eigenen emotionalen Bedürftigkeit* nach elterlicher Zuwendung. Sowohl der Vater als auch die Mutter übertragen auf die Tochter, auf den Sohn Bedürfnisse und Feindseligkeiten, die eigentlich ihren jeweiligen Müttern oder Vätern gelten (HIRSCH 1987, S. 126ff). Beide überfordern das Kind damit. Sie haben aber zugleich die Macht dazu. Es ist ein Mißbrauch der elterlichen Macht, ein Machtmißbrauch, der zugleich häufig im Gewand von Zuwendung und Zärtlichkeit erscheint.

Nach außen zeigen diese Familien meist keine besonderen Merkmale, weder in ihrer kulturellen, noch in ihrer Schicht- oder Religionszugehörigkeit (FINKELHOR 1986, Kap. 1; RUSSEL 1986, S. 59ff). Anders ist es mit der inneren Struktur der Mißbrauchsfamilie. Hier werden die Generationsschranken und die persönlichen und sexuellen Grenzen der Kinder und Jugendlichen massiv verletzt (LARSON 1983, S. 105; HIRSCH 1987, S. 140).

Grenzen gibt es statt dessen gegenüber der vermeintlich »feindlichen« Außenwelt. Die Mißbrauchsfamilie gleicht einer Festung, die ihren Bestand zu sichern sucht – durch eine hohe Loyalitätsverpflichtung und ein rigides Moralsystem. Der Inzest selbst ist ein

Teil dieser Sicherung und Erhaltung des Familiensystems (Justice und Justice 1979, S. 60; Sgroi 1982, S. 27; Hirsch 1987, S. 134). Es entwickelt sich eine »symbiotische Beziehungsstruktur«, in der »der einzelne glaubt, nur überleben zu können, wenn ein anderes Familienmitglied ebenfalls überlebt« (Larson 1983, S. 106). In diesem Sinne reduziert Inzest die Gefahr der Auflösung der Familie. Die Aufdeckung des Mißbrauchs kann deshalb unter Umständen zu schwerwiegenden Folgen bis hin zu Selbstmord oder psychotischer Dekompensation führen. Die Furcht vor der Aufdeckung des Geheimnisses besteht sowohl auf seiten des Täters als auch des Opfers, wenn auch aus unterschiedlichen Motiven.

Wenn wir den sexuellen Mißbrauch eines Kindes als Grenzüberschreitung charakterisieren, müssen wir uns vergegenwärtigen, daß es zur alltäglichen Erfahrung von Kindern in unserer Kultur gehört, daß Eltern und andere Erwachsene die Grenzen der Kinder verletzen. Das zeigt zwar, daß die Grenzen in der Interaktion zwischen Menschen nichts Festes sind, nichts, was nicht ständig in Frage gestellt werden dürfte. Sie sind gewissermaßen Gegenstand von Aushandlungsprozessen, was ein spielerisches Ausprobieren von Grenzen, also Grenzüberschreitungen, einschließt. Zwischen Kindern und Erwachsenen aber ist dies meist kein Spiel, kein spielerischer Aushandlungsprozeß zwischen gleichrangigen Partnern, sondern ein Durchsetzen der Macht, Überlegenheit, Stärke des Erwachsenen gegenüber dem Kind. Der Wille des Erwachsenen wird dem Kind nicht selten aufgezwungen.

Im sexuellen Mißbrauch überschreitet der Erwachsene aber darüber hinaus in einem grundlegenden Sinne die Grenze zwischen sich als Erwachsenem und dem mißbrauchten Kind als Kind. Er leugnet diese Differenz. Er sieht das Kind als Erwachsenen, oder sich selbst als Kind (Pädophile). Er leugnet, daß er seine Überlegenheit und Macht gegenüber dem Kind durchsetzt, er verleugnet den Mißbrauch, und er verleugnet den sexuellen Charakter des Mißbrauchs.

Verleugnung durch den mißbrauchenden Erwachsenen heißt Verleugnung der *Realität* des Mißbrauchs und Konstruktion einer irrealen Welt, in der das, was stattgefunden hat, kein Mißbrauch ist, sondern Ausdruck »väterlicher« Zuwendung, Zärtlichkeit, Sorge um die körperliche Entwicklung des Kindes, »Einführung des Kindes in die Welt der Zärtlichkeit und Sexualität« oder Befriedigung der »Neugierde des Kindes«. Diese Verleugnung ist der entscheidende Mechanismus, die Mauer, hinter der der Mißbrauch sich »ungestört« entwickeln kann. Sie schützt die irreale Welt des Mißbrauchers, seine »Realität«, die er statt dessen konstruiert – sowohl in bezug auf sein Verhalten zum Kind, als auch in Beziehung auf seine erwachsene Partnerin, zu sich selbst, zum System der Familie, zur Umwelt. Er sieht im Kind die Partnerin, die Geliebte oder die Mutter; in der Partnerin die Rivalin des Kindes, die eifersüchtig nicht versteht, daß das Kind ihn liebt, vor der er das Geheimnis der heimlichen Liebe verbergen muß, ebenso wie vor der Umwelt, die er als feindlich erlebt.

Im Prozeß der Grenzüberschreitung verschiebt sich zugleich die Grenze selbst. Es ist ein unmerklicher Prozeß, dem der mißbrauchende Erwachsene sich anvertraut. Die Wahrnehmung paßt sich dem neuen Grenzverlauf an. War die ursprüngliche Grenze der Liebkosung durch das Tabu der Berührung der Genitalien gesetzt, so wird im Prozeß des Mißbrauchs diese Grenze immer weiter verschoben, die Genitalien werden zunächst in die Berührung einbezogen. Die Qualität der Berührung selbst markiert nun die neue Grenze, an der erst halt zu machen ist, an der das Unerlaubte beginnt. Zunächst wird sie kurz und schüchtern sein, dann, wenn diese Grenzverschiebung assimiliert worden ist, liegt die neue Grenze beim massiven erregenden Streicheln, und so weiter. Es handelt sich um einen Prozeß mehr oder weniger kleiner Schritte, durch welche die Grenze jeweils immer wieder und immer weiter verschoben wird.

Die Grenzverschiebung ist nicht nur von einer Anpassung der Wahrnehmung an den jeweils neuen Grenzverlauf begleitet, durch die sie unsichtbar gemacht wird, sondern sie wird zugleich auch durch den Aufbau eines Systems von Rationalisierungen abgesichert. Diese Rationalisierungen nimmt der mißbrauchende Erwachsene aus den unterschiedlichsten Bereichen: (a) aus dem pädagogischen, indem er sich sagt, er zeige dem Kind etwas für seine Entwicklung Wichtiges, er führe es in die Sexualität ein; (b) aus dem Gesundheits- und Pflegeverhalten, indem er sich um die Reinlichkeit des Kindes und um seine körperliche Entwicklung kümmere; (c) aus dem Diskurs über »freie« Sexualität. Auf diese Weise deutet er den Mißbrauch um. Es ist ein ständiger, kontinuierlicher Prozeß der Uminterpretation des Mißbrauchsverhaltens im Sinne des Bildes, das der mißbrauchende Erwachsene von seinem Tun hat. Dieser Interpretations- und Umdeutungsprozeß ist eingebettet in den öffentlichen Diskurs der Medien und versorgt sich von dort mit seinen Rationalisierungen als seinen Argumenten.

Dieser öffentliche Diskurs stellt ja nicht nur Verbote auf, sondern fordert zugleich auch in mehr oder weniger offener Weise dazu auf, Verbote als altmodische zu überschreiten, auch außerhalb der im engeren Sinne pornographischen Unterhaltungsangebote, unter denen es unverblümte Darstellungen sexueller Handlungen Erwachsener mit Kindern gibt. Die Bilder, die diese öffentliche Darstellung von Sexualität vermittelt, gehen in die Wünsche der Betrachter ein, bestimmen die Handlungen der Betrachter, und sei es nur, daß sie die eigene Realität als unbefriedigend erscheinen lassen, daß sie das eigene Versagen spüren lassen. Ich behaupte damit keine Kausalwirkung zwischen der Rezeption des öffentlichen Diskurses über Sexualität und der privaten Praxis, sondern konstatiere dessen Rolle als Maßstab und Arsenal für Rationalisierungen dieser Praxis. Es handelt sich um eine Auswahl der Argumente, im Sinn der eigenen Wünsche und Bedürftigkeit.

Die Wünsche, die im sexuellen Mißbrauch befriedigt werden sollen, sind in ihrem Kern nicht nur, nicht einmal primär sexuelle Wünsche. Es ist zunächst und in erster Linie die Suche nach Zärtlichkeit, psychischer und körperlicher Nähe, nach Selbstbestätigung, Anerkennung und Macht (»narzistisches Defizit«, vgl. HIRSCH 1987, S. 50). Diese Wünsche werden im sexuellen Mißbrauch auf das Kind gerichtet und zugleich in ein (genital-)sexuelles Gewand gekleidet. Im Erleben dieser Menschen bilden Sexualität und Zuneigung eine Einheit. Sexualität ist für sie die einzige Möglichkeit, jemandem nahe zu sein, der Ausdruck von Zuneigung ist »sexualisiert« (JUSTICE UND JUSTICE 1979, S. 63, 78; MARQUIT 1983, S. 122ff; HIRSCH 1987, S. 111). Dabei wird gerade dieses »genital-sexuelle Gewand« deshalb benützt, weil es zum (Selbst-) Bild von Männlichkeit gehört, und weil gleichzeitig dieser Mann diesem Selbstbild nicht entsprechen kann oder nicht entsprechen zu können glaubt (FINKELHOR 1986, S. 108f; HIRSCH 1987, S. 113; 115). MARQUIT (1983, S. 124) spricht von einem »geringen Selbstwertgefühl« einer Persönlichkeit »voller Schamgefühle«, GROTH (1982, S. 229; 1986, S. 96) von einem Gefühl »mangelnder Selbstachtung«, »geringem Selbstvertrauen« und »tiefsitzendem Unsicherheitsempfinden«.

Sexueller Mißbrauch ist deshalb auf seiten des Mißbrauchers im Kern als der Versuch der kompensatorischen (Rück-)Gewinnung fehlender »Männlichkeit« zu verstehen. Der mißbrauchende Erwachsene phantasiert das Kind als Partnerin, die Partnerin selbst aber als Mutter, als strafende Instanz, als sich Verweigernde, Demütigende, sich selbst dagegen dem Kind gegenüber als groß, stark, väterlich, partnerschaftlich, frei und mächtig. Auf diese Weise verleugnet er seine eigene tatsächliche Schwäche, er verleugnet seine Bedürfnisse nach Nähe, Geborgenheit, Akzeptierung, nach »Klein-sein«, die er nur als Schwäche wahrnehmen kann und deshalb verleugnen muß. Diese verleugneten Wünsche können in der Mißbrauchsbeziehung zum Kind bis zu einem gewissen Grad befriedigt werden. Somit besteht ein ganzer Komplex von Gründen, das System des Mißbrauchs aufrechtzuerhalten.

Dabei taucht anscheinend ein Widerspruch auf. Wir sagen: Weil sein eigenes Erwachsensein verhindert ist, deshalb flüchtet er in die Zuwendung zum Kind. Aber es hatte ja einmal eine Beziehung zu einer erwachsenen Partnerin gegeben, zu der Frau, mit der er das Kind gezeugt hat. Hat sich daran etwas geändert? Und was? Oder war diese Beziehung eine, in der die Unreife des einen oder beider Partner (noch) nicht in Erscheinung getreten war, verhüllt im Schleier der Verliebtheit oder der sexuellen Begierde?

Mißbrauchende Erwachsene schildern in ihren sexuellen Beziehungen zum Kind Zärtlichkeiten, die sie bei ihrer Frau oder Partnerin nicht (mehr) erleben, ihr nicht (mehr) geben können. Wenn man den Statistiken glaubt, ist die Sexualität zwischen erwachsenen Partnern sehr reduziert, auf den Koitus beschränkt. Die Zärtlichkeit ist aus den meisten erwachsenen Beziehungen verschwunden – sicher aus dem Zusammenhang gegenseitiger Kränkungen, Demütigungen und Entfremdungen zu verstehen. Der mißbrauchende Erwachsene sucht sie deshalb beim Kind. Zugleich gilt *die* Sexualität, die er beim Kind sucht und praktiziert, großenteils als »pervers« oder »unmännlich« – in den Augen des Mannes oder der Frau, beide gestatten sich diese nicht (mehr), und der Mann kann sie von der Frau nicht erzwingen, wie er es vom Kind kann.

Sexualität ist etwas sehr Störanfälliges, von der Beziehung

zwischen den Partnern in hohem Maße abhängig, von Kränkungen, Enttäuschungen, Demütigungen, auch außerhalb dieser Beziehung. Trotzdem reichen diese Bedingungen nicht aus, damit ein Erwachsener sein Kind als sexuellen Ersatzpartner mißbraucht. Ein Erwachsener, der (s)ein Kind für die Befriedigung seiner eigenen (nicht nur) sexuellen Bedürfnisse mißbraucht, tut das in der Regel in der Hoffnung, damit eigene psychosexuelle Probleme zu bewältigen, deren Ursache in Demütigungserfahrungen in der Kindheit zu suchen sind, in Erfahrungen und Erlebnissen, durch die ihm die Ressourcen und die notwendigen Lernbedingungen für eine gelungene Persönlichkeitsbildung vorenthalten wurden. Der mißbrauchende Erwachsene wurde in seiner Kindheit daran gehindert, eine eigenständige Entwicklung zu haben. Er hindert nun sein Kind an dessen eigenständiger Entwicklung. Dies ist durchaus im Sinn eines Zwangs zur Wiederholung, eines Wiederholungszwangs zu deuten.

Dabei wird die Hypothese einer »Familientradition des Inzest« (MARQUIT 1983, S. 123; GLÖER-SCHMIEDESKAMP UND BÖHLER 1990, S. 7f) von neueren Untersuchungen in Frage gestellt (s. KAUFMAN UND ZIGLER 1987, S. 190; s. FINKELHOR 1986, S. 121). Vielmehr scheint eine »von Verlassenheits- und Deprivationserlebnissen geprägte Kindheit« und eine »emotional gestörte elterliche Familie« ausschlaggebend zu sein (HIRSCH 1987, S. 110). Es gibt einen Zusammenhang zwischen der »Wahrnehmung elterlicher Mißhandlung« in der Kindheit und einer später erhöhten Anfälligkeit für inzestuöses Verhalten (PARKER UND PARKER 1986, S. 534, 538; TREPPER UND BARRETT 1989, S. 118f). Die »emotional gestörte elterliche Familie« bedeutet für die Kinder einen extremen Mangel an Liebe und Zuneigung, frühe Zurückweisung (HIRSCH) oder häufiges Schwanken zwischen Zuwendung und Feindseligkeit (MENTZOS 1984, S. 93). Diese Familie ist nicht in der Lage, die für die Entwicklung des Selbstsystems wichtigen »narzißtischen Bedürfnisse« des Kindes zu befriedigen. Die »narzißtischen Defizite« der Eltern werden in egoistischer, narzißtischer Weise auf die eigenen Kinder gerichtet (HIRSCH 1987, S. 50ff).

Allgemein kann gesagt werden, daß eine versagende, das Selbstwertgefühl zerstörende Sozialisation zugrundeliegt, die dem mißbrauchenden Erwachsenen nicht erlaubt hat zu lernen, seine Bedürfnisse gegenüber Gleichaltrigen zu akzeptieren und um ihre

Befriedigung zu kämpfen. Er mußte sich klein machen, seine Befriedigungen hinter dem Rücken der anderen suchen und gewöhnte sich daran, seine Befriedigungen gegen die Normen und unter Flucht vor Öffentlichkeit zu holen und ein Leben im Verbotenen zu führen.

Daher begründet sich das Geheimnis, mit dem der Erwachsene seinen Mißbrauch umhüllt und in das der Täter sein Opfer einbindet. Dies Geheimnis nimmt eine entscheidende Stelle im Mißbrauchsgeschehen, in seiner Aufrechterhaltung und in der Abschirmung von der Umwelt ein. Es hat aber zugleich einen entscheidenden Platz in der Psychodynamik von Täter *und* Opfer. Es hat den Charakter eines Paktes, der Gegenseitigkeit, sowohl nach innen, als auch nach außen. Es besteht im Kern aus Vereinbarungen, die dem Kind zwar aufgezwungen aber gleichwohl von beiden Seiten eingehalten werden (müssen). Seine Funktion der Angstreduzierung erfüllt das Geheimnis auch für das Opfer. Die Folgen der Aufdeckung wären entsetzliche: die Mutter wäre traurig und böse, sie würde den Vater und vielleicht das Kind verstoßen, der Vater würde ins Gefängnis kommen, die Familie würde in Schande versinken und zerstört. Dies sagt dem Kind nicht nur der Mißbraucher, das sagt es sich zugleich auch selbst.

Das Kind wird deshalb auch mit an der Fassade bauen, die den Mißbrauch nach außen abschirmt, am Regelsystem, das der inneren und nach außen gerichteten Legalisierung dient, mit dem eine irreale »Realität« geschaffen wird. Auch hier haben wir die Prozesse der Umdeutung, der Wahrnehmungsverschiebung, die wir beim Mißbraucher bereits kennengelernt hatten. Es sind psychologische Anpassungsprozesse an eine falsche Realität, an die Realität »des Unerlaubten«.

Sich selbst sieht der mißbrauchende Erwachsene sehr häufig als denjenigen, der sein Kind wirklich liebt, den einzigen, der es versteht, als den »guten Vater«. Er *verleugnet* die Tatsache des Mißbrauchs durch Geheimhaltung, durch Rituale (»Haare waschen«, »Zimmer aufräumen«), durch Rationalisierungen (»Aufklärung«, Untersuchung des Entwicklungs- und des Gesundheitszustandes des Kindes, »natürliche« Zärtlichkeit), er *rationalisiert* ihn (als väterliche Fürsorge, Aufklärung), er *verkehrt ihn ins Gegenteil* (als Liebe, Zärtlichkeit), er schiebt die *Schuld* und *Verantwortung* auf das verführerische Kind, auf die abweisende Frau, die schuld sei, daß er sich anderweitig eine Ableitung seines »männlichen Sexualtriebs« habe verschaffen müssen, oder auf die eigene Mutter, die ihn vernachlässigt habe.

Diese Strategien dienen der Abwehr der Realität des sexuellen Mißbrauchs. Sie haben zugleich die Funktion, das Selbstbild des liebenden Vaters aufrechtzuerhalten, Ängste und Schuldgefühle fernzuhalten (MENTZOS 1984, S. 60; MARQUIT 1983, S. 128). TREPPER UND BARRETT (1991, S. 146f) unterscheiden zwischen – unbewußtem – »psychologischem Leugnen« und – bewußtem – »sozialem Leugnen«. Allerdings sind die Übergänge fließend. »Das Leugnen einer bewußten Tatsache geht über in das Verleugnen, wenn jemand diese Tatsache nicht mehr wahrhaben kann oder ihre Bedeutung negiert, obwohl die Tatsache präsent ist« (HIRSCH 1987, S. 114). Neben dem Leugnen der Tatsache spielt bei sexuellem Mißbrauch das »Leugnen der Verantwortung« eine zentrale Rolle (TREPPER UND BARRETT 1991, S. 152).

Diese Verleugnung geht nach der Aufdeckung des Mißbrauchs weiter: Schuldige sind in den Augen des mißbrauchenden Erwachsenen jetzt zusätzlich diejenigen, die den Mißbrauch aufgedeckt haben, denn *sie* haben ihm sein Kind genommen. Es bedarf auf seiten der Helfer großer Anstrengung, Geduld, aber auch Konsequenz in der Bearbeitung dieser Verleugnungen und Widerstände.

Das Gefängnis der Verleugnung zu öffnen, die Verleugnung aufzulösen ist aber sowohl die Voraussetzung als auch erstes Ziel jeder therapeutischen Arbeit mit dem mißbrauchenden Erwachsenen. Nur wenn dies gelingt, kann der Mißbrauchende das Angebot eines anderen Realitätssystems – der Realität des Mißbrauchs und seiner psychischen Funktion einerseits, der Realität eines Systems von Hilfen und Hilfspersonen, die ihn auf seinem Weg in ein Leben ohne Mißbrauch begleiten andererseits – annehmen, das die Therapie ihm bietet. Dieses Aufgeben der Verleugnung ist kein einmaliger Akt, die Arbeit an der Verleugnung ist vielmehr die Aufgabe, der Gegenstand der gesamten Therapie.

Verleugnung ruft beim anderen Ärger, Wut hervor – auch beim Therapeuten. Würde der Therapeut seinen Ärger dem Klienten zurückgeben, würde er das Bild des Mißbrauchers von der feindseligen Umwelt bestätigen und ihm so die Möglichkeit verbauen, sich mit seinem Mißbrauch auseinanderzusetzen. Die Verärgerung des Therapeuten ist aber nicht nur Reaktion auf die Verleugnung des Klienten, Ausdruck der Enttäuschung über den Mißerfolg seiner Bemühungen. Sie ist zugleich auch Enttäuschung über den Mißbrauch seines Vertrauens. Der Therapeut findet sich von seinem Klienten in eine Mißbrauchsbeziehung verstrickt.

Auch in der Therapie versucht der mißbrauchende Erwachsene, eine Mißbrauchsbeziehung zum Therapeuten herzustellen. Er gestaltet jede seiner Beziehungen nach diesem Muster. Wir können im Sinne MENTZOS' von einen »psychosozialen Abwehrmechanismus« sprechen: Es werden unbewußt zwischenmenschliche Konstellationen hergestellt, welche die intrapsychische Veränderung bestätigen, rechtfertigen und real erscheinen lassen. Der Abwehrvorgang erfährt durch die »Verankerung in der Realität« eine sekundäre Bestätigung (MENTZOS 1984, S. 256ff; MENTZOS 1976).

Wir erleben dadurch als Therapeuten, wie der mißbrauchende Erwachsene mit seinem Kind, seiner Partnerin umgeht. Aber wir erleben auch, wie er mit sich selbst umgeht. Er reinszeniert die Mißbrauchsbeziehung, nicht nur die zum Kind und nicht nur in der Gegenwart, sondern zugleich auch die seiner Kindheit, er reinszeniert seinen eigenen Mißbrauch.

Diese Reinszenierung sollte Gegenstand der Bearbeitung in der Therapie sein. Dafür bedarf es aber bestimmter Vorkehrungen. Bevor die Therapie mit einem Erwachsenen beginnen kann, der sein Kind sexuell mißbraucht hat, müssen erst Bedingungen hergestellt werden, die therapeutische Arbeit lege artis überhaupt erst ermöglichen, die dem Therapeuten die Aufgabe gar nicht erst aufbürden, kontrollieren zu müssen, ob sein Klient sein Kind trotz gegenteiliger Versicherung weiter mißbraucht.

## Bedingungen der Therapie mißbrauchender Männer

Die entscheidende und unumgängliche Bedingung der Therapie von Erwachsenen, die ihre Kinder sexuell mißbraucht haben, ist die Trennung des mißbrauchenden Erwachsenen vom mißbrauchten Kind. Allein dadurch wird der Mißbrauch beendet, oder sagen wir besser unterbrochen. Allein dadurch ist es möglich, daß die Therapie sich auf die Bearbeitung des Mißbrauchs konzentrieren kann; das gilt sowohl für das mißbrauchte Kind als auch für den mißbrauchenden Erwachsenen. Die (noch) nötige Kontrolle der Einhaltung der Trennung muß der Therapeut ebenfalls abgeben, um therapeutisch arbeiten zu können, er muß sie delegieren an die dafür zuständigen Instanzen der Familienfürsorge – und der Klient muß davon wissen.

Die Voraussetzung für die Trennung ist allerdings, daß der sexuelle Mißbrauch nicht nur als Verdacht im Raume steht, sondern tatsächlich erwiesen ist. Erst unter dieser Voraussetzung ist eine Trennung überhaupt nur durchführbar. Den Verdacht zu erweisen, kann in keinem Fall die Aufgabe einer Therapie des Mißbrauchers sein, ebensowenig wie Beendigung des Mißbrauchs und Kontrolle. Der Therapeut würde sonst in die Rolle des Kriminalisten schlüpfen, für die er nicht ausgebildet ist, auch wäre diese Rolle mit der des Therapeuten ebensowenig vereinbar wie die des Kontrolleurs.

Der Verdacht ist nur durch das mißbrauchte Kind selbst zu erhärten, und zwar durch einen behutsamen Prozeß der »Aufdeckung«, des Gesprächs mit einer Erwachsenen seines Vertrauens. Dieser Prozeß der behutsamen Aufdeckung ist für das Kind bereits ein therapeutischer. Es erhält dort die Erlaubnis und kann sich im weiteren Verlauf die Erlaubnis geben, sein Schweigegebot zu brechen, sich von dem auf ihm lastenden »Geheimnis« zu befreien. Selbstredend kann diese Person, der das Kind sein Geheimnis anvertraut, nicht die Therapeutin des Mißbrauchers sein.

Der Verdacht muß geklärt sein, nicht nur um die Trennung durchführen zu können, die Vorbedingung für die Therapie des mißbrauchenden Erwachsenen ist. Die Gewißheit, daß der Mißbrauch stattgefunden hat, und zwar in welcher Form, über welchen Zeitraum und durch wen, ist zugleich in einem unmittelbaren Sinne Voraussetzung der Therapie des Mißbrauchers. Es kann in der Therapie mit dem Mißbraucher nicht geklärt werden, ob der Mißbrauch stattgefunden hat und wie, sondern es kann dort nur der Mißbrauch selbst bearbeitet werden. Es kann nur das »Warum« bearbeitet werden: Welche Rolle spielte der Mißbrauch im psychischen Haushalt des Mißbrauchers, weshalb, wofür »brauchte« er ihn, was suchte er damit, was hat ihn auf diesen Irrweg gebracht, welche Demütigungen, Sehnsüchte, Gefühle, Ängste in der Mißbrauchsbeziehung selbst, in der Gegenwart und in seiner Biographie, was wiederholte er, reinszenierte er, mit welchem Ziel?

Zwischen Therapeut und Klient muß klar abgesprochen sein, worum es in der Therapie gehen soll. Das Geheimnis des Mißbrauchs muß bereits zuvor enthüllt und damit seiner Wirksamkeit beraubt worden sein. Der Mißbrauch muß auf die Ebene des Tatsächlichen gehoben worden sein, seiner Irrealisierung durch die Verleugnung entkleidet, »seine Realität hergestellt« worden sein (Fürniss).

Die Enthüllung des Geheimnisses muß auf der Ebene und in dem Rahmen erfolgen, auf der und in dem es angesiedelt war: im Rahmen der Familie. Das *Familiengeheimnis* muß im Kreis der Familie, auf der Ebene der Familienbeziehungen *veröffentlicht* werden. Die Veröffentlichung wird nicht durch den mißbrauchenden Erwachsenen selbst erfolgen, dies muß deshalb durch eine andere Person geschehen, und zwar durch die Vertreterin des Kindes, entweder seine Vertrauensperson, der das Kind die Tatsache des Mißbrauchs anvertraut hat, oder die Vertreterin der Familienfürsorge. Der Mißbraucher wird mit der Veröffentlichung des Geheimnisses konfrontiert, der Mißbrauch wird in seiner Anwesenheit offengelegt.

Das Konzept der Konfrontation des mißbrauchenden Erwachsenen mit seinem Mißbrauch, das diesem Vorgehen zugrundeliegt, rechnet zugleich mit dem Zusammenbruch des Sicherungs- und Verleugnungssystems, mit dem der mißbrauchende Erwachsene den sexuellen Mißbrauch nicht nur vor den Augen der Öffentlichkeit verborgen hat, sondern vor sich selbst verleugnete und weiter verleugnet. Nur wenn dieser Zusammenbruch des Sicherungs- und Verleugnungssystems gelinge, könne – so die zugrundeliegende Annahme – der Mißbrauchende das Angebot eines anderen Stützsystems annehmen, das die Therapie ihm bietet.

Das klappt nicht immer und oft nicht tiefgreifend – trotz sorgfältiger und umsichtiger Vorbereitung. In unserer Beratungsstelle haben wir die Praxis durchgesetzt, daß wir nur dann mit der Therapie des Mißbrauchers beginnen, wenn er zumindest einen Teil des Vorwurfs bestätigt und dafür die Verantwortung übernimmt. Es ist allerdings auch zu fragen, ob diese Bedingung erfüllt sein muß, damit eine Therapie eine Aussicht auf Erfolg haben kann. Vielleicht genügt es, um mit der therapeutischen Arbeit zu beginnen, daß das Geheimnis veröffentlicht wurde und daß auch der Therapeut dieses kennt und zwischen beiden dieses Wissen vorhanden ist, als gemeinsame Grundlage der Therapie. Was auf jeden Fall in der Konfrontation des Mißbrauchers noch vor der Therapie geleistet werden muß, sind die Festlegung der Vereinbarungen über Trennung und Therapie, sowie die Modalitäten der Kontrolle dieser Vereinbarungen durch die Institution der Familienfürsorge und ihrer möglichen Veränderungen im Verlauf der Therapie.

Therapie bei sexuellem Mißbrauch kann nicht auf die Behandlung des mißbrauchenden Erwachsenen beschränkt bleiben, sondern muß *alle* Mitglieder der betroffenen Familie einbeziehen. *Alle* Mitglieder dieser Familie sind auf unterschiedliche Weise in den Mißbrauch verstrickt. Therapie bei innerfamiliärem sexuellen Mißbrauch ist Bearbeitung der Beziehungen.

Das Kind möchte, daß der Mißbrauch aufhört, aber es möchte häufig zugleich den Vater (Bruder, Großvater, Stiefvater) nicht verlieren, möchte den Vater als guten Vater erleben, möchte ihn also nach der Trennung früher oder später vielleicht wiedersehen, möchte wissen, was er nun sagt, ob er die Verantwortung für den Mißbrauch übernimmt oder ob er dem Kind die Schuld zuschiebt, ob von ihm nun noch weiter eine Gefahr ausgeht, oder ob es ihm wieder vertrauen kann.

Es kann deshalb nicht bei der absoluten Trennung, der »Kontaktsperre« bleiben. Die *emotionale* Beziehung zwischen dem Kind und dem Erwachsenen ist durch diese Trennung nicht ausgelöscht, sondern hat einen anderen Rahmen bekommen – und damit möglicherweise eine andere Bedeutung.

Es müssen also *kontrollierte* Kontakte eingeplant und vorbereitet werden. Entscheidend ist allerdings der Wunsch des Kindes nach dieser Begegnung und seine Stärke, diese zu verarbeiten. Es ist für das Kind unerläßlich, von seiner Therapeutin auf die Wiederbegegnung mit dem Vater sorgfältig vorbereitet zu werden. Ebenso sorgfältig muß der Vater auf diese Wiederbegegnung vorbereitet werden. Unter der Voraussetzung, daß die Begegnung von seiten des Kindes aus möglich ist, hängt die Entscheidung nun zusätzlich davon ab, ob und wieweit der mißbrauchende Erwachsene die Verantwortung für seinen Mißbrauch übernommen hat, wie er sich auf diese Begegnung einstellen wird, ob er dem Kind begegnen kann ohne implizite, geheime Schuldvorwürfe, ohne – versteckte – Drohungen, ohne Ressentiment, ohne die erneute Gefährdung des Kindes. Und schließlich: wieweit kann die Mutter das Kind schützen? Die Mutter neigt dazu, in ihren Kontakten mit dem Kind zum Stellvertreter der Wünsche und Vorwürfe des Vaters zu werden. Es ist deshalb nötig, die Mutter therapeutisch darin zu unterstützen, daß sie die Verantwortung für den Schutz des Kindes übernehmen kann.

Die in dieser Weise gründlich therapeutisch vorbereiteten und kontrollierten Kontaktaufnahmen sind Felder der Überprüfung des erreichten Therapiefortschritts, in denen die einzelnen Familienmitglieder sich selber erproben können, ihren Stand ihrer bisher erreichten Autonomie. Und sie sind zugleich Parameter für die Therapie selbst. Die Phantasien, mit denen die einzelnen in diese Erprobungssituationen hineingehen, die Erfahrungen, die sie dann gemacht haben, sind Gegenstand der weiteren therapeutischen Arbeit.

Damit die einzelnen Familienmitglieder ihre Beziehungen therapeutisch bearbeiten können, bedarf es eines Kreises von neuen Bezugspersonen, die die einzelnen Familienmitglieder auf dem Weg aus dem Mißbrauch, aus der Mißbrauchsbeziehung begleiten. Diese Aufgabe übernehmen die Therapeutinnen der einzelnen Familienmitglieder und die übrigen Helfer der Familie auf zwei Ebenen: zum einen in der individuellen Arbeit mit den einzelnen Familienmitgliedern; zum zweiten im Austausch aller Helfer über die Therapiefortschritte der einzelnen in regelmäßigen Helferkonferenzen. Dieser Austausch führt die Familie auf der symbolischen Ebene zusammen. Dieser Kreis weiß vom Mißbrauch, in ihm gibt es das Geheimnis des Mißbrauchs nicht. Die Familienmitglieder wissen von diesem Kreis und dem dort stattfindenden Austausch über die Therapiefortschritte der Familienmitglieder. Dort wird auch über die Wünsche der Familienmitglieder entschieden. Dieser Kreis stellt zugleich die Öffentlichkeit der »Zeugen« für die Vereinbarung und die Überwachung ihrer Einhaltung dar, der Kontrolle, die die Familie nicht selbst übernehmen konnte und kann. Dadurch erhalten die Beziehungen durch die Vereinbarungen ein »künstliches« Stützgerüst, das zugleich ihre Veränderung ermöglichen soll. Dieses Stützgerüst kann im Lauf der Therapie in dem Maße zurückgenommen werden, in dem die einzelnen Familienmitglieder gelernt haben, sich aus ihren Fesseln von Verleugnung, Abwehr und Wiederholungszwang zu lösen und selbstbestimmtes Verhalten an deren Stelle zu setzen.

Die Perspektive dieser Therapie ist keineswegs, die Familie so, wie sie war, wieder zusammenzufügen; therapeutisches Ziel ist vielmehr die Autonomie der einzelnen, was durchaus die Perspektive der Trennung als Möglichkeit miteinschließt. Diese Therapie ist keine Familientherapie im strengen Sinne, denn die Familie ist therapeutisch nur auf der symbolischen Ebene des Austauschs der Therapeuten und Helfer repräsentiert. Man könnte sie als »familien-, das heißt beziehungsorientiert« bezeichnen. Die Therapeuten und übrigen Helfer der Familie übernehmen zugleich die Aufgabe von stützenden Bezugspersonen; es findet ein ständiger Wechsel der Ebenen zwischen therapeutischer Bearbeitung und alltagspraktischer Überprüfung statt.

## Regeln, Vereinbarungen und unmittelbare Ziele der Therapie von mißbrauchenden Erwachsenen

Ich habe den Bedingungen und Voraussetzungen der Therapie so breiten Raum eingeräumt, weil ich diesen große Bedeutung für die therapeutische Arbeit mit mißbrauchenden Erwachsenen beimesse. Die therapeutische Arbeit im eigentlichen Sinne bedarf keiner besonderen Überlegungen, wenn diese genannten Bedingungen bedacht und eingehalten sind. Damit will ich nicht sagen, daß sie unproblematisch wäre – ich komme noch darauf zu sprechen –, aber wir befreien uns von einem großen Teil der entstehenden Probleme, wenn wir die von mir genannten Bedingungen beachten.

Ich kann mich deshalb in der Darstellung der therapeutischen Arbeit selbst kurz fassen. Die Therapie mit dem mißbrauchenden Erwachsenen, die wir in unserer Beratungsstelle anbieten, ist eine »fokussierende«, auf den Mißbrauch thematisch konzentrierte Therapie, die zentral im Gruppensetting erfolgt (vgl. Bruder und Richter-Unger 1990; Richter-Unger und Bruder 1993).

Die Gruppen umfassen bis zu sechs Teilnehmer. Die Sitzungen finden wöchentlich in Blöcken zu jeweils zehn statt. Am Anfang werden mit den Teilnehmern feste Verabredungen getroffen: über die verbindliche Teilnahme, über den inhaltlichen Rahmen der Sitzungen und über die Vertraulichkeit über das dort Mitgeteilte. Ebenso wird jeder Teilnehmer zu Beginn aufgefordert, sich in der

Weise vorzustellen, daß er berichtet, wie und in welcher Form er ein oder mehrere Kinder, eigene oder fremde, mißbraucht hat und an welchem Punkt der Auseinandersetzung mit seinem Mißbrauch er sich augenblicklich befindet. Diese Vorstellung macht nicht nur dem einzelnen klar, wo er im Prozeß seiner Bearbeitung des sexuellen Mißbrauchs steht, sondern zeigt dies damit zugleich auch den anderen und ermöglicht so jedem einzelnen, die nächsten Schritte zu formulieren, die er sich vornehmen will.

Am Ende eines solchen Blocks stellt jeder einzelne fest, welche Lern- und Therapieziele entsprechend den gemachten Vereinbarungen er erreicht oder welche er nicht erreicht hat, was ihn behindert, was ihn gefördert hat, welche Muster von Mißbrauchsbeziehung er in der Gruppe gezeigt hat, der Gruppe angeboten hat. Es ist eine gemeinsame kritische Bestandsaufnahme. Erst jetzt ist es wieder möglich, daß neue Gruppenmitglieder aufgenommen werden – soweit entsprechende Plätze frei sind –, mit denen dann wiederum für den nächsten Block von zehn Sitzungen eine neue Gruppenvereinbarung getroffen wird. Insgesamt gehen wir davon aus, daß die Teilnahme an einer Therapiegruppe einen Mindestzeitraum von zwei bis drei Jahren umfassen sollte, um Aussicht auf Erfolg zu haben.

Die therapeutische Gruppenarbeit ist themenzentriert, das Thema des sexuellen Mißbrauchs steht im Mittelpunkt. Die Fragen, die sich die Männer mit Hilfe der Therapeuten stellen, sind die nach der je konkreten Form des Mißbrauchs, nach dem, was der einzelne mit dem Mißbrauch wollte, welche Wünsche, Phantasien, Bedürfnisse er auf diesem fatalen Irrweg befriedigen wollte, welche Verführungen er dabei für sich hergestellt hat, mit welchen Beschönigungen und Verleugnungen er die Tatsache des Mißbrauchs vor sich bestritten hat. Es ist die Annäherung an die geleugnete Realität des Mißbrauchs, an den Mißbrauchscharakter der Beziehungen, die er aufnimmt, zu seinem Kind, zu seiner Frau, zu sich selbst; die Annäherung an die geleugneten Demütigungen, Beschämungen, Zurückweisungen in der Beziehung zu seiner Partnerin, zu Kollegen; die Annäherung an seine Phantasien über Sexualität, über das andere Geschlecht und über das eigene; die Annäherung an die eigene Kindheit, an die als Kind erlebten Kränkungen und Demütigungen, an Ohnmacht, Unterlegenheit, an seine Beziehung zu Vater und Mutter, zu Geschwistern, an die Verletzung seiner Grenzen durch die Erwachsenen, gegebenenfalls an Mißbrauchserfahrungen in der Herkunftsfamilie. Bearbeitet werden diese Themen mit dem Material, das die Männer einbringen, und zwar in einer Weise, daß jeder der Männer seine ganz eigenen Gefühle zu den jeweiligen Themen zulassen und sich auf sie einlassen kann.

Die *unmittelbaren* Ziele dieser Bearbeitung sind zum einen die Verhinderung jeglichen weiteren Mißbrauchs, zum zweiten die Übernahme der vollen Verantwortung für den stattgefundenen Mißbrauch. Diese beiden Ziele waren bereits die Ausgangsbedingungen, die Voraussetzungen für die Teilnahme an der Therapiegruppe. Sowohl die Beendigung des sexuellen Mißbrauchs als auch die Bereitschaft, die Verantwortung für den ausgeübten Mißbrauch zu übernehmen, müssen am Anfang stehen. Aber dies ist kein einmaliger Vorgang, sondern muß immer wieder bestätigt werden, um allmählich immer sicherer vom Erwachsenen selbst übernommen zu werden. Am Anfang wurde der Mißbrauch meist durch einen Eingriff von außen unterbunden. Im Verlauf der Therapie sollte der Mann fähig und bereit werden, diese Aufgabe zu seiner eigenen zu machen, die Kontrolle über sich selbst in die Hand zu nehmen. Ebenso war am Anfang die Übernahme der Verantwortung sehr eingeschränkt. Es war lediglich das Eingeständnis, daß er das getan habe, was ihm vorgeworfen wurde. Es war aber noch nicht Verantwortung in dem Sinn, daß er und nur er allein und nicht »auch« das Kind, oder die Partnerin, oder der Streß an der Arbeitsstelle oder der Alkohol »mit«-verantwortlich seien, ihn dazu »verführt« hätten.


## Die Scham des mißbrauchenden Erwachsenen, therapeutische Haltung und Ziel der Therapie

Die Therapie, die unsere Beratungsstelle für Männer anbietet, die Kinder sexuell mißbraucht haben, konzentriert sich auf die Aufarbeitung des Mißbrauchs – ich habe sie beschrieben. Innerhalb dieser Themenzentrierung ist der therapeutische Prozeß gefördert und in Gang gebracht durch die therapeutische Haltung. Diese besteht in ihrem Kern in einer Art von Zuwendung zum Klienten, die der, wie dieser sie im Alltag gewöhnt ist und wie er sie selber übt, vollkommen entgegengesetzt ist. Sie basiert auf einer Bereitschaft, den Erwachsenen, der sein Kind mißbraucht hat, als Leidenden anzunehmen, die ihm erst die Möglichkeit gibt, sich seinem Leiden zuzuwenden, anders zuzuwenden als in Form der Abwehr, der Verleugnung, der Kompensation, sich als einen Menschen zu sehen, der andere Möglichkeiten in sich hat, wären sie nicht verschüttet, als andere zu quälen, der andere Wünsche hat, als andere leiden zu lassen, dessen Sehnsüchte nicht mit dem sexuellen Mißbrauch seines Kindes zu erfüllen sind.

Diese Sehnsüchte sind vergraben unter dem Schutt der Demütigungen, Niederlagen, Kränkungen und Enttäuschungen, die er sein Leben lang erfahren mußte. Therapie besteht darin, diese Halde vorsichtig abzutragen. Was dabei zum Vorschein kommt, ist der kleine Junge, der sich damals nicht wehren konnte, der Abgelehnte, der dadurch glaubte überleben zu können, daß er nur nach außen so war, wie er behandelt wurde, im Inneren aber der zu sein versuchte, den er akzeptieren konnte. Mit der Zeit kroch aber der Zweifel auch in sein Inneres, wurde es innen immer mehr so, wie es außen war. Er mußte immer wieder schlucken, daß er doch der Getretene war, der nicht zurücktreten konnte, der Feigling, der sich heimlich befriedigte ...

Gegen diese Entdeckung wehrt sich der Erwachsene. Er schämt sich, daß er sich nicht gewehrt hat, er fühlt sich erneut erniedrigt, klein gemacht. Der mißbrauchende Erwachsene schämt sich nicht nur seines Mißbrauchs, nicht nur seiner Phantasien, sondern auch seiner Demütigung. Die Scham des Mißbrauchers stellt einen kritischen Punkt der Therapie dar. Sie erfordert größte Behutsamkeit seitens des Therapeuten. Einerseits zeigt der Mißbraucher in der Scham seine Betroffenheit. Die Mauer der Verleugnung bekommt einen Riß. Auf der anderen Seite richtet die Scham-Reaktion eine neue Mauer des Widerstands gegen den Therapeuten und die Therapie auf. WURMSER (1990 [1991], S. 17) sieht in der Scham eine antreibende Kraft für Widerstand, Unterdrückung, Verleugnung, Projektion. Man könnte sie als den eigentlichen Widerstand, der sich der Therapie entgegenstellt, kennzeichnen.

Zugleich stellt die Scham eine Verführung für den Therapeuten dar, weiter in den Klienten einzudringen, in der Annahme, in der Scham zeigten sich dessen Gefühle der Betroffenheit über das, was er dem Kind angetan hat, indem er es mißbrauchte, die Scham sei die der Tat, ihrer Abscheulichkeit, angemessene Reaktion und insofern die therapeutisch zu fördernde Antwort. Scham ist aber die Reaktion, die Verantwortung gerade verhindert. Scham ist die Reaktion des ertappten kleinen Jungen, der um Gnade fleht. Das »Ziel« der Scham ist der Wunsch, sich zu verbergen, zu fliehen, in den Boden zu versinken, damit aber auch: die Realität zu verschleiern (Wurmser, S. 54).

Das Objekt der Scham muß aber nicht immer eine Person sein, sondern kann auch die Repräsentanz einer solchen sein, das durch eigene Mißbilligung beschämte Über-Ich. Die Scham entspricht einem Konflikt zwischen Über-Ich und Ich, einer Spannung zwischen dem, was man sein will (Ich-Ideal) und dem, was man zu sein wahrnimmt (Ich), einer Diskrepanz zwischen Erwartung und Fehler, die sich in der Situation des – plötzlichen – Entdecktwerdens zeigt, die Person überflutend (Wurmser, S. 42, 44, 52). In der Scham-Angst sieht Wurmser deshalb zugleich auch die Reaktion auf ein überwältigendes Trauma von Hilflosigkeit, oder ein Signal, ausgelöst durch Zurückweisung. Scham-Angst sei selbsterhaltend. Scham bewache die Grenze von Privatheit und Intimität, behüte ein integrales Bild des Selbst (Wurmser, S. 49, 54, 67). Wir haben das Thema der Grenzverletzung als zentrales im sexuellen Mißbrauch kennengelernt. Es ist deshalb in der Therapie von Mißbrauchern gerade zu vermeiden, die Grenzen des Klienten, des Mißbrauchers, zu verletzen. Das Bild des Selbst, das sie zu bewahren versucht, ist zwar ein falsches, aber nicht durch Verletzung der schützenden Grenze zu verändern, sondern nur durch deren Respektierung.

Das Auftreten der Scham in der Therapie ist nicht zu vermeiden, sie kann in jeder therapeutischen Sitzung auftreten. Es ist eine starke Gefühlsreaktion, in der dem Individuum seine volle Betroffenheit ins Gesicht steigt. Die Scham ist zu »bearbeiten« – aber wie? Eine Voraussetzung der Scham-Reaktion war – in der Situation des Entdecktwerdens – die Sprachlosigkeit. Diese Sprachlosigkeit kennzeichnet den sexuellen Mißbrauch selbst. Der Mißbrauch findet ohne Worte statt, haben wir gesehen. Das Kind wird zum Schweigen darüber gezwungen. Der Ausschluß der sprachlichen Verständigung, der Ausschluß der Sprache, liegt im Machtverhältnis des mißbrauchenden Vaters über sein Kind.

Therapie ist die Aufhebung des Schweigegebots. Das gilt für den Mißbraucher ebenso wie für das Opfer des sexuellen Miß-

190

brauchs. Für den Mißbraucher erscheint dies zunächst und lange noch als Zwang, als Forderung. Er muß *sein* Schweigen aufgeben. Durch die »Konfrontation« wurde er gezwungen, sein Schweigen aufzugeben, das Schweigen des Täters. In der Therapie geht es nicht mehr nur um dieses Schweigen. Es geht jetzt auch und in allererster Linie um das *ihm* abverlangte, auch von *ihm* erzwungene Schweigen: durch die Scham. Der Weg von der Scham zur Übernahme der Schuld, der Weg der Therapie des Mißbrauchers, geht über die »Entmächtigung seines Überichs« (CREMERIUS 1977). Oder anders ausgedrückt: darüber, daß der Therapeut auch ihn als Opfer wahrnimmt. Zunächst als Opfer: seines eigenen Verhaltens, seiner eigenen Irrwege, mit denen er anderen schadet. Und das bedeutet immer nach den Gründen dafür zu fragen, nach seinen Erfahrungen, seiner Geschichte. Das ist vielleicht schwer nachzuvollziehen, er selbst macht es uns schwer. Denn er will auf jeden Fall vermeiden, daß wir in ihm einen sehen, der sich zugleich selbst damit erniedrigt, indem er seine Kinder mißbraucht. In der Schamreaktion versucht er sich vor weiterer Demütigung, Zurückweisung und Schwäche zu schützen. Zugleich ist die Scham-Angst die Furcht vor einem plötzlichen Bruch des Vertrauens (WURMSER, S. 42, 52).

Der Zwang zum Schweigen wurde dem mißbrauchenden Erwachsenen in seiner Kindheit auferlegt. So wie er als Kind gezwungen wurde, zwingt er sein eigenes Kind. Ebenso, wie er seinem Kind die Verantwortung für seinen Mißbrauch aufbürdet, wurde ihm in seiner Kindheit von seinen Eltern Verantwortung für das aufgezwungen, was sie ihm angetan hatten. Und das Kind übernimmt diese Verantwortung als Teil seines Selbst, seines Über-Ich. In seiner Kindheit wurde sein Selbstbewußtsein zerstört. Das Über-Ich arbeitet weiter an dieser Zerstörung. WURMSER kann den Therapeuten nicht deutlich genug davor warnen, dessen Funktion zu übernehmen.

Die Vorstellung, daß der mißbrauchende Erwachsene seinen »Trieb« nicht kontrollieren könne, das Modell der Kontrolle als Triebkontrolle gerät bei sexuellem Mißbrauch an seine Grenzen. Der Trieb, den der Mißbraucher nicht kontrolliert, ist nicht der genitale Sexualtrieb, sondern das ungestillte Verlangen, die Sehnsucht nach Anerkennung, Geborgenheit, Nähe, Wärme und Akzeptiertsein. Nicht weil die Erziehung zu nachgiebig gewesen wäre, hat sie diese Triebkontrolle nicht hergestellt, sondern weil sie zu unnachgiebig war. Genauer: sie demütigte das Kind und ließ so die Voraussetzungen der Selbstkontrolle und des Kampfes um Anerkennung als Grundlagen für ein stabiles Selbst nicht entstehen. Das (stabile) Selbst ist – nach KOHUT (1977, S. 157) – die Grundlage für unser Gefühl, ein unabhängiger Mittelpunkt unserer Wünsche und unserer Wahrnehmung zu sein. Es wird gebildet durch die empathischen Reaktionen der Eltern auf das Bedürfnis des Kindes nach Spiegelung, die Selbstbehauptung gegenüber dem spiegelnden Selbstobjekt und Bewunderung für das idealisierte Selbstobjekt einschließt. Werden diese Bedürfnisse des Kindes nicht beantwortet, kommt es zum Zerfall der freudvollen Selbstbehauptung und in der weiteren Entwicklung zur – zeitweiligen oder chronischen Fragmentierung, Schwächung oder Verzerrung des Selbst (ebd., S. 165). Sie manifestiert sich entweder in Überempfindlichkeit gegen Mißachtung, Hypochondrie, Depression (*autoplastische* Symptome, narzißtische *Persönlichkeits*störungen) oder Perversion, Straffälligkeit oder Sucht (*alloplastische* Symptome, narzißtische *Verhaltens*störungen) (ebd., S. 167). In ihnen agieren sich die Bedürfnisse eines defekten Selbst und das Vermeiden-Wollen der Demütigung, erneut den narzißtischen Kränkungen der Kindheit ausgesetzt zu sein (ebd., S. 124). Auch die Scham-Reaktion verweist – nach WURMSER – auf frühe Traumatisierung, Verlierer zu sein, schwach, schmutzig (WURMSER 1990, S. 97). Scham-Konflikte seien narzißtische Konflikte (ebd., S. 279).

Es ist für die Behandlung dieser Störungen nichts gewonnen, wenn der Therapeut das der Erhöhung des Selbstwertgefühls dienende Verhalten mißbilligt, dessen Ausagieren Ausdruck defensiver Strukturen ist (KOHUT 1977, S. 168). Statt moralischen Druck auszuüben, sollte der Therapeut jede weitere Demütigung vermeiden. Er sollte den Klienten vor Selbstdemütigung in Schutz nehmen und die positive Seite seiner kompensatorischen Versuche, sich vor weiteren Demütigungen zu schützen, im Auge behalten, um die allmähliche Verringerung des Bedürfnisses des Patienten nach asozialem Verhalten durch Besserung seines primären Defekts und erhöhte Wirksamkeit seiner kompensatorischen Strukturen zu bewirken (ebd., S. 168).

Das gilt für die Therapie mißbrauchender Erwachsener in nicht geringerem Maß als für die Therapie jedes anderen. Die »antisoziale Tendenz«, die uns beim mißbrauchenden Erwachsenen so auffällig entgegentritt, ist ein Ausagieren traumatischer Erfahrungen, wie bei allen Persönlichkeitsstörungen (WINNICOTT 1956). Sie weist darauf hin, daß für die frühe Kindheit des Menschen auch eine echte Deprivation anzunehmen ist, ein wirklicher Verlust an guten Erfahrungen, über einen so langen Zeitraum, daß das Kind sich keine Erinnerung an das zu bewahren vermochte, was gut und positiv gewesen war. Durch das Ausagieren wird die Umwelt gezwungen, Stellung zu nehmen. Sie enthält darüberhinaus »Hoffnung« und stellt eine »Tendenz zur Selbstheilung« dar (KHAN 1983, S. 84). Der mißbrauchende Erwachsene weicht dieser Stellungnahme zugleich aus: durch Scham und Verleugnung. Er hat keine Hoffnung. Gerade deshalb ist das erste Gebot der Therapie: Schonung, Takt, das Vermeiden von Verurteilung (WURMSER 1987), um »das vorhandene Nicht-Vertrauen allmählich abzubauen« (KHAN 1983, S. 84).

Das Feld der Bearbeitung ist die Beziehung. Therapie bei sexuellem Mißbrauch ist Therapie der Beziehungen, haben wir gesagt. Die Beziehungen, um die es geht, sind durch den sexuellen Mißbrauch zerstört. Der Mißbrauch strukturiert die Beziehungen, der mißbrauchende Erwachsene strukturiert seine Beziehungen zu anderen nach dem Muster des Mißbrauchs, er gestaltet jede Beziehung als Mißbrauchsbeziehung, auch die Beziehung zum Therapeuten. Er wiederholt dieses Beziehungsmuster. Das gibt uns die Chance, diese (Form der) Beziehung zu bearbeiten.

Die Wiederholung ist, neben den Schutz- und Abwehrmechanismen der Verheimlichung und Verleugnung, das auffälligste Charakteristikum des sexuellen Mißbrauchs. Der mißbrauchende Erwachsene scheint unter einem Zwang zur Wiederholung zu stehen. Von außen betrachtet, sieht der sexuelle Mißbrauch wie eine »Sucht« aus, und viele setzen ihn damit gleich. »Sucht« erklärt aber den Mißbrauch ebenso wenig wie »Zwang«. Wenn wir genau hinsehen, erkennen wir, daß er die Situation des Mißbrauchs einschließlich seiner Vorbereitung deshalb immer wieder wiederholt, weil er die Befriedigung, die er darin sucht, nicht findet (KOHUT 1977).

Es ist gerade die Unwirksamkeit der defensiven Manöver, die erklärt, warum sie so rastlos verfolgt werden. Es ist die strukturelle Leere im Selbst, die der Mißbraucher durch den sexuellen Mißbrauch zu füllen versucht, daher der »süchtige« Charakter der

Wiederholung des Mißbrauchs. Diese Leere kann aber durch den Mißbrauch ebensowenig gefüllt werden wie durch andere Arten »süchtigen« Verhaltens. Der Mangel an Selbstwertgefühl des ungespiegelten Selbst, die Ungewißheit über die eigentliche Existenz des Selbst und das angstvolle Gefühl der Fragmentierung des Selbst sind es, denen der Süchtige durch sein süchtiges Verhalten entgegenwirken will. Es liegt keine Lust im süchtigen Verhalten – die Stimulierung der erogenen Zonen befriedigt nicht (KOHUT 1977, S. 170).

Im Mittelpunkt steht bei Kohut die Erkenntnis, daß die defensiven Aktivitäten des Klienten nicht wirksam sind. Deshalb sollte der Therapeut, statt im ethischen Bereich zu mißbilligen, dem Klienten zeigen, daß sein Verhalten nicht zu dem Resultat führt, nach dem er sich sehnt. Er wiederholt sein schädliches, sich und andere schädigendes Verhalten so lange, bis er – durch andere – daran gehindert wird. Es ist derselbe Mechanismus der »Reinszenierung«, den wir beim sexuell mißbrauchten Kind finden. Der mißbrauchende Erwachsene wiederholt diese Situation so lange, bis er einen befriedigenden anderen Ausweg aus seiner damaligen Situation gefunden hat (FREUD 1920). Er kann diesen aber zugleich nicht finden, denn seine Lösung, selbst zum Mißbraucher zu werden, ändert nichts an der ursprünglichen Situation der Demütigung, er vertauscht lediglich die Rolle des Opfers mit der des Täters, aber die Demütigung, die Erniedrigung bleibt. Es ist für einen erwachsenen Mann demütigend, seine sexuelle Befriedigung mit Kindern suchen zu »müssen«.

Die Bearbeitung in der Therapie ist ebenfalls eine »Wiederholung«. Die Scham richtet sich gegen die Wiederholung der Demütigung, gegen die Wiedererinnerung, die Wiederkehr des Verdrängten. Sie verhindert damit die Begegnung mit dem – gedemütigten – Selbst. Aber die Suche nach dem verlorenen Selbst, der verlorenen Selbstachtung ist zugleich der geheime, uneingestandene Wunsch, der im Mißbrauch als der Motor der ständigen Wiederholung am Werk gewesen war. Diese Wiederbegegnung in der therapeutischen Wiederholung ist Heilung – nach MASUD KHAN (1983). Das eigentliche und letzte Ziel der Therapie sexuell mißbrauchender Erwachsener muß daher die Wiederaufrichtung des gedemütigten, geschwächten Selbst sein. Erst unter dieser Voraussetzung ist das möglich, was wir am Anfang der Therapie gefordert haben: die

Übernahme der Verantwortung für sich selbst, als Voraussetzung der Verantwortung für andere.

## Anmerkungen

1 »Sex-Monster: Unsere Kinder sind in Gefahr« (Heim und Welt). »Benutzt, verführt, vergewaltigt – Hunderttausende von Kindern müssen bei uns für die sexuellen Gelüste Erwachsener herhalten« (Brigitte). »Jeder Mann ist ein potentieller Vergewaltiger« (Emma 1989). »Die Hinrichtung des Blutschänders« (Bild). »Die eigenen Töchter (10 und 12 Jahre alt) an Kinderschänder verkauft. Protokolle über das gemeinste Verbrechen, das Eltern begehen können« (Quick).

2 »Die Bestie aus Cottbus«, Neue Revue 4/ 1992.

3 »Die Tochter 2000mal vergewaltigt. Kann man ihn noch Vater nennen? Das Wort Vater bedeutet Beschützer, Güte, Liebe. Dieser Mann aber war ein Peiniger, voller Kälte und grenzenloser Grausamkeit.« (Bild).

## Literatur

ALLEN, C. M. (1992): Socio-demographics, family satisfaction, and child sexual abuse experiences of women and men who sexually abuse children. Paper prepared for the 9th International Congress on Child Abuse and Neglect, Chicago, Ill., Sept. 1992.

BENTOVIM, A. ET AL. (1988): Child Sexual Abuse Within the Family. Assessment and Treatment. Wright, London.

BOLTON, F. G. JR.; MORRIS, L. A.; MACEACHON, A. E. (1989): Males at Risk. Sage, London

BRUDER, K.-J. (1991): Wenn das Schweigen gebrochen wird. Mißbrauchte Kinder in der Therapie. Psychologie Heute 4: 59-63

BRUDER, K.-J.; RICHTER-UNGER, S. (1990): Sexueller Mißbrauch von Mädchen und Jungen. Einige Erläuterungen zur Arbeit mit dem Mißbraucher aus der Sicht eines familienorientierten Ansatzes. In: Perspektiven zum Kinderschutz. Fachtagung des Senats der Stadt Berlin, 31.1.-2.2. 1990. Rundbrief der Senatsverwaltung für Frauen, Jugend und Familie 2/1990. Berlin, 89-93.

BRUDER, K.-J.; RICHTER-UNGER, S. (Hg.) (1993): Monster oder liebe Eltern. Sexueller Mißbrauch in der Familie. Aufbau-Verlag, Berlin.

CREMERIUS, J. (1977): Übertragung und Gegen-Übertragung bei Patienten mit schwerer Über-Ich-Störung. Psyche 31: 879-896.

FREUD, S. (1920): Jenseits des Lustprinzips. GW XIII, S. 1-69.

FINKELHOR, D. ET AL. (1986): A Sourcebook on Child Sexual Abuse. Sage, Beverly Hills.

FÜRNISS, T. (1991): The Multi-Professional Handbook of Child Sexual Abuse – Integrated Management, Therapy and Legal Intervention. Routledge, London.

GIARRETTO, H. (1982): Integrated Treatment of Child Sexual Abuse. A Treatment and Training Manual. Science and Behavior Books, Palo Alto.

GLÖER, N.; SCHMIEDESKAMP-BÖHLER, I. (1990): *Verlorene Kindheit*. Jungen als Opfer sexueller Gewalt. Weismann Verlag, München.

GROTH, A. N.; BURGESS, A. W.; HOLMSTROM, L. L. (1977): Rape, Power, Anger and Sexuality. Paper presented at the LEAA Conference on Rape, Atlanta, March 1977.

GROTH, A. N. (1982): The incest offender. In: SGROI, S. (Hg.), Handbook of Clinical Intervention in Child Sexual Abuse. Lexington Books, Toronto, S. 215-240.

GROTH, A. N.; HOBSON, W. F. (1986): Die Dynamik sexueller Gewalt. In: HEINRICHS, J. (Hg.), Vergewaltigung. Die Opfer und die Täter. Gerd J. Holztmeyer Verlag, Braunschweig, S. 87-98.

HIRSCH, M. (1987): Realer Inzest. Psychodynamik des sexuellen Mißbrauchs in der Familie. Springer, Berlin.

JUSTICE, B.; JUSTICE, R. (1979): The Broken Taboo. Sex in the Family. Peter Owen, London.

KAUFMAN, J.; ZIGLER, E. (1987): Do abused children become abusive parents? American Journal of Orthopsychiatry 57 (2): 186-192.

KHAN, M. MASUD R. (1983): Hidden Selves. Between Theory and Practice in Psychoanalysis. The Hogarth Press, London [Dt.: Erfahrungen im Möglichkeitsraum. Psychoanalytische Wege zum verborgenen Selbst. Suhrkamp, Frankfurt a.M. 1991].

KOHUT, H. (1977): The Restoration of the Self. International University Press [Dt.: Die Heilung des Selbst. Suhrkamp, Frankfurt a.M. 1979].

LARSON, N. R. (1983): Familientherapie mit Inzestfamilien. In: BACKE, L.; LEICK, N. ET AL. (Hg.), Sexueller Mißbrauch von Kindern in Familien. Deutscher Ärzte Verlag, Köln, S. 104-118.

MARQUIT, C. (1983): Der Täter, Persönlichkeitsstruktur und Behandlung. In: BACKE, L.; LEICK, N. ET AL. (Hg.), Sexueller Mißbrauch von Kindern in Familien. Deutscher Ärzte Verlag, Köln, S. 118-137.

MENTZOS, S. (1976): Interpersonale Abwehr und institutionalisierte Abwehr. Fischer, Frankfurt a.M.

MENTZOS, S. (1984): Neurotische Konfliktverarbeitung. Fischer, Frankfurt a.M. 1989.

PARKER, H.; PARKER, S. (1986): Father-daughter sexual abuse: An emerging perspective. American Journal of Orthopsychiatry 56 (4): 531-549.

RICHTER-UNGER, S.; BRUDER, K.-J. (1993): Annäherung an das gestörte Selbstbild – die Entfaltung der Geschichte eines Mannes im Verlauf der Therapie. Zur Therapie von Mißbrauchern. In: BRUDER, K.-J.; RICHTER-UNGER, S. (Hg.) (1993), S. 188-220.

RUSSEL, D. E. H. (1986): The Secret Trauma – Incest in the Lives of Girls and Women. New York.

SARTRE, J. P. (1943): L'être et le néant. Gallimard, Paris [Dt.: Das Sein und das Nichts. Neuübersetzung von Hans Schöneberg und Traugott König. Reinbek: Rowohlt 1991].

SGROI, S. M. (1982): Handbook of Clinical Intervention in Child Sexual Abuse. Lexington Books, Toronto.

TREPPER, T. S.; BARRETT, M. J. (1989): Inzest und Therapie. Ein (system)therapeutisches Handbuch. Verlag modernes Lernen, Dortmund.

WINNICOTT, D. W. (1956): The antisocial tendency. [Dt. in: ders. Von der Kinderheilkunde zur Psychoanalyse. Fischer, Frankfurt a.M. 1983].

WURMSER, L. (1987): Die Flucht vor dem Gewissen. Springer, Berlin/Heidelberg/ New York.

WURMSER, L. (1990): The Mask of Shame. John Hopkins University Press, Baltimore [Dt.: Die Maske der Scham. Die Psychoanalyse von Schameffekten und Schamkonflikten. Springer, Berlin/Heidelberg/New York 1991].

HELGA G. I. HANKS UND JACQUI SARADJIAN

# Frauen, die Kinder sexuell mißbrauchen[1]

Bei kleinen ebenso wie bei älteren Kindern sind die Täter meist Männer aus dem engeren Familien- und Bekanntenkreis. Heute weiß man jedoch auch um die sexuellen Mißhandlungen von Kindern durch Frauen, oft durch die eigenen Mütter. Die Autorinnen dieses Kapitels behandelten ihren ersten derartigen Fall 1983. In Zusammenarbeit mit Kinderärzten aus Leeds begannen sie mit Forschungen hierzu. Das so gewonnene Verständnis ermöglichte ihnen, mit mißbrauchenden Frauen zu sprechen, damit die Frauen Verantwortung für den Mißbrauch übernahmen und den Kindern geholfen werden konnte. Dies kann nur der erste Schritt einer Veränderung der Beziehung zwischen Frau und Kind, zwischen Mutter und Kind sein.

An dieser Stelle soll gesagt sein, daß die Therapie mit mißbrauchenden Frauen und mit den Kindern in vielen Beraterinnen und Therapeutinnen Konflikte auslöst, die nicht leicht zu überwinden sind. Durch persönliche Identifikation verlieren weibliche wie männliche Berater, Eltern und Therapeuten oft ihre Neutralität. Wir haben häufig erfahren, wie dann trotz ausführlicher Gespräche Einzelheiten verschwiegen und die Verletzungen der Kinder heruntergespielt wurden. Es fällt uns schwer, vom bekannten und vertrauten Mutterbild abzuweichen und anzuerkennen, daß Frauen Kinder sexuell mißhandeln können und diese Kinder schwere Störungen ihrer psychischen und körperlichen Entwicklung sowie ihres Verhaltens davontragen. Wenn Kinder anderen Erwachsenen mitteilen, daß sie von einer Frau oder ihrer Mutter sexuell mißbraucht wurden, lernen sie meist schnell, daß sie damit keinen Glauben finden und als Lügner dastehen. Ebenso schwer ist es für Mißbraucherinnen, andere Erwachsene zu finden, die sie ernst nehmen und ihnen helfen, ihr Verhalten zu ändern.

In diesem Beitrag werden wir uns nicht mit den Folgen der Mißhandlung befassen, sondern mit den Frauen selbst. Wir wollen versuchen, die Frauen zu verstehen. Dazu sollen ihre Eigenschaften und ihr Verhalten so objektiv und genau wie möglich beschrieben werden. Ein Teil unserer Forschung widmet sich den Verhaltensweisen der Frauen, ihren Beziehungen zu ihren Kindern, zu den mißbrauchten im Unterschied zu den nicht-mißbrauchten Kindern. Uns interessiert, wieviel Kontrolle diese Frauen über ihr Leben haben, wie sie Probleme erkennen und wer sie dann unterstützt. Ihre intimen Beziehungen zu erwachsenen Partnern werden auf Unterschiede gegenüber Intimbeziehungen nicht-mißbrauchender Frauen hin betrachtet.

## Verstehen unterschiedlicher Realitäten

Die Geschichte der Aufdeckung sexuellen Mißbrauchs von Kindern kann als Geschichte von Interpretationen der Realität betrachtet werden. Die Interpretationen, die wir selbst erschaffen, ermöglichen uns den Blick auf bestimmte Aspekte der Wirklichkeit, während sie unsere Sicht auf andere verstellen. In den vergangenen zehn bis zwanzig Jahren hat sich der Blickwinkel unserer Interpretationen der Realität, die akzeptiert werden konnten, erheblich erweitert. Dennoch trifft jede neue Aufdeckung auf unverminderte innere Widerstände.

In diesem Beitrag beschäftigen wir uns mit dem sexuellen Mißbrauch von Kindern durch Frauen. Männer wie Frauen in verschiedenen sozialen Berufen verspüren bei dem Thema oft den Wunsch, es zu verdrängen und die unbequemen Gefühle, die mit dessen Anerkennung verbunden sind, zu meiden. Berichte von entsprechenden Fällen während systemischer Beratungsgespräche für Familien stießen immer wieder auf Ablehnung. Dies war ein Warnsignal: Entsprechende Schilderungen können nur aufgenommen werden, wenn sie Informationen enthalten, die es gestatten, daß zumindest teilweise auf positive Weise darauf reagiert werden kann. Ebenso verhält es sich mit der Vielzahl weiterer Interpretationen der Realität sexuellen Mißbrauchs.

# Geschichtlicher Überblick

Bis in die späten siebziger Jahre hinein war die weite Verbreitung sexuellen Mißbrauchs von Kindern, insbesondere des Inzests, als das »bestgehütete Geheimnis« (Rush 1980) zu bezeichnen. Zeigten sich Hinweise darauf, wurden sie oft ignoriert oder so interpretiert, daß das Geheimnis gewahrt bleiben konnte. Wer das Tabu brechen wollte, stieß auf taube Ohren.

Beweise für die Verbreitung des sexuellen Mißbrauchs von Kindern sind jedoch längst vorhanden und offen zugänglich. Viele Kliniker veröffentlichten ihre Forschungsergebnisse über sexuellen Mißbrauch an Kindern. Bereits Sigmund Freud war sich bewußt, daß es entsprechende Hinweise gab. Er kannte die Arbeiten von Tardieu (1878), Bernard (1886) und Brouardel (1909), die die Bedeutung und die Verbreitung sexueller Belästigungen von Kindern, oft innerhalb ihrer Familie, dokumentierten. Tardieu (1878, S. 62) schreibt: »Väter mißbrauchen ihre Kinder, Brüder ihre Schwestern. Diese Tatsachen sind mir in zunehmender Zahl berichtet worden.«

Es kann hier nicht im einzelnen darauf eingegangen werden, warum es so lange gedauert hat, bis schließlich anerkannt wurde, daß der sexuelle Mißbrauch von Kindern weit verbreitet ist. Jedenfalls spielte in unserem Jahrhundert bei der Geheimnistuerei um dieses Thema Freuds Ödipustheorie eine große Rolle. Sämtliche Berichte seiner Klientinnen über deren sexuellen Mißbrauch im Kindesalter – häufig durch ihre Väter – sollten als »Phantasievorstellungen« abgetan werden. Freud stand unter gesellschaftlichem Druck, insbesondere durch Kollegen, die seine ursprüngliche Traumatheorie unannehmbar fanden. In *Zur Ätiologie der Hysterie* (1896) hatte er eine Verbindung zwischen sexuellem Kindesmißbrauch und späterer Neurose angedeutet. Die Ödipustheorie war daher eine Art Geniestreich, mit der Freud nicht nur die Konsequenzen vermied, die sich daraus ergeben hätten, wenn er den Enthüllungen seiner Patientinnen geglaubt hätte, sondern gleichzeitig die Möglichkeit einer alternativen Erklärung bot. Diese Erklärung machte es möglich, die Hinweise einer erheblichen Anzahl von Erwachsenen, die sich an sexuellen Mißbrauch im Kindesalter erinnern konnten, als unglaubwürdig darzustellen. So wurde das Geheimnis noch viele Jahre lang gehütet. Gleichzeitig wurde damit die wahre Bedeutung eines sehr wichtigen Teils der Kindheitsentwicklung verdeckt: die natürlichen sexuellen Wünsche und die natürliche sexuelle Neugierde aller Kinder.

Während der vergangenen zehn Jahre wurden auf diesem Gebiet erhebliche Fortschritte gemacht. In England können Kinder, bei denen es starke Hinweise für einen sexuellen Mißbrauch gibt, in ein Kinderschutz-Register eingetragen werden, das von der Sozialbehörde geführt wird. Aber auch wenn viele Kinder andernorts, die sexuell mißbraucht wurden, entweder nicht registriert sind oder nicht geschützt werden können, weil der Mißbrauch nicht zu beweisen ist, gibt es ein beträchtlich gestiegenes Bewußtsein des Problems.

## Verleugnung

Geheimhaltung und Verleugnung sind häufige Reaktionen und werden sowohl bei den professionellen Helfern als auch innerhalb der Familie und bei dem betroffenen Kind immer wieder geduldet. Erwachsene leugnen, daß sie ein Kind sexuell mißhandelt haben, weil sie die rechtlichen und wirtschaftlichen Folgen fürchten. Auch wenn man die Kinder ermutigt, Hilfe aufzusuchen, Notrufnummern anzurufen, in Psychologenpraxen oder spezialisierten Beratungsstellen Rat zu suchen, sind viele Kinder nicht in der Lage, sich Hilfe zu holen und auf diese Weise Schutz und Beistand in Anspruch zu nehmen. Wenn ein Kind sich dennoch offenbart und von seiner Mißbrauchserfahrung berichtet, muß es oft damit rechnen, daß ihm nicht geglaubt wird. Wenn man dem Kind Glauben schenkt, sind die Probleme jedoch noch lange nicht vorbei. Bei einer Trennung von der Familie wird das Kind nicht nur von mißbrauchenden, sondern auch von anderen Familienmitgliedern getrennt. Oder das Kind ist den Vorwürfen der anderen Familienmitglieder ausgesetzt, falls der Täter die Familie verlassen muß. Die Möglichkeit der Unterbringung außerhalb der Familie zum Schutz vor weiteren Mißhandlungen kann durch Trennungsschmerz und Schuldgefühle beeinträchtigt werden. Die Kinder sind dadurch zusätzlich belastet. Unter solchen Umständen sehen Kinder oft keinen anderen Weg aus ihrem Dilemma, als sich zurückzuziehen und ihre Enthüllungen nachträglich zurückzunehmen.

FÜRNISS (1991, S. 241) weist darauf hin, daß die Position des Therapeuten den Rückzug des Kindes häufig noch verstärkt: »Aus Hilflosigkeit geht der Therapeut entweder auf eine leugnende Haltung ein und gibt den Fall auf, oder er verwickelt sich in Kämpfe in Form von Anklagen gegen den Mißbraucher und die Familie, die bei den Betroffenen nichts weiter als Ablehnung hervorrufen. Solange sich Therapeuten und Familien in solch nutzlose gegenseitige Vorwürfe verstricken, werden die Kinder noch weiter traumatisiert.«

Der traditionellen gesellschaftlichen Rolle von Frauen, insbesondere von Müttern, widerspricht sexueller Mißbrauch von Kindern derart, daß wir ihn uns gewöhnlich nur vorstellen können, wenn die betroffene Frau entweder psychotisch ist (siehe *Sybil,* von SCHREIBER 1973), oder unter Alkohol oder Drogen gestanden hat.

Ein Grund, aus dem bisher sexueller Mißbrauch durch Frauen geleugnet wurde, besteht darin, daß Mütter ihren Kindern angeblich näherstehen als Väter. WELLDON (1988, S. 100) beschreibt den Fall einer Mutter, die eine Therapeutin aufsuchte, weil sie von einer außerordentlich starken sexuellen Zuneigung zu ihrem Kind erfüllt war, die dazu führte, daß sie und ihr Kind stets zusammen schliefen und badeten. Das schloß sexuelle Handlungen wie die Aufforderung der Mutter an das Kind, die Brüste der Mutter zu streicheln, und die Masturbation des Kindes durch die Mutter ein. Als die Frau erstmals Hilfe suchte, versicherte man ihr, daß es »ganz natürlich« sei, wenn »eine Mutter sich sehr zu ihren Kindern hingezogen fühlt, besonders wenn sie alleinerziehend ist«. Im Alter von sechs Jahren, lange nachdem die Mutter zum ersten Mal um Hilfe gebeten hatte, wurde das Mädchen mit Verhaltensstörungen in die Kinderpsychiatrie eingewiesen.

BANNING (1989) beschreibt sexuelle Handlungen einer Mutter gegenüber ihrem Sohn in ihrem *Fall Rex.* Eine genaue Untersuchung fand zwar statt, aber der Fall wurde weder als sexueller Mißbrauch anerkannt noch registriert. BANNING präsentierte daraufhin denselben Fall, indem sie aus dem mißbrauchten Jungen ein Mädchen machte. Als die Geschichte nun mit dem Mädchen in der Opferrolle erzählt wurde, war es Ärzten, Sozialarbeitern und der Polizei sofort klar, daß die Beziehung zwischen Kind und Mutter einen sexuellen Mißbrauch darstellte.

# Frauen, die Kinder sexuell mißbrauchen

Mittlerweile ist bekannt, daß eine bemerkenswerte Zahl von durchschnittlichen Männern Kinder sexuell mißbraucht. Das Märchen vom bösen *fremden* Mann kann nicht mehr aufrechterhalten werden. Umfangreiche Untersuchungen über Leben, Erfahrungen, Sozialisation und über die Familienverhältnisse solcher Männer sind angestellt worden. Man versuchte zu verstehen, warum sexuelle Mißhandlungen stattfinden und wie sie am besten erkannt, behandelt und möglicherweise verhindert werden können. Fast alle Untersuchungen über das Vorkommen sexuellen Mißbrauchs haben gezeigt, daß die Mehrzahl der Täter männlich und nur eine kleine Prozentzahl weiblichen Geschlechts ist. In den letzten Jahren dagegen haben einige Untersuchungen einen wesentlich höheren Anteil weiblicher Mißbraucher gezeigt *(Tabelle 1)*.

### Verhaltensmuster von Frauen, die Kinder sexuell mißbrauchen

Von Frauen begangener sexueller Mißbrauch an Kindern kann in mehrere Kategorien eingeteilt werden (HANKS und SARADJIAN 1992). Der Mißbrauch kann stattfinden, wenn die Frauen alleinerziehend sind, wenn sie mit einem männlichen Partner zusammenleben oder auch wenn sie in Gruppen von Männern oder Frauen leben. Wie Männer mißbrauchen auch Frauen bereits sehr kleine Kinder. Eine bestimmte Gruppe von Frauen beginnt die mißbrauchende Beziehung jedoch auch, wenn die Kinder älter als zehn Jahre sind.

MATHEWS, MATHEWS UND SPELTZ (1989) untersuchten 16 weibliche Täterinnen über einen Zeitraum von einem Jahr. Sie fanden drei verschiedene Kategorien von Täterinnen:

*Lehrerin/Liebhaberin.* Diese Gruppe läßt sich mit heranwachsenden und/oder vorpubertären männlichen Kindern ein. Die Frauen nehmen gegenüber den Kindern die Rolle von Gleichaltrigen ein und verleiten sie zu einer sexuellen Beziehung unter der vorgeblichen Absicht, sie »sexuell zu belehren«.

*Täterin unter männlichem Einfluß.* Diese Frauen begehen den Mißbrauch anfangs zusammen mit einem Mann, später aber durchaus auch selbständig. Ihre Opfer können Kinder der eigenen Fami-

*Tabelle 1*

Sieben Untersuchungen, die einen hohen Anteil weiblicher Mißbraucher festgestellt haben.

| Quelle | Population | sexuell mißbraucht | Täter männlich | Täter weiblich |
|---|---|---|---|---|
| GROTH (1983) | verurteilte Sexualtäter | 51% | 75% | 25% |
| MACFARLANE (1982) | Inzesttäter | 51% | 66% | 33% |
| BURGESS et al. (1987) | mehrfache Vergewaltiger N = 41 | 56% | 48,8% Männer und Frauen 12,9% | 32,2% |
| RISIN und KOSS (1987) | Auswahl männlicher Studenten zwischen 18 und 24, N = 2972 | 17,3% | 52,9% | 47,1% |
| FRITZ, STROLLER und WAGNER (1981) | 412 männliche Studenten | 4,8% | 40% | 60% |
| JOHNSON und SHRIER (1987) | jugendliche männliche Patienten N = 1000 | 2,5% | 56% | 44% |
| PETROVICH und TEMPLAR (1984) | inhaftierte Vergewaltiger von Frauen ab 17 N = 83 | | 41% | 59% |

lie oder außenstehende Kinder sein. Solche Frauen erweisen sich als extrem abhängig und unsicher.

*Vorbelastete Täterin.* Diese Gruppe besteht oft aus sehr jungen Frauen, die als Kinder selbst sexuell mißbraucht worden sind, oft

204

bereits im frühen Kindesalter und über mehrere Jahre hinweg. Diese Frauen setzen den Teufelskreis des Mißbrauchs bereits in jungen Jahren fort. Der sexuelle Mißbrauch wird von den Frauen initiiert und richtet sich gegen ihre eigenen Kinder. Ihr Ziel scheint gewaltfreie emotionale Nähe zu sein.

MATHEWS et al. (1989) vertreten die Ansicht, daß es eine *weitere Kategorie* gäbe, nämlich die der schwer psychisch gestörten Mißbraucherinnen. Diese ist die einzige Kategorie, die bislang gesellschaftlich akzeptiert war (WAHL 1960; KRAMER 1980; HOLUBINSKY UND FOLEY 1986).

Die Daten von MATHEWS et al. (1989) beruhten auf einer relativ kleinen Gruppe von Frauen. Sie haben ihre Forschungen mittlerweile auf eine größere Gruppe von 36 Frauen ausgedehnt.

SARADJIAN und HANKS (1992) fanden heraus, daß Frauen, die – zusammen mit einem Mann oder überredet durch einen Mann – Kinder sexuell mißbrauchten, sich in einer Abhängigkeitsbeziehung befanden, in der sie wie Gefangene reagierten. Dies geschah, obwohl die Frauen von ihrer Persönlichkeit her nicht besonders abhängig oder unselbständig waren.

SARADJIAN (1990) untersuchte Mütter, die ihre Kinder sexuell mißbraucht hatten, und verglich diese Mütter und Kinder mit einer Kontrollgruppe, in der – soweit festgestellt werden konnte – kein sexueller Mißbrauch stattgefunden hatte. Das Ergebnis dieser Studie war, daß das mißbrauchende Verhalten der Frauen mit ihrem Wiederholungszwang zusammenhing, eine ehemals selbst erfahrene Mißbrauchserfahrung aus ihrer Kindheit zu reinszenieren. Als sie selbst zum »machtvollen, beherrschenden Täter« wurden, erlebten sie das Gefühl von Macht und schienen sich körperliche Entspannung verschaffen zu können. Dies wirkte als starke Motivation, die Mißbrauchshandlung zu wiederholen.

Die Mißbraucherinnen – nicht alle davon Mütter –, denen wir im Zusammenhang unserer klinischen Arbeit begegneten, ließen sich in folgende Gruppen einteilen:
1. Alleinerziehende, die nur mit ihren Kindern lebten,
2. Frauen, die in Verbindung mit Männern mißbrauchten,
3. verheiratete Frauen,
4. Frauen in einer lesbischen Beziehung,
5. Mütter behinderter Kinder (meist Jungen).

# Das Forschungsprojekt über
## sexuellen Mißbrauch durch Frauen

Wir haben folgende Bereiche untersucht:

1. Die Lebenserfahrung sexuell mißbrauchender Mütter von der Kindheit bis ins Erwachsenenalter einschließlich ihrer Beziehungsgeschichte. Diese Lebensberichte wurden mit den Biographien von Müttern verglichen, die ihre Kinder nicht sexuell mißbraucht hatten.

2. Die Interaktionsmuster zwischen Mutter und Kind. Hierbei wurden Frauen, die ihre Kinder sexuell mißbraucht hatten nicht-beschuldigten Müttern gegenübergestellt.

3. Das Bild, das sich die Mütter von ihren Kindern machten. Dabei wurden ebenfalls mißbrauchende Mütter mit den Teilnehmerinnen der Kontrollgruppe verglichen.

Diese Vergleiche ergaben signifikante Unterschiede zwischen den Gruppen. Damit wurden charakteristische Merkmale mißbrauchender Mütter in bezug auf mehrere Lebensbereiche erkennbar:

Die mißbrauchenden Mütter hatten ein geringes Selbstwertgefühl und erfuhren ausgesprochen wenig Unterstützung durch Familie, Freunde oder Hilfseinrichtungen. Viele beschrieben eine nahezu vollständige soziale Isolation. Sie hatten das Gefühl, relativ wenig Einfluß auf ihr eigenes Leben zu haben. Sie waren in geringerem Maße in der Lage, enge Beziehungen einzugehen. Die Mißbraucherinnen machten einen bedeutenden Unterschied zwischen den von ihnen mißbrauchten Kindern und denjenigen Kindern, die sie nicht sexuell ausgebeutet hatten. Ausnahmslos alle untersuchten Mütter, die ihre Kinder sexuell mißbraucht hatten, waren selbst schon sehr früh Opfer sexuellen Mißbrauchs geworden. Danach waren sie Beziehungen eingegangen, in denen sie ebenfalls physisch, emotional oder sexuell von ihren Partnern mißhandelt beziehungsweise mißbraucht wurden. Es stellte sich heraus, daß keine der Frauen jemals eine positive Beziehung zu einem erwachsenen männlichen Partner erfahren hatte, weder in der Kindheit noch als erwachsene Frau.

Unsere Forschungsreihe arbeitet charakteristische Merkmale des Lebens mißbrauchender Frauen in mehreren Bereichen heraus. Diese Merkmale ermöglichen, die Entwicklung sexuell ausbeutenden Verhaltens besser zu verstehen. Sie zeigt darüber hinaus, welche Bereiche im Leben mißbrauchender Frauen Ansatzpunkte für therapeutische oder andere Interventionen bieten könnten. Wir wollen hier beispielhaft die Lebensgeschichte einer mißbrauchenden Mutter vorstellen und sie mit den Müttern der Kontrollgruppe vergleichen.

*Tabelle 2*

| Die ermittelten Werte in drei Aspekten der Befragung im Vergleich mit dem Durchschnitt der Kontrollgruppe (N = 13). | | | |
|---|---|---|---|
| | Frau X | Mittelwert der Kontrollgruppe | Höchstwert |
| Selbstwertgefühl | 18 | 48,2 | 63 |
| *Dependency Grid* Probleme im Erwachsenenalter | 23 | 7,5 | 40 |
| Ressourcen | 10 | 51,5 | 100 |
| Bild der Mutter vom Kind | 24 | 50,9 | 60 |
| Bild der Mutter vom mißbrauchten Kind | 58 | 50,9 | 60 |

## Fallstudie

Die junge Frau, auf die sich die folgende Fallstudie bezieht, wollen wir Frau X nennen. Sie wuchs bei ihren leiblichen Eltern und zusammen mit mehreren Geschwistern auf. Heute ist sie zwischen zwanzig und dreißig Jahre alt. Beide Eltern waren berufstätig, der Vater oft geschäftlich verreist. Sie habe sich einsam und alleingelassen gefühlt. Die Großeltern übernahmen in beträchtlichem Umfang die Fürsorge für sie und ihre Geschwister. Frau X ging mit sechzehn Jahren von zu Hause fort und erlebte eine stürmische, rebellische

Zeit. Als Teenager sei sie oft wütend gewesen, habe sich isoliert und unverstanden gefühlt. Sie berichtete von einer Reihe von Mißbrauchshandlungen, die von einem Mann innerhalb ihrer Familie ausgegangen waren und sich über mehrere Jahre erstreckt hatten. Sie hatte zwar nach ihrer Verurteilung und während ihres Gefängnisaufenthaltes ihren Betreuern von ihrem eigenen Mißbrauch erzählt. Aber sie sagte, sie werde den Täter niemals verraten. Als Heranwachsende sei sie von Gleichaltrigen sexuell mißbraucht und drangsaliert und zur gleichen Zeit von einem fremden Mann sexuell belästigt und mißhandelt worden. In ihren beiden Ehen sei sie vergewaltigt und geschlagen worden.

Frau X verließ zum frühestmöglichen Zeitpunkt die Schule und trat als Auszubildende in eine große Firma ein. Mit siebzehn heiratete sie einen Arbeitskollegen und brachte bald darauf eine Tochter zu Welt. Die junge Ehe war von körperlichen Auseinandersetzungen geprägt und endete nach zwei Jahren. Anschließend ging Frau X eine weitere gewalttätige Beziehung ein. Die Ähnlichkeit der beiden Beziehungen erlebte sie so deutlich, daß sie bis heute keinen Unterschied zwischen beiden Männern sieht. Während dieser Zeit mißbrauchte sie ihre eigene Tochter sexuell. Sie wurde angezeigt und zu einer Gefängnisstrafe verurteilt. Sie trat in unsere Untersuchung ein, als sie ein zweites Kind zur Welt gebracht hatte. Im Laufe der Jahre hatte sie mehrere Fehlgeburten und eine Abtreibung gehabt.

Alle Teilnehmerinnen der Erhebung wurden nach einem festgesetzten Schema befragt und füllten eine Reihe von Tests und Fragebögen aus. Es folgen Auszüge aus den Testergebnissen.

Auf der *Hospital Anxiety and Depression Scale* (HAD) erreichte Frau X für Depressivität Werte von 5 und für Angst von 19. Der Durchschnitt lag jeweils zwischen 8 und 10. Dieses Ergebnis erscheint angesichts der besonderen Lage mißbrauchender Mütter nicht ungewöhnlich. Der hohe Grad ihrer Angst dürfte für alle Lebensbereiche von Frau X gelten und ihre Durchsetzungsfähigkeit beeinträchtigen.

Der Wert auf dem *Rosenberg Self-Esteem Questionnaire* (1965) ist mit 18 (gegenüber 42.2 von maximal 63) ausgesprochen gering. Dies entspricht dem Eindruck, den sie auch äußerlich weckt. Das generell niedrige Selbstbewußtsein von Mißbraucherinnen und ihren Opfern sollte beim Umgang mit und bei Hilfsangeboten für diese Frauen berücksichtigt werden.

Der *Dependency Grid* (KELLY 1955) besteht aus mehreren Teilen. Die dort vorgegebenen Lebensprobleme identifizierte Frau X zu 23 (gegenüber 7,5 von maximal 40) als ihre eigenen. Ihre Lebensschwierigkeiten schätzte sie damit weitaus höher ein als

*Tabelle 3*

Ergebnisse des Dependency Grid. Diese Tabelle zeigt einige der Dimensionen der Bilder, die Mütter von sich selbst und ihren Kindern haben.

| Dimensionen | Frau X | Mittelwert der Kontrollgruppe | Höchst- wert | Mindest- wert |
|---|---|---|---|---|
| Sieht sich in der Lage, allein zurechtzukommen | 2 | 5,2 | 7 | 1 |
| Sieht sich in der Lage, Beziehungen einzugehen | 3 | 6,0 | 7 | 1 |
| Fühlt Kontrolle über ihr Leben | 2 | 5,2 | 7 | 1 |
| Fühlt sich aggressiv | 6 | 3,0 | 7 | 1 |
| Sie kümmerte sich gut um sich selbst | 2 | 5,0 | 7 | 1 |
| Andere kümmerten sich um sie | 11 | 30 | 35 | 5 |
| Sieht ihre sexuelle Seite | 2 | 3,67 | 7 | 1 |
| Sieht die sexuelle Seite des Kindes, das sie mißbraucht hat (Alter 2 bis 5 Jahre) | 4 | 1 | 7 | 1 |
| Sieht die sexuelle Seite des Kindes, das sie nicht mißbraucht hat | 1 | 1 | 7 | 1 |

Frauen in der Kontrollgruppe. Der zweite Teil des *Dependency Grid* erhebt den Grad der möglichen Unterstützung durch Familie, Freunde und Bekannte. Frau X hatte einen Wert von 10 (gegenüber 51,5 von maximal 100). Dieser beträchtliche Unterschied zeigt deutlich, wie wenig Unterstützung und Hilfe die junge Frau zur Verfügung hatte und daß sie sowohl von Familie und als auch Freunden isoliert war. Sie fühlte sich einsam und deprimiert und hatte nicht nur finanzielle Probleme, sondern litt auch unter der Gewalttätigkeit ihres Ehemannes.

Der *Repertory Grid* ist ein Verfahren, bei dem die befragte Person die Ähnlichkeit von je zwei Personen oder Objekten gegenüber einem dritten einschätzen soll. So entsteht ein Gitter (engl. grid) von Vergleichsassoziationen (KELLY 1955). Es zeigte, daß Frau X glaubte, nicht alleine zurechtkommen zu können und kaum Kontrolle über ihr eigenes Leben zu haben. Ihr Wert lag hier bei 2 (gegenüber 5,2 von maximal 7). Außerdem fühlte sie sich unfähig, intime Beziehungen einzugehen. Dies äußerte sich in dem niederen Wert von 3 (gegenüber 6 von maximal 7). Sie schätzte ihre eigene Aggressivität sehr hoch ein (mit 6 gegenüber 3 von maximal 7). Ihre Fähigkeit, für sich selbst zu sorgen, gab sie sehr gering an (mit 2 gegenüber 5 von maximal 7). Darüber hinaus war sie der Meinung, daß andere sich sehr wenig um sie kümmerten (11 gegenüber 30 von 35).

Weiterhin enthält das *Repertory Grid* Einschätzungen sexueller Themen. Frau X hielt sich selbst für verhältnismäßig asexuell (2 gegenüber 3,67 von 7). Das Mädchen, das von ihr sexuell mißhandelt wurde, stufte sie in seinem Sexualisierungsgrad höher ein als sich selbst. Sie gab ihrem Kind einen Wert von 4 (gegenüber 1 von maximal 7). (Dabei sollte man sich vor Augen halten, daß die Tochter ihr fünftes Lebensjahr noch nicht erreicht hatte, als sie erstmals von ihrer Mutter sexuell mißbraucht worden war.) Das sexuelle Wesen ihres – nicht mißbrauchten – zweiten Kindes stufte sie dagegen niedriger ein als ihr eigenes sexuelles Wesen und ebenso hoch wie der Durchschnittswert, den die Mütter der Kontollgruppe ihren Kindern zugeteilt hatten (1 von maximal 7). Diese unterschiedliche Einschätzung von mißbrauchten und nicht mißbrauchten Kindern erwies sich als gemeinsames Muster der untersuchten Mütter: Wenn sie noch weitere Kinder hatten, die sie nicht sexuell mißbraucht hatten, dann nahmen sie diese ganz anders wahr.

Wir untersuchten weiterhin, in welchem Maße nach Einschätzung der Mütter die Kinder ihr eigenes Leben unter Kontrolle hatten. Frau X stufte sich so ein, als habe sie sehr wenig Kontrolle über die Ereignisse in ihrem Leben (Wert 2 gegenüber 6, Höchstwert 7). Bezeichnenderweise stufte sie das Kind, das sie sexuell mißbraucht hatte, auf dieser Skala genauso ein (Wert 2), während sie das Kind, das sie nicht sexuell mißbraucht hatte, mit dem Höchstwert 7 (gegenüber 4,55) einschätzte (maximale Kontrolle über sein eigenes Leben). Sie betrachtete ihr Kleinkind als selbständigen Menschen, der sein Leben völlig in der Hand habe, obwohl es zu diesem Zeitpunkt nicht einmal ein Jahr alt geworden war.

Das *Repertory Grid* beleuchtet auch, wie Menschen die verschiedenen Bereiche ihres Lebens bewerten. Als solche Bereiche werden auch reale Personen aufgefaßt, die in Vergangenheit oder Gegenwart einen großen Einfluß auf den Befragten gehabt haben, oder die Vorstellungen idealer Personen. (Die Auswertung berücksichtigt die Differenz zwischen realen und idealen Bereichen.)

Aus *Tabelle 4* ist zu ersehen, daß Frau X das Kind, das sie sexuell mißbrauchte, als ihr selbst sehr ähnlich, aber ganz anders als ihre Vorstellung von einem »Idealkind« beurteilte. Dagegen schätzte sie das Kind, das sie nicht mißbrauchte, als sehr verschieden von sich selbst, aber dafür ähnlich wie ihr Idealkind ein. Die Ambivalenz der Gefühle und die Widersprüchlichkeit der Einstellungen von Frau X zeigen sich auch in der idealisierten Einschätzung ihrer eigenen Mutter. Sie bewertet ihre eigene Mutter wesentlich positiver und ähnlich der Ideal-Mutter, während die Kontrollpersonen ihre Mütter weniger positiv bewerteten. Die Idealvorstellung, die Frau X im Test von ihrer Mutter zeichnete, steht im Kontrast zu der Beschreibung, die sie im Interview von ihr gab. Dort beschrieb sie ihre Mutter als sehr schwierige Frau. Diese Diskrepanz tritt in klinischen Studien häufig auf und sollte bei der Therapie berücksichtigt werden. Dort sollte die Bemühung im Vordergrund stehen, einer solchen Frau zu helfen, einen Weg zu finden, von ihrer Mutter übernommene Verhaltensmuster aufzubrechen und ein neues Verhalten gegenüber den eigenen Kindern zu entwickeln.

Der *Characteristics of the Child Test* (Test zur Beurteilung der Eigenschaften des eigenen Kindes) erlaubt, die Einschätzungen von Müttern gegenüber ihren Kinder zu erheben. Frau X erreichte Gesamtwerte von 24 (von 60) gegenüber dem Kind, das sie sexuell mißbraucht hatte und 58 (von 60) gegenüber dem nicht mißbrauch-

*Tabelle 4*

| Unterschiede (hohe Werte) oder Ähnlichkeiten (niedrige Werte), der subjektiven Einschätzungen der Mutter von sich selbst, dem Kind, dem Partner, dem Vater und der Mutter in bezug auf die einzelnen Testitems. | | |
| --- | --- | --- |
| Unterschiede zwischen ... | Frau X | Mittelwert der Kontrollgruppe |
| ihr selbst und dem mißbrauchten Kind | 1 | 12 |
| ihr selbst und dem nicht mißbrauchten Kind | 49 | 12 |
| dem idealen Kind und dem mißbrauchten Kind | 31 | 6 |
| dem idealen Kind und dem nicht mißbrauchten Kind | 5 | 6 |
| realem und idealem Partner | 69 | 12 |
| realem und idealem Vater | 48 | 14 |
| realer und idealer Mutter | 6 | 10 |
| realem und idealem Selbst | 55 | 16 |

ten Kind. Der zweite Wert hob sich positiv (oder unrealistisch) vom Durchschnittswert der Kontrollgruppe ab, der bei 50,9 lag (siehe Tabelle 2). Frau X nahm das Kind, das sie sexuell mißhandelt hatte, als launisch wahr, mit Temperamentsausbrüchen, und nannte es übermäßig anhänglich. Die relativ negative Beurteilung des sexuell mißbrauchten Kindes erwies sich als typisch für mißbrauchende Mütter.

Der *Fragebogen »Was bedeutet Sex für mich?«* erhebt beschreibende Aussagen über die Einstellung zur Sexualität (SARADJIAN 1990). Er bietet verschiedene Antwortmöglichkeiten, von: »Es macht mir Spaß« über: »Es bedeutet mir nichts« bis zu: »Ich fühle mich dabei bedrängt und gefährdet«. Da es bei der untersuchten Form des Mißbrauchs um sexuelle Handlungen ging, interessierten uns die Einstellungen der Mißbraucherinnen zu ihrer Sexualität mit erwachsenen Partnern.

Frau X bewertete ihre sexuellen Erfahrungen mit erwachsenen Männern sehr negativ. Diese Erfahrungen hätten ihr aber immerhin *ein paar* positive körperliche Gefühle vermitteln können. Die überwältigende Mehrheit der Gruppe nicht-mißbrauchender Frauen beschrieb dagegen Gefühle emotionaler Wärme und Nähe als die wichtigste Erfahrung bei sexuellen Erlebnissen mit ihren Partnern. Möglicherweise besteht ein Teil der Motivation zu Mißbrauchshandlungen für Frauen im Streben nach der körperlichen Befriedigung. Sexueller Mißbrauch könnte auch der Suche nach der emotionalen Wärme und Nähe entspringen, die in der Beziehung zum erwachsenen Partner fehlt.

Das Interview mit Frau X ergab, daß sie zu beiden Eltern sehr schlechte Beziehungen gehabt hat und ihre Elternschaft mit der Pflicht verbunden hat, ihre Kinder beherrschen zu müssen. Anscheinend verfügte sie über zu geringe erzieherische Möglichkeiten, um sich ihren Kindern gegenüber einen ausgeglicheneren Umgang erlauben zu können, als sie selbst als Kind erfahren hatte. Frau X wollte nichts mit ihrer Mutter zu tun haben. Erst vor kurzer Zeit war sie durch die Aufmerksamkeit, die ihre Mutter ihrem jüngsten Kind schenkte, sehr irritiert worden. Außerdem sei sie so gut wie unfähig, Beziehungen zu Gleichaltrigen einzugehen, weshalb sie isoliert und einsam gewesen sei, bis sie einen Partner gefunden habe, der über gute soziale Kontakte verfügte und bereit war, sie in sein soziales Leben einzubeziehen. Sobald sie sich seinen Kreisen angeschlossen hatte, wähnte sie sich vollkommen sicher und übersah, daß ihre übermäßige Abhängigkeit von ihrem Partner und ihre Unfähigkeit, soziale Regeln zu beachten, wiederum zu neuen Konflikten führen konnte. In der Vergangenheit hatte sich Frau X ihrem Leben gegenüber hilflos und ausgeliefert gefühlt. Dieses Fallen von einem Extrem ins andere ist eine Gemeinsamkeit aller in dieser Studie untersuchten Mütter.

# Diskussion

Die Ergebnisse unserer Untersuchungs von Frau X stimmen völlig mit den allgemeinen Tendenzen überein, die wir bei unserer Arbeit mit Frauen, die ihre Kinder sexuell mißbraucht haben, beobachtet haben. Höchst charakteristisch für mißbrauchende Frauen sind ihre eigene Mißbrauchserfahrung im frühen Kindesalter, ihre negativen Beziehungen zu Männern, die Häufigkeit und Schwere ihrer sozialen und persönlichen Schwierigkeiten, ihr Mangel an sozialer Unterstützung und ihre gestörte Einstellung zur Sexualität einschließlich schwach ausgebildeter Hemmungen in bezug auf ihre sexuellen Handlungen an ihren eigenen Kindern. Vorläufige Analysen der Unterschiede zwischen den Gruppen zeigen durchgängig ähnliche Muster (SARADJIAN UND HANKS, in Vorbereitung).

Die Forschung auf diesem Gebiet befindet sich noch in einem frühen Stadium. Es zeichnen sich jedoch bereits Implikationen für den Umgang mit Mißbraucherinnen und die therapeutische Praxis ab. Die Einsicht, daß Frauen, insbesondere Mütter, ihre eigenen und fremde Kinder sexuell mißbrauchen können, wächst durch Gespräche mit Frauen, die selbst den Kreislauf sexuellen Mißbrauchs fortgesetzt haben. Gegenwärtig ist noch keine Aussage darüber möglich, ob es bedeutsame Unterschiede zwischen dem Verhalten der untersuchten Frauen und dem von mißbrauchenden Männern gibt. Es kann jedoch davon ausgegangen werden, daß Macht und Dominanz für Mißbraucher beiderlei Geschlechts eine zentrale Rolle spielen. Die Gruppe mißbrauchender Mütter, die isoliert und allein leben, scheint sich jedoch darin von mißbrauchenden Männern ebenso zu unterscheiden wie die Gruppe von mißbrauchenden Müttern, die sexuelle Beziehungen zu Söhnen unterhalten, die älter als zehn Jahre sind und Lernschwierigkeiten haben.

## Anmerkungen

1 *Dept. of Psychology, St. James's University Hospital Leeds; Leeds Family Therapy & Research Centre, Leeds University*
»Women Who Abuse Children Sexually: Characteristics of Sexual Abuse

by Women« erschien 1991 in: Human Systems: Journal of Systemic Consultation and Management 2: 247-262.

Übersetzung von Matthias Schossig mit freundlicher Genehmigung der Autorinnen. Alle Rechte vorbehalten.

# Literatur

Banning, A. (1989): Mother-son incest: Confronting a prejudice. Child Abuse and Neglect 13: 563-567.

Bernard, P. (1886): Des attentats a la pudeur sur les petites filles. In: Masson, J. M. (Hg.) (1984), Freud: Assault on truth. Faber und Faber, London, S. 25-27, 38

Brouardel, P. (1909): Les attentats aux moeurs. J. B. Bailliere, Paris.

Burgess, A. W.; Hartman, C. R.; Wolbert, W. A., Grant, C. A. (1987): Child molestation: assessing impact in multiple victims (part 1). Archives of Psychiatric Nursing 1: 33-39.

Fritz, G. T.; Stroller, K.; Wagnern, N. (1981): A comparison of males and females who were sexually molested as children. Journal of Sex and Marital Therapy 7: 54-59.

Freud, S. (1896): The aetiology of hysteria. Standard Edition, Bd. 3. The Hogarth Press, London.

Fürniss, T. (1991): The Multi-Professional Handbook of Child Sexual Abuse. Routledge, London.

Groth, N. (1983): Treatment of the sexual offender in a correctional institution. In: Greer; Stuart (Hg.), The sexual aggressor: Current perspectives on treatment. Van Nostrand Reinhold, New York., S. 160-176.

Hanks, H. G. I.; Saradjian, J. (1992): Recognizing patterns of women who sexually abuse. Community Care, im Druck.

Kelly, G. (1955): The psychology of personal constructs. Norton.

Johnson, R. L.; Shrier, D. (1987): Past sexual victimisation by females of male patients in an adolescent medicine clinic population. American Journal of Psychiatriy 5: 650-652.

MacFarlane, K. (1982): Persönliche Mitteilung, angeführt in Russel, D. E. H.; Finkelhor, D. (1984): Women as perpetrators: Review of the evidence. In: Finkelhor, D., Child Sexual Abuse. New Theory and Research. Free Press, New York.

Matthews, R.; Matthews, J. K.; Speltz, K. (1989): Female Sexual Offenders. The Safer Society Press, Orwell.

Petrovich, M.; Templar, D. (1984): Heterosexual molestation of children who later became rapists. Psychological Reports 54: 810.

Risin, L. I.; Koss, M. P. (1987): Sexual abuse of boys: Prevalence and descriptive

215

characteristics of childhood victimisation. Journal of Interpersonal Violence 2, H. 3: 309-319.

ROSENBERG, M. (1965): Society and Adolescent Self-Image. Princeton University Press, New Jersey.

RUSH, F. (1980): The Best Kept Secret. McGraw-Hill, New York.

SARADJIAN, J. (1990): Probing the antecedents of mother-child sexual abuse – A controlled study. Undergraduate Project, Dept. of Psychology, Leeds University.

SCHREIBER, F. R. (1973): Sybil. Penguin Books, London.

SUMMIT, R. (1983): The child sexual abuse accomodation syndrome. Child Abuse and Neglect 7: 177-193.

TARDIEU, A. (1878): Etude medico-legale sur les attentats aux moeurs. J. B. Bailliere, Paris.

DAVID FINKELHOR UND NANCY STRAPKO

# Präventive Erziehung:
# Ein Überblick über die Forschungslage[1]

Zur Bekämpfung von sexuellem Mißbrauch an Kindern – ein Problem, das nach Forschungsergebnissen aus den siebziger Jahren (PETERS, WYATT und FINKELHOR 1986) bis zu einem Fünftel der Kinder in den Vereinigten Staaten betraf –, entstand eine Bewegung, die als »das wichtigste soziale Experiment der achtziger Jahre« bezeichnet werden kann. In dieser Bewegung präsentierten Erzieher Millionen amerikanischer Kinder Programme zur Vorbeugung gegen sexuellen Mißbrauch.

Diese Programme, die aus Filmen, Rollenspielen, Vorträgen, Malbüchern, Liedern und Puppentheater bestehen können, umfassen einen zeitlichen Rahmen von ein oder zwei Stunden bis zu mehreren Tagen und werden zumeist Schülern im Grundschulalter angeboten. Durch sie sollen den Kindern bestimmte grundlegende Begriffe und Verhaltenskonzepte vermittelt werden. Als erstes führen sie die Bedeutung von sexuellem Mißbrauch als »schlechte Berührung« oder »Berührung an intimen Stellen« ein. Als zweites werden die Kinder gelehrt, derartige Berührungen zurückzuweisen, von wem sie auch kommen mögen, und sich von Personen, die sich auf solch unangemessene Weise annähern, zu entfernen. Und schließlich werden die Kinder aufgefordert, es ihren Eltern und anderen Erwachsenen zu sagen, wenn solche Annäherungsversuche stattgefunden haben.

Die Programme vermitteln darüber hinaus ein breites Spektrum anderer Konzepte. Immer versichern sie den Kindern, daß sie an Übergriffen nie selbst schuld sind. Häufig muß in diesem Zusammenhang Vorurteilen entgegengewirkt werden, wie zum Beispiel demjenigen, daß die Schuldigen in erster Linie Fremde seien. Die Programme versuchen auch oft, den größeren Zusammenhang zur psychischen und sozialen Lage der Kinder herzustellen. Der Ansatz *Talking About Touching* versucht den Kindern neben der gebotenen Vorsicht auch die Wichtigkeit von positiven und liebevollen Berührungen zu vermitteln. Das *Child Assault Prevention (CAP)* Programm dient allgemein der Selbststärkung im Umgang mit Erwachsenen und anderen Kindern.

Die Programme sind von zahlreichen Schulen, Schulbehörden und Jugendorganisationen wie den »Campfire Girls« übernommen worden. Der Staat Kalifornien schrieb sogar gesetzlich vor, daß alle Kinder während ihrer Schulzeit an mindestens dreien solcher Programme teilnehmen sollen. Die bereitwillige und breite Annahme dieser Programme kann zum großen Teil der extrem hohen öffentlichen Besorgnis über sexuellen Mißbrauch und dem Mangel an einfach anwendbaren Gegenmitteln zugeschrieben werden. Viele der Programme haben auf Grund ihrer sorgfältigen Zusammenstellung, ihrer schnellen Verbreitung sowie durch ihre Originalität, ihren Witz und ihre Attraktivität Eltern und Politiker gleichermaßen für sich gewinnen können.

Dennoch gibt es eine Reihe kritischer Fragen zu diesen Programmen und dem weitreichenden sozialen Experiment, das sie angeregt haben. In erster Linie ist der Einwand erhoben worden, daß die Kinder übertrieben verängstigt und von ihrer Familie oder anderen Erwachsenen entfremdet würden, die möglicherweise durch das Programm zu Unrecht von den Kindern verdächtigt würden. Darüber hinaus haben sich viele gefragt, ob die Programme überhaupt ihre Funktion erfüllen. Werden die Kinder in die Lage versetzt, Mißbraucher abzuwehren und sich selbst trotz der Autorität Erwachsener zu schützen? Verfechter dieser Programme haben sich bemüht, diese Fragen zu beantworten, indem sie von ihren reichen Erfahrungen berichteten. Die Ausführungen konnten die Befürchtungen von Eltern und Politikern zumeist entkräften.

Nach und nach wurden die Programme ohne spezielle systematische Analyse auf breiter Ebene angenommen. Dennoch gab es weiterhin ein Bedürfnis nach Forschung auf diesem Gebiet. Dieselben gesetzgebenden Organe Kaliforniens, die die Programme verordnet hatten, stellten Gelder zur Verfügung, um ihre Wirkung zu untersuchen. Ihre weite Verbreitung in den gesamten Vereinigten Staaten lieferte reichlich Studienmaterial. Zwischen 1984 und 1987 wurde eine große Zahl von Erhebungen durchgeführt, und viele weitere sind noch im Gange. Es gibt mehr Untersuchungen über die Wirksamkeit von Präventionsprogrammen als in allen anderen Bereichen zum Thema Mißbrauch und Vernachlässigung von Kindern. Das liegt sicher zum Teil daran, daß solche Untersuchungen mit relativ wenig Aufwand ohne hohe Fördermittel durchgeführt werden können. Seit 1986 (CONTE 1984; DARO; HAZZARD UND ANGERT 1986) gibt es jedoch keine umfassende Übersicht über die mittlerweile große Zahl dieser Forschungsergebnisse.

## Methoden

Da zahlreiche Untersuchungen noch andauern, nahmen wir für die vorliegende Übersicht Kontakt zu Wissenschaftlern auf, von denen bekannt ist, daß sie auf diesem Gebiet aktiv sind.[2] Von diesen Untersuchungen ließen wir aber diejenigen unberücksichtigt, die sich ausschließlich an die Eltern richten. Wir konzentrierten uns statt dessen auf Programme, von denen zumindest eine Funktion darin bestand, direkt auf die Kinder einzuwirken.

Am Ende bestand die Gruppe der von uns untersuchten Arbeiten aus fünfundzwanzig Untersuchungen (siehe die *Übersicht* S. 236ff.), von denen zwei Drittel in keinem der großen wissenschaftlichen Journale erschienen waren. Die meisten wurden in den Vereinigten Staaten durchgeführt, zwei präsentierten Forschungen aus Kanada. Bis auf zwei Ausnahmen befaßten sich alle Untersuchungen mit Grundschülern und Ganztagesschülern, die am gewöhnlichen Klassenunterricht teilgenommen hatten. Die Studie von MILTENBERGER und THIESSE-DUFFY untersuchte Kinder, denen die Programme ausschließlich im häuslichen Rahmen vermittelt wurden, und die von LUTTER und WEISMAN (1985) befaßte sich mit einem Programm, das von der »Campfire«-Jugendorganisation eingesetzt wurde.

Das Alter der Kinder in den Untersuchungen reichte von drei bis zwölf Jahren, der Schwerpunkt lag bei Kindern, die die dritte, vierte und fünfte Klasse besuchten. Die Stichproben betrugen Größenordnungenen von 25 Kinder (WURTELE und MILLER-PERRIN 1987) und mehr als 3 500 Kinder (WOODS und DEAN 1985). Eine Vielzahl stark verbreiteter Programme wie *Talking About Touching*

*(TAT)*, das *Child Assault Prevention* Programm *(CAP)*, das *Spiderman* Comic-Heft und *No More Secrets (NMS)* wurden ebenso berücksichtigt wie speziell auf Gruppen zugeschnittene oder lokal begrenzte Programme, wie zum Beispiel *Happy Bear* von OSTBLOOM, RICHARDSON und GALEY oder RAYS *My Very Own Book About Me*.

In 21 Studien wurde ein breites Spektrum verschiedener Auswertungsmethoden angewandt. Elf Untersuchungen verteilten Tests zum Ausfüllen und Fragebögen. BINDER und MCNIEL (1986), FRYER, KRAIZER und MIYOSHI (1987), LEAKE (1986a), PLUMMER (1984) sowie WURTELE und MILLER-PERRIN verwandten Rollenspiele als Mittel, um das Wissen der Kinder zu bewerten. OSTBLOOM, RICHARDSON und GALEY (1987) sowie WOLFE, MACPHERSON, BLOUNT und WOLFE (1986) setzten Sketche ein, und PLUMMER (1984), KOLKO, MOSER, LITZ und HUGHES (1987) sowie RAY (1984) zeigten den untersuchten Kindern kurze Filme und befragten sie dazu. DOWNER (1986), KENNING, GALLMEIER, JACKSON und PLEMONS (1987) sowie WOODS und DEAN (1985) gaben Fallbeispiele vor. FRYER, KRAIZER und MIYOSHI (1987) benutzten eine Simulationsmethode, indem eine Situation inszeniert wurde, in der ein Kind in der Schulaula von einem fremden Mann angesprochen und gefragt wird, ob es ihn zu seinem Auto begleiten will, um Kuchen für die Geburtstagsparty seines Kindes zu holen. Die Spielszenen wurden zur Auswertung auf Video aufgenommen.

## Ergebnisse

24 von 25 Untersuchungen kamen zu dem Ergebnis, daß die Kinder die Präventionskonzepte verstanden hatten, nachdem sie die Programme durchlaufen hatten. Nur MILTENBERGER und THIESSE-DUFFY stellten fest, daß ihr Vorbeugungsprogramm, ein Lesebuch *(Red Flag/Green Flag)*, das Eltern gegeben wurde, um es mit ihren vier bis sieben Jahre alten Kindern zu lesen, den Kindern nicht die gewünschten Sicherheitskenntnisse vermittelte. Auch LEAKE (1986a) kam zu dem Ergebnis, daß zwar ein Programm *(CAP)* die gewünschte Wirkung zeigte, aber ein anderes *(No More Secrets, NMS)* nicht geeignet war, Schüler der fünften Klasse zu lehren, sexuelle Übergriffe zu erkennen und zu meiden. LEAKE führt die unter-

schiedliche Wirksamkeit darauf zurück, daß das CAP-Programm jeden Schüler direkt an einem Rollenspiel beteiligt, während das NMS-Programm nur aus einem Film mit anschließender Diskussion besteht.

Obwohl die Studien durchgehend erhebliche Lerneffekte feststellen konnten, zeigten sie auch, daß bestimmte Programme leichter aufgenommen wurden als andere. Die Merkmale sexuellen Mißbrauchs wurden – zumindest in der Form, wie die Programme diese darstellten – relativ leicht gelernt. DARO, DUERR und LEPROHN (1986), GARBARINO (1987) sowie OSTBLOOM, RICHARDSON und GALEY (1987) fanden, daß die Kinder ihrer Stichproben eine verbesserte Fähigkeit zeigten, verschiedene Arten von Berührungen zu unterscheiden und Körperteile zu benennen. Andere Konzepte jedoch schienen schlechter vermittelbar zu sein. Am schwierigsten war es für Kinder zu begreifen, daß sexuelle Übergriffe meist von Erwachsenen kommen, die sie gut kennen. Bei PLUMMER (1984) beispielsweise glaubten nach dem Training nur 56% der Schüler, daß Mißbraucher »oft« Menschen, »die ich kenne« sein können, nach acht Monaten waren es sogar nur noch 39%. Dieser Rückgang bei der Nachuntersuchung zeigt, daß das durch dieses spezifische Konzept vermittelte Wissen nicht dauerhaft gelernt worden war. In der Auswertung von RAY (1984) beantworteten drei von fünf Kindern die Frage: »Ist es möglich, daß Kinder gegen ihren Willen von Menschen, die sie kennen und mögen, (mißbräuchlich) angefaßt werden?« falsch. Auch SIGURDSON, DOIG und STRANG (1985) berichteten, daß das größte Problem für Kinder das Risiko war, nicht von Fremden, sondern meist von Verwandten sexuell mißbraucht zu werden.

Einige Studien bestätigen darüber hinaus, daß die Begriffe weitaus leichter zu lehren sind als das Verhalten. Leider erheben die meisten Untersuchungen nur das begriffliche Wissen, nicht das Verhalten. BELAND (1986) bestätigte später die Arbeit von PLUMMER (1984), indem sie fand, daß das Programm *Talking about Touching* keine so ausgeprägte Wirkung auf die Fähigkeit der Kinder hat, sich in einem Rollenspiel zu behaupten, wie auf ihr Wissen und ihre Fähigkeit zur Problemlösung. Dieses Ergebnis wurde jedoch von KENNING et al. (1987) wieder in Frage gestellt.

Die Studien haben auch individuelle Unterschiede zwischen Kindern festgestellt. Beispielsweise bestätigten sie die nicht unerwartete Tatsache, daß ältere Kinder leichter lernen als jüngere. CONTE, ROSEN, SAPERSTEIN und SHERMACK (1985) ebenso wie SIGURDSON, DOIG und STRANG (1985) sowie WURTELE et al. (1986) berichteten, daß die älteren Kinder von Anfang an eine größere Anzahl richtiger Antworten gaben und mehr lernten als die jüngeren.

Besonders bemerkenswert war die Erkenntnis von SIGURDSON, DOIG und STRANG (1985), wonach die Mädchen bessere Ergebnisse erzielten als die Jungen. Dies stand im Widerspruch zu den Erkenntnissen von OSTBLOOM, RICHARDSON und GALEY (1987) sowie GARBARINO (1987), die übereinstimmend berichteten, daß die Jungen nach Durchlaufen des Programmes bessere Ergebnisse aufwiesen. GARBARINOS Ergebnisse sind jedoch leicht dadurch zu erklären, daß er eine Ausgabe des Comic-Heftes Spiderman verwandte und damit eine Figur, die die Jungen zweifellos besser kannten und mit der sie sich besser identifizieren konnten. Geschlechtsunterschiede bedürfen jedoch allgemein einer eingehenderen Betrachtung. Der überwiegende Teil der von uns untersuchten Studien zog allerdings keinen Vergleich zwischen Jungen und Mädchen.

Nur wenige der Studien analysierten verschiedene Programme. WOODS und DEAN (1985) beispielsweise verglichen das *TAT (Talking about Touching)* mit dem Spiderman Comic-Heft, wobei sie eine größere Wissenszunahme bei Kindern, die an dem TAT-Programm teilgenommen hatten, feststellen konnten. Das TAT-Programm hatte wahrscheinlich die besseren Ergebnisse, weil es die Kinder aktiver beteiligte als das Comic-Heft, das lediglich passiv gelesen wurde. LEAKE (1986a) verglich auch die Programme *CAP (Child Abuse Prevention)* und *NMS (No More Secrets)* miteinander. CAP beteiligt die Teilnehmer aktiv in Rollenspielsituationen, während NMS lediglich aus einem Kurzfilm mit anschließender Diskussion besteht. LEAKE stellte fest, daß das CAP-Programm relativ besser geeignet war, Kinder der fünften Klasse zu lehren, drohenden sexuellen Mißbrauch zu erkennen und zu vermeiden. Außerdem fand er heraus, daß bei NMS die Gefahr bestand, daß Kinder bei für sie positiven Anlässen nein sagten.

WURTELE et al. (1986) untersuchten vergleichend ein Programm namens *Behavior Skill Training (BST)* und das Anschauen eines Lehrfilmes zur Vorbeugung gegen sexuellen Mißbrauch namens »Touch«. Analog zu anderen Untersuchungen, die feststellten, daß

222

passivere Programme weniger erfolgreich sind, fanden sie, daß das BST, das ein Rollenspiel einschloß, wirkungsvoller war als der Film. Obwohl CONTE et al. (1985) keine vergleichenden Untersuchungen anstellten, äußerten sie sich enttäuscht, daß die Kinder in ihrer Studie offenbar nur die Hälfte der erwünschten Konzepte erlernt hatten, und machten die kurze Dauer des Programms dafür verantwortlich. Es erstaunt daher nicht, daß Programme, die die Kinder mehr beteiligen und länger dauern, auch wirksamer zu sein scheinen.

Obwohl die meisten Programme die Kinder unmittelbar nach der Teilnahme an dem Training befragten, führten einige auch Nachuntersuchungen durch, um zu sehen, wie gut die Kinder ihr Wissen behalten hatten. PLUMMER (1984), OSTBLOOM, RICHARDSON und GALEY (1987) sowie LUTTER und WEISMAN (1985) untersuchten eine Gruppe von Schülern in gewissen Abständen (zwei und acht Monate bei PLUMMER, ein und sechs Monate in der Untersuchung von OSTBLOOM, RICHARSON und GALEY sowie sechs und achtzehn Monate in der Untersuchung von LUTTER). Es wurde übereinstimmend festgestellt, daß die Kinder bei der Nachuntersuchung mehr wußten als vor dem Training, daß jedoch ihr Wissen im Lauf der Zeit auf enttäuschende Weise abnahm.

PLUMMER (1984) berichtete ein signifikantes Nachlassen des Gelernten bezüglich mehrerer Konzepte. Zum Beispiel waren nach zwei wie auch nach acht Monaten 20% der Kinder zu der gewohnten Vorstellung zurückgekehrt (der innerhalb des Programms widersprochen worden war), daß ein einmal gegebenes Versprechen, ein Geheimnis zu bewahren, niemals gebrochen werden sollte, während es bei der ersten Befragung, unmittelbar nach dem Programm, nur 1,4% waren. Die Anzahl der Kinder, denen der Unterschied zwischen sexuellem Mißbrauch und körperlicher Mißhandlung klar war, verringerte sich von 76,8% bei der ersten Befragung auf etwa 45% bei den Nachuntersuchungen zwei und acht Monate später. Während drei Viertel der Kinder bei der Erstbefragung wußten, daß sie sich nicht selbst die Schuld für ihre sexuellen Kontakte zu geben haben, verringerte sich die Zahl bei der zwei und acht Monate späteren Nachuntersuchung auf die Hälfte. OSTBLOOM, RICHARDSON und GALEY (1987) stellten darüber hinaus ein Abnehmen des Wissens bereits nach einem Monat und ein weiteres Abnehmen nach sechs Monaten fest. LUTTER und WEISMAN (1985) fanden eine Abnahme des Wissens nach sechs Monaten, das bei kleineren Kindern erheblicher war als bei großen. Nach achtzehn Monaten konnte eine gleichmäßige und starke Abnahme des Wissensstandes bei allen Altersgruppen beobachtet werden. Als positiv ist dagegen PLUMMERS (1984) Feststellung zu werten, daß nach zwei und acht Monaten drei Viertel der Kinder immer noch wußten, was sie zu tun hatten, wenn sie von einem Bekannten auf eine mißbrauchende Weise angefaßt werden. Nach acht Monaten wußten 92% noch, daß sowohl Jungen als auch Mädchen Opfer sexuellen Mißbrauchs sein können, und mehr als die Hälfte der Befragten kannte noch immer die richtige Definition des Begriffes »Opfer«. Insgesamt zeigten die Befragten bei PLUMMER, daß sie weniger bereit waren, irgendwelchen Erwachsenen zu vertrauen, glauben zu schenken und sich auf sie zu verlassen, und dieser Lerneffekt hielt während der gesamten acht Monate an.

Sowohl in der Öffentlichkeit als auch bei Psychologen hat es erhebliche Bedenken gegeben, ob präventive Erziehung negative Auswirkungen auf die Kinder haben kann. Einige Untersuchungen sind besonders auf diese Problematik eingegangen und haben nach derartigen Auswirkungen gesucht. KOLKO, MOSER, LITZ und HUGHES (1987), OSTBLOOM, RICHARDSON und GALEY (1987), DOWNER (1986), BINDER und MCNIEL (1986) wie auch CONTE, ROSEN, SAPERSTEIN und SHERMACK (1985) konnten jedoch keine wie auch immer gearteten negativen Folgen feststellen. BINDER und MCNIEL (1986) ebenso wie LUTTER und WEISMAN (1985) fragten besonders nach zunehmender Ängstlichkeit und fanden heraus, daß die Programme im Gegenteil die Angst verminderten und das Selbstvertrauen stärkten. Bei BINDER und MCNIEL (1986) fühlten sich 89% der Kinder sicherer, während nur 3% größere Angst hatten. Sowohl Untersuchungen, die Eltern und Lehrer nach Anzeichen von Furcht oder Ängstlichkeit befragten, als auch solche, die direkt mit den Schülern sprachen, konnten diesbezüglich nichts feststellen. WURTELE und MILLER-PERRIN (1987) befaßten sich ausschließlich mit der Suche nach möglichen negativen Folgen der präventiven Erziehung, konnten aber keine solchen feststellen. Statt dessen stellten die Eltern eine signifikante Abnahme möglicher Verhaltensprobleme bei ihren Kindern nach dem Training fest.

Auf der anderen Seite kann man bei eingehender Betrachtung der Forschungsergebnisse einige Anzeichen erhöhter Ängste oder

Befürchtungen bei einigen Kindern unter bestimmten Umständen beobachten. Die Studie von KENNING, GALLMEIER, JACKSON und PLEMONS (1987) berichtet, daß als Ergebnis der erhöhten Fähigkeit der Kinder, den Begriff des Mißbrauchs zu verstehen, die Kinder nach der Präsentation des Programmes auch in harmlosen Situationen ängstlich reagieren können. Schüler der zweiten Klasse waren dabei etwas mehr verängstigt als die der ersten. In der Untersuchung von GABARINO (1987) sagte die Hälfte der Jungen und Mädchen in der vierten Klasse und ein kleiner Teil der Schüler der zweiten und der sechsten Klasse, daß das Comic-Heft sie beunruhigt und verängstigt hätte. Bei den Mädchen in der zweiten und in der sechsten Klasse war dies stärker der Fall (35% zu 17% in der zweiten und 30% zu 17% in der sechsten). Bei der Auswertung der Interviews stellte GABARINO (1987) fest, daß die meisten Kinder sich nach ihren Angaben »ein wenig« verängstigt oder beunruhigt fühlten. Die meisten sagten, daß dies daran lag, daß sie durch das Lesen des Heftes erkannt hatten, daß »es« auch ihnen zustoßen könnte. Viele der anderen Untersuchungen machten – obwohl sie feststellten, daß es keine Erhöhung der Angst in ihrer Gruppe gab – keine genauen Prozentangaben über die Kinder, die sagten, daß sie Angst bekommen hätten.

Als erfreuliches Eegebnis der Untersuchung kann die allgemeine Feststellung bewertet werden, daß die Kinder durch die Programme angeregt wurden, über das Problem des sexuellen Mißbrauchs zu sprechen und Fragen zu stellen. Achtzig Prozent der Eltern, die von WURTELE et al. (1986) befragt wurden, stellten fest, daß ihre Kinder nach dem Training mit ihnen über das Thema sprachen. Auch regten die Programme, selbst wenn sie keine elternspezifische Erziehungskomponente hatten, die Eltern an, mit ihren Kindern darüber zu reden. DARO et al. (1986) fanden heraus, daß zwei Drittel der Eltern nach der Programmpräsentation mit ihren Kindern über sexuellen Mißbrauch sprachen.

Die Forschungen bestätigen die Beobachtungen der Erzieher, daß die Programme die Kinder anregen, über erlittenen Mißbrauch zu sprechen. BELAND (1986) fand in dem auf die Prävention folgenden Jahr eine Verdoppelung der Aufdeckungen sexuellen Mißbrauchs in Schulen, die die Programme anwandten, gegenüber gleichbleibenden Werten bei Schulen, die dies nicht taten. Merkwürdig ist jedoch, daß dennoch 35% der Schulen mit entsprechen-

dem Erziehungsprogramm keine Aufdeckungen registrieren konnten, und daß die durchschnittliche Rate aller an dem Experiment
teilnehmenden Schulen nur zwei Aufdeckungen pro Schuljahr
betrug. Diese niedrigen Raten könnten daher rühren, daß BELAND
sich bei ihren Informationen auf die Schulleiter, die psychologischen Berater und die Krankenschwestern beschränkte.

Im Gegensatz dazu fanden KOLKO et al. (1987) bei der direkten
Befragung von Kindern und Eltern heraus, daß 7,5% der Kinder
innerhalb von sechs Monaten nach der Teilnahme an den Erziehungsmaßnahmen mißbraucht worden sind. Bei diesen Kindern
gab es eine höhere Wahrscheinlichkeit, daß sie über ihre Erfahrung
berichteten (88% taten es), und die Eltern der Kinder, die an dem
Training teilgenommen hatten, bestätigten, daß ihnen von ihren
Kindern häufiger von sexuellen Übergriffen berichtet wurde als
den Eltern der Kontrollgruppe.

## Diskussion

Es stimmt ermutigend festzustellen, wie viele Untersuchungen es
zur vorbeugenden Erziehung gegen sexuellen Mißbrauch gibt und
wie schnell immer wieder neue erscheinen. Die Untersuchungen
kommen überwiegend zu Schlußfolgerungen, die geeignet sind,
Autoren und Förderer der Programme in ihren Bemühungen zu
stärken. Fast ohne Ausnahmen werden den Programmen gute
Noten verliehen, und die einzigen geäußerten Vorbehalte sind
solche, welche die Erzieher bereits selbst erkannt haben. Dennoch
sind die Auswertungen bis dato recht oberflächlich geblieben und
haben einige der schwierigeren und brennenderen Fragen noch
nicht angesprochen.

Die überwältigende und unzweideutige Botschaft, die sich aus
den Auswertungen der Studien ergibt, besteht darin, daß Kinder in
der Tat die Konzepte lernen, die ihnen vermittelt werden sollen. Sie
lernen, daß es unangemessene Berührungen gibt, daß diese auch
von Menschen ausgeübt werden können, die sie kennen, daß sie das
Recht haben, nein zu sagen, daß sie Erwachsenen davon erzählen
sollten und so weiter. Die gründlicheren Untersuchungen haben
außerdem gezeigt, daß dieses Lernen nicht nur in einem mechani-

schen Nachplappern von Ideen besteht, sondern daß die Kinder das, was sie gelernt haben, sogar in imaginären Situationen und Rollenspielen anwenden können. Zumindest eine Untersuchung, die einen Simulationstest verwendet, legt nahe, daß das Gelernte in den Alltag angemessen umgesetzt wird, obwohl diese und mehrere andere Untersuchungen warnen, daß das Annehmen neuer Verhaltensweisen (wie Selbstsicherheit und die Fähigkeit, nein zu sagen) nicht so leicht und nachhaltig geschieht wie das Annehmen neuer Ideen.

Die Forschung bestätigt einige weitere Merkmale des Lernprozesses. Ältere Kinder lernen die Konzepte besser als jüngere, zweifellos weil sie kognitiv höher entwickelt sind und mehr Übung in Gruppenlernsituationen haben, wie sie in den Programmen eingesetzt werden. Einige Programme scheinen besser zu funktionieren als andere. Auf diesem Gebiet ist noch weitergehende Forschung nötig, aber die vorliegenden Untersuchungen legen nahe, daß Programme, die die Kinder aktiv beteiligen, zum Beispiel durch den Gebrauch von Rollenspielen, bessere Ergebnisse erzielen als andere, die sich in erster Linie auf passives Aufnehmen (Film und Diskussion) oder Einzellernen (Arbeitsbücher oder Comic-Hefte) stützen.

Die Studien empfehlen ebenfalls dringend, daß das Training zu einem späteren Zeitpunkt vertieft werden sollte. Es gibt einen offensichtlichen Verfall des Gelernten im Laufe der Zeit, besonders bei den problematischeren Konzepten, nämlich denjenigen, die am stärksten den üblichen Erwartungen zuwiderlaufen, zum Beispiel bei der Tatsache, daß Sexualtäter auch enge Familienangehörige sein können. Der Verfall tritt bereits nach ein bis zwei Monaten ein, was nahelegt, daß wenigstens einmal pro Jahr eine Auffrischung erforderlich ist. Es ist bisker nicht geklärt, wie oft das Gelernte wieder aufgefrischt und wiederholt werden muß. Zweifellos können zukünftige Langzeitstudien diese Frage beleuchten.

Zu einem besonders kontroversen Thema – der Frage, ob die Programme die Kinder verängstigen oder verunsichern – sind die Forschungsergebnisse recht beruhigend. Die Mehrheit der Kinder zeigt keine Anzeichen von Furcht, sowohl nach ihren eigenen Angaben als auch nach den Beobachtungen ihrer Eltern und Lehrer. Es hat jedoch den Anschein, daß die Art des Programms dafür entscheidend ist. Eine recht große Minderheit (ein Viertel bis ein

Drittel) der Kinder, die das Spiderman Comic-Heft gezeigt bekamen, berichteten, daß es sie beunruhigte oder ihnen Angst machte. In der Situation, alleine ein Buch zu lesen, fühlen sich Kinder leichter ängstlich als in einer Gruppensituation, bei der sie den direkten Optimismus und die Stärke der Gruppe und der erwachsenen Leiter erleben. Die Ergebnisse der Spiderman-Studie zeigen, obwohl sie in anderen Untersuchungen nicht erscheinen, daß die Sorge über mögliche Beunruhigungen der Kinder nicht irrational ist und daß die Programme sorgfältig geprüft werden müssen, um eine solche Wirkung zu vermeiden.

Darüber hinaus bedarf die Tatsache, daß es einige Kinder gibt, die in Reaktion auf die Programme ängstlich werden, weiterer Untersuchungen. Es reicht nicht aus, lediglich darauf hinzuweisen, daß die Kinder als Gruppe nach dem Test nicht ängstlicher sind als vorher und auch nicht ängstlicher als die Kontrollgruppe. Selbst wenn nur eine kleine Anzahl von Kindern ängstlich wird und der Rest der Gruppe nicht, ist das äußerst bedenklich und bedarf eingehender Untersuchung. Es ist unklar, wie viele Kinder ängstlich werden müssen oder wie stark ihre Symptomatik sein muß, bevor die Erzieher Grund zur Sorge haben. Es ist bedenklich, daß nur etwa ein Viertel der Studien das Maß der Verängstigung der Kinder mit einbezogen hat. Immerhin vertreten einige die Auffassung, daß Programme entwickelt werden sollten, die keinerlei Angstpotentiale erzeugen, sondern sie statt dessen noch verringern können.

Ein weiteres ermutigendes Ergebnis der Untersuchungen ist, daß durch die Programme Diskussionen zwischen Kindern und ihren Eltern angeregt werden. Viele Kinder sprachen nach dem Training zu Hause über das, was sie gelernt hatten, sogar, wenn keine speziell auf die Eltern abgestimmten Trainingsziele vorhanden sind. Das legt sicherlich nahe, daß eine der besten Möglichkeiten, das schulbezogene Training zu verstärken, darin besteht, sicherzustellen, daß die Eltern mit den Konzepten vertraut und in der Lage sind, die Kinder zu unterstützen.

Die möglicherweise wichtigste eindeutige Erkenntnis des gesamten Experimentes mit vorbeugender Erziehung könnte sein, was nur sporadisch in der Literatur zur Forschung erwähnt: Die Erziehung zur Vorbeugung von sexuellem Mißbrauch ermutigt Kinder, über Mißbrauch zu berichten, den sie bereits erlitten haben.

Erzieher, die diese Programme unterrichten, berichten übereinstimmend, daß viele Kinder im Anschluß an die Programme von sexuellem Mißbrauch berichten. Tatsächlich mußten die meisten Programme besondere Verfahren entwickeln, wie sie mit der Unmenge von Enthüllungen, die sie gewöhnlich erhalten, umgehen können.

Die Forschung bestätigt im allgemeinen, daß die Programme die Aufdeckung sexuellen Mißbrauchs fördern, aber es werden selten spezifische Gründe dafür genannt. In den Untersuchungen wird nirgends systematisch der Anteil der Kinder, die sich nach dem Training Erwachsenen anvertrauen, untersucht, ebensowenig wird auf die Art der Enthüllungen und darauf eingegangen, wie diese von Programm zu Programm, dem Alter der Kinder oder der Schulform variieren. Eine Studie (KOLKO et al. 1987) berichtet, daß ungefähr 7,5% der Kinder in dem halben Jahr, das auf das Training folgte, eine Mißbrauchserfahrung berichteten. Eine andere Studie (BELAND 1986) berichtet eine Verdopplung der Enthüllungen in Schulen, in denen die Programme angewendet werden. Dies sind ermutigende Erkenntnisse, die die Beobachtungen der Erzieher bestätigen. Es werden jedoch viele weitere Spezifika benötigt, sowohl für die Erzieher, um ihnen zu helfen, den relativen Wert ihrer Programme zu erkennen, als auch allgemein, um die Wirkung der vorbeugenden Erziehungsprogramme zu bestimmen.

## Die große Unbekannte: Kann Erziehung Mißbrauch verhindern?

Die vordringlich zu lösende Frage ist nach wie vor die, ob präventive Erziehung tatsächlich geeignet ist, sexuellen Mißbrauch zu verhüten. Die Theorien, auf denen die Programme gründen, sind schlüssig, und die erwiesene Tatsache, daß die Kinder die Konzepte lernen, ist ein gutes Zeichen, aber das zentrale Ziel der Programme ist im wesentlichen noch unerforscht. Es gibt gute Gründe, diesbezüglich skeptisch zu sein. Jüngere Untersuchungen über die Arbeit mit Mißbrauchern, bei denen versucht wurde, ihre Denkweise und ihren modus operandi besser zu verstehen, weisen auf die Hartnäkkigkeit und Tücke hin, mit der sie sich den Kindern nähern (CONTE, WOLF und SMITH 1987). Angesichts der Autorität und der materiellen Übermacht, über die viele Erwachsene verfügen, bleibt es fraglich, ob die Kinder jemals die Oberhand behalten können. Außerdem ist es fragwürdig, ob die Präventionsmaßnahmen in spannungsgeladenen und erregten Auseinandersetzungen zwischen Mißbraucher und Kind tatsächlich anwendbar sind. Wird in den emotional geladenen Interaktionen zwischen Vater und Tochter der Begriff der »schlechten« Berührung eine Rolle spielen können? Werden die Ermahnungen eines Lehrers angesichts der Beteuerungen der Eltern im Alltag ein Gewicht haben? Diese Fragen sind schwer zu beantworten, und auch wissenschaftliche Literatur ist dabei keine große Hilfe.

Ein wesentlicher Hinderungsgrund ist, daß bisher keine Untersuchungsform gefunden wurde, die auf diese Fragen eine Antwort hätte bieten können. Eine solche Untersuchung müßte eine gründliche, intensive Nachuntersuchung der Kinder beinhalten, eine wesentlich ausführlichere Befragung, als sie bisher unternommen wurde. Dazu müßte eine große Gruppe junger Kinder, die freizügig über Mißbrauch und versuchten Mißbrauch spricht, erreicht werden. Die Untersuchung müßte jedoch so angelegt sein, daß genaue Fragen an die betroffenen Kinder gestellt werden. Dadurch wird allerdings eine Reihe ethischer Probleme aufgeworfen: 1. Ob und wie wird die elterliche Zustimmung zu der Befragung gegeben? 2. Wie geht man mit der Auskunftspflicht gegenüber den Behörden um in Fällen, die Enthüllungen über versuchte Mißbrauchshandlungen enthalten, wo sich die Kinder jedoch noch nicht um Hilfe an die Behörden gewandt haben? 3. Wie soll das Interview gestaltet werden, ohne selbst traumatische Auswirkungen auf die Kinder zu haben? Psychologen, die eine solche Studie beginnen würden, müßten mehrere hundert normale Kinder auf eine mögliche Geschichte sexuellen Mißbrauchs hin untersuchen, um diesen Fragen gerecht werden zu können.

Eine solche intensive Untersuchung ist jedoch nicht die einzige Möglichkeit, die Effektivität von Präventionsmaßnahmen zu prüfen. Es gibt weniger aufwendige Untersuchungsformen, die in der Zwischenzeit geeignete Antworten bieten könnten: Studien, die lediglich Enthüllungen über sexuellen Mißbrauch von Kindern (mit und ohne Präventionserziehung) über Jahre hinweg sammeln, können Hinweise darauf geben, ob die Erziehungsmaßnahmen den gewünschten Erfolg haben. Es wäre zu beachten, daß die Programme sowohl Vorbeugungs- und Vermeidungsverhalten vermitteln, wie auch die Enthüllung erleichtern, so daß eine hohe Rate von Enthüllungen in der trainierten Gruppe nicht unbedingt auch ein Scheitern des Programmes bedeutet. Die Forscher müßten die Effektivität der Programme dadurch messen, daß sie die Enthüllungen der trainierten mit denen der untrainierten Gruppe vergleichen. In jedem Fall muß die Forschung sich diesem Teil des Problems möglichst bald annehmen. Es ist zwar ermutigend zu erfahren, daß die Kinder die Konzepte zur Vorbeugung erlernen, aber solange es keine Beweise dafür gibt, daß Prävention tatsächlich kurzfristig Mißbrauchshandlungen vermeiden hilft, werden berechtigte Zweifel an ihrer Wirksamkeit bleiben.

Zweite große Unbekannte: Kann Erziehung die Folgen
sexuellen Mißbrauchs lindern?

Selbst wenn die Erziehungsprogramme nicht tatsächlich sexuellen Mißbrauch verhindern können, ist es dennoch möglich, daß sie andere wichtige positive Wirkungen haben. Sie können erleichtern, daß die Kinder ohne Zögern von Mißbrauchserfahrungen berichten. Dies ist ein weithin anerkanntes Ziel der Erziehungsprogramme, und in der Literatur wird allgemein davon ausgegangen, daß es erfüllt wird. Eine weitere mögliche positive Auswirkung hat dagegen in der Literatur weniger Aufmerksamkeit gefunden: Die Programme können das Trauma sexuellen Mißbrauchs verringern, sogar im Moment seines Geschehens. Eines der traumatischsten Merkmale sexuellen Mißbrauchs ist laut Aussagen der Opfer das Gefühl der Isolation, das Fehlen von Möglichkeiten zum Gespräch und die Unklarheit darüber, ob es anderen ebenso ergangen ist. Es ist möglich – wenn Kinder merken, daß sexueller Mißbrauch ein weitverbreitetes Thema ist –, daß sie, falls sie später einmal selbst Opfer werden sollten, sich nicht stigmatisiert fühlen und leichter darüber sprechen können.

Sicherlich kann es auch die entgegengesetzte Wirkung geben. SANFORD (1980) hat Erzieher davor gewarnt, bei den Opfern zusätzliche Schuldgefühle zu erzeugen, wenn sie, obwohl sie an Programmen zur Vorbeugung von sexuellem Mißbrauch teilgenommen haben, zum Opfer geworden sind und das Gefühl haben, dafür verantwortlich zu sein oder falsch reagiert zu haben, weil sie die Widerstands-Taktik, die man sie gelehrt hat, nicht richtig eingesetzt haben. Wenn man folglich auf die Wirkungen der vorbeugenden Erziehung schaut, darf man nicht nur darauf achten, ob die Maßnahmen Mißbrauch verhindern und Enthüllungen ermutigen, sondern muß auch sehen, ob sie das Trauma des Mißbrauchs bei den Opfern mildern oder verschärfen.


Die dritte große Unbekannte: Auswirkungen der vorbeugenden Erziehung auf die Sexualität

Die Sorge, daß die Programme Ängstlichkeit oder Furcht gegenüber Erwachsenen erzeugen könnten, ist ein Thema, das in der Forschung bereitwillig und sachlich diskutiert wird. Obwohl weitere Forschungen in dieser Richtung nötig sind, sind die vorläufigen Ergebnisse keineswegs beunruhigend, im Gegensatz zu den Auswirkungen, die die Programme auf die sexuelle Entwicklung der Kinder haben. Die meisten der Programme sind nicht explizit sexuell und halten sich nicht lange mit sexuellen Themen auf, vor allem deshalb, weil diese Themen sehr kontrovers sind. Es scheint jedoch plausibel, daß die Kinder ihre eigenen Schlußfolgerungen über ihre Sexualität aus den Programmen ziehen. Wenn die Kinder beispielsweise bereits sexuelle Erfahrungen mit Gleichaltrigen gemacht hatten (Doktorspiele etc.), wie stehen sie dann zu ihrem Tun, wenn sie etwas über »gute« und »schlechte« Berührungen hören? Sind sie geneigt, sich schuldig oder verwirrt zu fühlen, besonders angesichts der Tatsache, daß die Programme in der Regel keine positive Unterstützung für sexuelle Spiele geben? Wie viele Kinder, die die Programme durchlaufen haben, halten anschließend alle sexuellen Berührungen für böswillig, gefährlich und ausbeuterisch? Wie oft sind die Programme das erste, was den Kindern einfällt, wenn sie später mit Sexualität konfrontiert werden, und tragen die Programme dazu bei, Klarheit bei den Kindern zu schaffen, oder verwirren sie sie eher? All dies sind wichtige Fragen, die von den Erziehern selbst nicht sehr gründlich bedacht wurden, ganz zu schweigen von den Untersuchungen.

Die sexuelle Entwicklung des Kindes ist eines der am wenigsten erforschten Gebiete. Das liegt teilweise an sozialen Tabus, die es für Erwachsene, sogar für Psychologen schwer machen, mit Kindern über Sexualität zu sprechen, sowie an den ethischen Unklarheiten, die das Problem umgeben. Es ist unwahrscheinlich, daß Psychologen, die sich mit der Wirkung von Erziehungsmaßnahmen zur Vorbeugung von sexuellem Mißbrauch befassen, ausgerechnet diejenigen sein werden, die dieses Neuland betreten. Dennoch sollten sie wenigstens die Möglichkeit in Betracht ziehen, einige Fragen zu formulieren, um zu sehen, ob die Programme irgendwelche Auswirkungen auf die kindliche Sexualität haben. Die Wichtigkeit des Themas rechtfertigt den Aufwand.

### Weitere neue Entwicklungen

Die vorangegangene Diskussion hat einige neue methodische Entwicklungen angeschnitten, die in die Erforschung der Erziehung zur Vorbeugung von Mißbrauch einbezogen werden sollten. Auf der Hand liegt natürlich eine langfristige begleitende Untersuchung. Die Form der Nachuntersuchungen, wie sie bis dato versucht worden sind, konzentrierte sich in erster Linie darauf zu sehen, wie gut die Kinder das Gelernte behalten haben. Diese Studien müssen erweitert und weiterentwickelt werden. Eine angemessene Langzeituntersuchung sollte im Idealfall auch auf die Frage eingehen, ob das Training tatsächlich sexuellen Mißbrauch verhüten kann. Die Kinder müßten so lange begleitet werden, bis sie sich als junge Erwachsene leichter und ausdrücklicher auf Fragen über Mißbrauchserfahrungen äußern können, die möglicherweise auf das Training gefolgt sind. Aus dieser Sicht könnte dann klar werden, ob die Programme wirksam waren oder nicht.

Die Forschungsprogramme über die Wirkung der Vorbeugungsmaßnahmen gegen sexuellen Mißbrauch hatten bisher überwiegend dieselbe Form. Entweder hatten sie die Form Eingruppen-Prätest-Posttest, nur Posttest oder Prätest-Posttest mit Kontrollgruppen (CAMPBELL und STANLEY 1963). Es gibt neben der Frage nach der Form, die die Untersuchung hatte, noch weitere wichtige und interessante Fragen, denen nachgegangen werden sollte, zum Beispiel die, inwiefern Vorbeugungsmaßnahmen gegen sexuellen Mißbrauch die Mißbraucher selbst betreffen. Ein Hinweis auf einen möglichen Erfolg des Trainings wäre, wenn potentielle Mißbraucher auf die Vorbeugungsmaßnahmen aufmerksam würden und deswegen davor zurückschreckten, Kinder zu mißbrauchen. Wenn zudem Mißbraucher mehr und mehr merken würden, daß viele Kinder sich ihren Angriffen widersetzen, oder gesagt bekämen, daß die Kinder die Vorbeugungsmaßnahmen anwenden, wäre auch das ein willkommener Hinweis auf die Wirksamkeit der Programme. Die Psychologen, die die Untersuchungen durchführen, sollten sich mehr mit den Mißbrauchern befassen und sie interviewen, um die Wirksamkeit der Vorbeugungsmaßnahmen in dieser Hinsicht zu untersuchen.

Eine weitere Richtung, die aus dem Rahmen der klassischen Untersuchungsmethoden fällt, sind qualitative Studien an Kindern, die an den Erziehungsmaßnahmen teilgenommen haben und trotzdem Opfer sexuellen Mißbrauchs wurden. Es könnte sehr aufschlußreich sein, von ihnen zu erfahren, warum dies trotz der Vorbeugungsmaßnahmen geschehen konnte. Hatten sie das, was sie gelernt hatten, vergessen? Hatten sie versucht, es anzuwenden, und gemerkt, daß es nicht funktioniert? Ist es ihnen nicht gelungen, die Konzepte in der Situation, mit der sie konfrontiert waren, anzuwenden? Jedes derartige Interview müßte mit großer Sensibilität geführt werden, um dem betroffenen Kind nicht das Gefühl zu geben, daß es versagt hat und den Mißbrauch nicht verhindern konnte. Eine solche Studie könnte jedoch wichtige Hinweise geben, die genutzt werden könnten, um die Programme zu verbessern, weitergehende Fähigkeiten zu vermitteln oder den Kindern eine realistischere Einschätzung zu ermöglichen, wann und wie ihre Fähigkeiten ihnen helfen können und wann nicht.

## Schlußfolgerung

Seit 1984 ist eine beeindruckende Vielzahl von Untersuchungen über die Wirkung der vorbeugenden Erziehung gegen sexuellen Mißbrauch angefertigt worden. Das deutlichste gesicherte Ergebnis dieser Untersuchungen besteht darin, daß Kinder in der Tat die Konzepte zur Vorbeugung lernen, die in den Programmen gelehrt werden. Dennoch wissen wir nicht und werden auch in absehbarer Zeit wahrscheinlich nicht wissen , ob die Programme den Kindern tatsächlich helfen, Mißbrauch zu verhindern. Was wir bisher sagen können ist, daß die Programme eindeutig viele mißbrauchte Kinder dazu anregen, von ihrer Erfahrung zu erzählen. Da der Erfolg der Programme im wesentlichen auf diesem Gebiet liegt und nicht in der Vorbeugung, könnte es sinnvoll sein, sie umzubenennen in »Erziehung zur Erleichterung der Kommunikation über sexuellen Mißbrauch« oder: »Erziehung zur Vorbeugung und Kommunikation über sexuellen Mißbrauch«. Die kommunikationsfördernde Wirkung der Programme sollte nicht unterschätzt werden. Selbst wenn die Programme sich letztlich als unwirksam bezüglich der Verhinderung vieler Mißbrauchshandlungen erweisen sollten, sind doch die Enthüllungen, die sie anregen, ein großer Schritt in die richtige Richtung. Sie retten mit Sicherheit viele Kinder, die andernfalls nicht gerettet worden wären, vor extrem schwierigen und verletzenden Situationen und möglichen Kurzschlußreaktionen. Wir glauben, daß die Forschung auf diesem Gebiet in Zukunft noch größeren Wert auf die Kommunikation über sexuellen Mißbrauch und die Erfolge der Programme in dieser Hinsicht legen sollte.

Schließlich scheint es fast selbstverständlich, daß die Programme zur Vorbeugung sexuellen Mißbrauchs weiterhin zunehmend untersucht und ausgewertet werden sollten. Gegenwärtig konzentrieren sich die größten Anstrengungen sowohl in der Forschung als auch in der Sozialpolitik hinsichtlich der Verhütung des sexuellen Mißbrauchs und der Linderung seiner Folgen auf die Vermittlung dieser Präventionskonzepte an die Kinder. Prävention muß sich aber auch auf Eltern, Erwachsene und potentielle Mißbraucher konzentrieren. Wir wissen beispielsweise, daß Kinder anfälliger für sexuellen Mißbrauch sind, wenn sie vernachlässigt oder emotional isoliert werden. Eltern und andere Erziehende haben die Möglichkeit, diese Verletzbarkeit zu vermindern, und die Programme können sie dabei unterstützen. Wir stehen am Anfang des Verständnisses für die Wurzeln des mißbrauchenden Verhaltens, seiner Entstehung in der Kindheit, seiner Verbindungen zu erduldeten Mißhandlungen sowie der Gedanken und Umstände, die Phantasien anregen, welche in Handlungen umgesetzt werden. Vorbeugungsinitiativen müssen darauf gerichtet sein, die Entwicklung dieses Verhaltens bei potentiellen Mißbrauchern zu verhindern.

# Untersuchungen von Erziehungsprogrammen zur Vorbeugung gegen sexuellen Mißbrauch – eine Übersicht

| Untersuchung | untersuchte Gruppe | N | verwendetes Programm | Auswertungsmethode |
|---|---|---|---|---|
| BELAND 1986 | Grundschulen Washington State 2. und 3. Klasse | 314 | Talking About Touching (TAT) | handschriftlicher Test |
| BINDER UND MCNIEL 1986 | Grundschulen Western City Alter 5-12 | 88 | Child Assault Prevention (CAP) Programm | Fragebogen zum Rollenspiel |
| BORKIN UND FRANK 1986 | Vorschulkinder Alter 3-5 | 100 | »Bubbylonian Encounter« (Puppenspiel und Malbuch) | Interview |
| CONTE, ROSEN, SAPTERSTEIN UND SHERMACK 1985 | Hort und Grundschule, Cook Co. Chicago, IL Alter 4-10 | 40 | Cook Co. Sheriff's office Program | handschriftlicher Test |
| DARO, DUERR UND LEPROHN 1986 | 7 Vorschulen in Süd-Kalifornien | 505 | CAP, Children's Self Help, TAT, Touch Safety, Child Abuse Prevention, Intervention and Education, Youth Safety Awareness Project und SAFE | Geschichtenerzählen, handschriftlicher Test |
| DOWNER 1986 | Grundschule, Seattle, WA Alter 9-10 | 85 | TAT | Puppenspiel und Fragebogen |
| FRYER, KRAIZER UND MIYOSHI 1987 | Grundschule Denver, CO KiTa, 1. und 2. Klasse | 44 | »Children Need to Know« Personal Personal Safety Training Program | Rollenspiel und Fragebogen |
| GARBARINO 1987 | Grundschule Central, PA 2., 4. und 6. Klasse | alle | Spiderman Comic-Heft | Fragebogen |

| Untersuchung | untersuchte Gruppe | N | verwendetes Programm | Auswertungs-methode |
|---|---|---|---|---|
| KENNING, GALL-MEIER, JACKSON UND PLEMONS 1987 | Grundschule Midwestern Community und North Eastern OK; 1. und 2. Klasse | 72 44 | CAP TAT | Fragebogen, Schaubilder |
| KOLKO, MOSER, LITZ UND HUGHES 1987 | 3 Grundschulen in Washington Co., PA 3. und 4. Klasse | 349 | Red Flag/Green Flag, Malbuch, Film: »Better Safe Than Sorry II« | handschriftli-cher Test, Fragebogen |
| LEAKE 1986a | 3 Grundschulen San Joaquin Co., CA 1., 2. und 3. Klasse | 90 | CAP | Rollenspiel |
| LEAKE 1986b | 3 Grundschulen San Joaquin Co., CA, 5. Klasse | 45 | CAP, No More Secrets | Rollenspiel |
| LUTTER UND WEISMAN 1985 | Campfire Program Massachussetts | 323 | Children's Awareness Training | hanschriftli-cher Fragebo-gen, Rollen-spiel |
| MILTENBERGER UND THIESSE-DUFFY (in Vor-bereitung) | Zuhause, Mid-western Com-munity, Alter 4 - 7 | 24 | Red Flag/Green Flag | Partnerübun-gen mit den Eltern, Rollen-spiel |
| OSTBLOOM, RICHARDSON UND GALEY 1987 | Vor- und Grund-schulen in ganz Iowa; Alter 3 - 7 | ca. 3.500 | »Happy Bear« | Sketch, Frage-bogen |
| PLUMMER 1984 | Grundschule Southern MI 5. Klasse | 69 | EPSA (Education for the Prevention of Sexual Abuse) | Rollenspiel und Film |
| RAY 1984 | Grundschule Spokane, WA 3. Klasse | 167 | »My Very Own Book About Me« | Arbeitsbuch und Film |
| SIGUARDSON, DOIG UND STRANG 1985 | Grundschule Manitoba, Canada 4., 5. und 6. Klasse | 137 | »Feeling Yes« »Feeling No« | Video und Fra-gebogen |

| Untersuchung | untersuchte Gruppe | N | verwendetes Programm | Auswertungs-methode |
|---|---|---|---|---|
| SWAN, PRESS UND BRIGGS 1985 | Grundschule, Alter 8-11 | 68 | Theaterspiel: »Bubby-lonian Encounters« | Schaubilder, Fragebogen |
| WALL 1983 | Grundschule im nördlichen Kalifor-nien: 4. und 5. Klasse | 147 | CAP | Fragebogen |
| WOLFE, MACPHERSON, BLOUNT UND WOLFE 1986 | 3 Grundschulen, Charleston, SC, 4. und 5. Klasse | 290 | »You're in Charge« | Fragebogen |
| Women Asso-ciates Consul-ting, Inc. n. d. | Grundschule Toronto, Kinder-garten bis 6. Klasse | 529 | »Missing from Ydob« | Interview, Fragebogen |
| WOODS UND DEAN 1985 | Grundschulen in Knoxville, TN | ca. 3.500 | TAT, Spiderman | Schaubilder, Fragebogen |
| WURTELE UND MILLER-PERRIN 1987 | 2 Grundschulen im Ostteil Washingtons; Kindergartenkinder | 25 | Behavior Skills Training Program | Rollenspiel |
| WURTELE, SASLAWSKY, MARRS UND BRITCHER 1986 | Grundschule Eastern Washing-ton State; K., 1., 5. und 6. Klasse | 71 | »Touch«, Behavioral skills Training Program (BST) | Fragebogen |

# Anmerkungen

1 »Sexual Abuse Prevention Education: A Review of Evaluation« erschien im Original in: WILLIS, D. J.; HOLDER, E. W.; ROSENBERG, M. (Hg.): Child abuse prevention. Wiley, New York. Übersetzung von MATTHIAS SCHOSSIG mit freundlicher Genehmigung des Verlags.

2 Die Autoren bedanken sich bei Kathy Beland, Deborah Daro, Ed Fryer, Raymond Miltenberger, David Nibert, Norman Ostbloom, Carol Plummer und Andrea Wiseman für ihre Hilfe bei der Beschaffung der Untersuchungen sowie bei Donna Wilson für ihre Hilfe bei der Erstellung des Manuskripts. Dr. Finkelhors Mitwirkung an dieser Untersuchung wurde durch Mittel des National Center on Child Abuse and Neglect, des National Institute of Mental Health und die Eden Hall Farm Foundation gefördert.

# Literatur

BELAND, K. (1986): Prevention of child sexual victimization: A school based statewide prevention model. Committee for Children, 172 20th Avenue, Seattle WA.

BINDER, R.; MCNIEL, D. (1986): Evaluation of a school-based sexual abuse prevention program: Cognitive and emotional effects. Presented at the 1986 Annual Meeting of the American Psychiatric Association, Washington DC. (Dr. Binder, 401 Parnassus Ave., San Francisco CA 94143).

BORKIN, J.; FRANK, L. (1986): Sexual abuse prevention for preschoolers: A pilot program. Child Welfare 65 (1): 75-82.

CAMPBELL, D.; STANLEY, J. (1963): Experimental and Quasi-Experimental Designs for Research. Rand McNally, Chicago.

CONTE, J. (1984): Research on the prevention of sexual abuse of children. Paper presented at the Second National Conference for Family Violence Researchers, Durham NH.

CONTE, J.; ROSEN, C.; SAPERSTEIN, L.; SHERMACK (1985): An evaluation of a program to prevent the sexual victimization of young children. Child Abuse and Neglect 9 (3): 319-328.

CONTE, J.; WOLF, S.; SMITH, T. (1987): What sexual offenders tell us about prevention: Preliminary findings. Paper presented at the Third National Family Violence Research Conference, Durham NH.

DARO, D. (o.J.): Evaluating child sexual abuse prevention classes. Family Welfare Research Group, 1950 Addison Street, Suite 104, Berkeley CA.

DARO, D.; DUERR, J.; LEPROHN, N. (1986): Child assault prevention instruction: What works with preschoolers. National Committee for the Prevention of Child Abuse and Neglect.

DOWNER, A. (1986): Evaluation of »Talking About Touching«. Committee for Children, 172 20th Avenue, Seattle WA.

FRYER, G.; KRAIZER, S.; MIYOSHI, T. (1987): Measuring actual reduction of risk to child abuse: A new approach. Child Abuse and Neglect 11 (2), 173-179.

GARBARINO, J. (1987): How do children respond to sexual abuse prevention? A preliminary study of the Spiderman Comic Book. Child Abuse and Neglect 11 (1): 143-148.

HAZZARD, A.; ANGERT, L. (1986): Child sexual abuse prevention: Previous research and future directions. Paper presented at the American Psychological Association meeting, Washington DC.

KENNING, M.; GALLMEIER, T.; JACKSON, T.; PLEMONS, S. (1987): Evaluation of child sexual abuse prevention programs: A summary of two studies. Paper presented at the National Conference on Family Violence, Durham NH (Dr. Kenning, Department of Psychology, University of Nebraska, Lincoln, NE 68588).

KOLKO, D.; MOSER, J.; LITZ, J.; HUGHES, J. (1987): Promoting awareness and prevention of child sexual victimization using the Red Flag/Green Flag program: An evaluation with follow-up. Journal of Family Violence 2 (1): 11-35.

LEAKE, H. (1986a): A study to compare the effectiveness of two primary prevention programs in teaching children to recognize and avoid child sexual abuse and assault. Sexual Assault Center of San Joaquin Co CA.

LEAKE, H. (1986b): A study to determine the effectiveness of the child assault prevention program in teaching first grade students to recognize and avoid child sexual abuse and assault. Sexual Abuse Center of San Joaquin Co CA.

LUTTER, Y.; WEISMAN, A. (1985): Sexual Victimization Prevention Project. Final Report to the National Institute of Mental Health. Grant R18 MH39549.

MILTENBERGER, R.; THIESSE-DUFFY (i. V.). Evaluation of home-based programs teaching personal safety skills to children. Journal of Applied Behavior Analysis.

OSTBLOOM, N.; RICHARDSON, B.; GALEY, M. (1987): Sexual abuse prevention projects. National Committee for Prevention of Child Abuse, Iowa, Chapter, P.O. Box 1566, Des Moines IA 50306.

PETERS, S.; WYATT, G.; FINKELHOR, D. (1986): Prevalence. In: FINKELHOR, D. (Hg.), Sourcebook On Child Abuse. Sage, Newbury Park CA, S. 15-59.

PLUMMER, C. (1984): Preventing sexual abuse: What in-school programs teach children. National Conference for Family Violence Researchers (Ms. Plummer, Box 421, Kalamazoo MI 49005).

RAY, J. (1984): Evaluation of the Child Sex Abuse Prevention Project. Rape Crisis Network, Spokane WA.

SANFORD, L. (1980): The Silent Children: A Parent's Guide to the Prevention of Child Sexual Abuse. Doubleday, Garden City NY.

SIGURDSON, E.; DOIG, T.; STRANG, M. (1985): What do children know about preventing sexual assault? How can their awareness be increased? Paper presented at the 77th annual conference of the Canadian Public Health Association, Vancouver BC.

SWAN, H.; PRESS, A.; BRIGGS, S. (1985): Child sexual abuse prevention. Does it work? Child Welfare 64 (4): 395-405.

WALL, H. (1983): Child assault/abuse prevention project: Pilot program evaluation. Mt. Diablo Unified Schools, Concorde, CA.

WOLFE, D.; MACPHERSON, T.; BLOUNT, R.; WOLFE, V. (1986): Evaluation of a brief intervention for educating school children in awareness of physical and sexual abuse. Child Abuse and Neglect 10: 85-92.

Women Associates Consulting, Inc. (o.J.): Metropolitan Chairman's Special Committee on Child Abuse Demonstration Project. 330 Dupont Street, Toronto.

WOODS, S.; DEAN, K. (1985): Evaluating sexual abuse prevention strategies. Paper presented at the 7th National Conference on Child Abuse and Neglect (Ms. Woods, Child and Family Services of Knox County, 2602 E. Fifth Ave., Knoxville TN 37914).

WURTELE, S.; MILLER-PERRIN, C. (1987): An evaluation of side effects associated with participation in a child sexual abuse prevention program. Dept. of Psychology, Washington State University, Pullman WA.

WURTELE, S.; SASLAWSKY, D.; MILLER, C.; MARRS, S.; BRITCHER, J. (1986): Teaching personal safety skills for potential prevention of sexual abuse: A comparison of treatments. Dept. of Psychology, Washington State University, Pullman WA.

ANNE KNAPPE

---

# Prävention sexuellen Mißbrauchs: Möglichkeiten und Grenzen der Arbeit mit Eltern und Kindern

»Sexueller Mißbrauch« ist mittlerweile zu einem in den Medien sehr strapazierten Schlagwort geworden; wir haben uns daran gewöhnt, aus vielerlei Quellen über sexuelle Gewalt zu erfahren. Im Laufe unseres Forschungsprojekts haben uns viele Eltern trotz der steigenden Publikationsflut innerhalb der letzten Jahre von großen Unsicherheiten und Ängsten im Umgang mit der Thematik erzählt. Dies mag zum einen daran liegen, daß die Berichterstattung nur allzu oft sensationslüstern ist und wenig zu einem konstruktiven und vorbeugenden Umgang beiträgt. Zum anderen ist für die meisten Menschen die Vorstellung, daß ein Kind sexuell mißbraucht wird, schwer zu ertragen und löst meist heftige Gefühle aus.

In unserer Arbeit mit Eltern trafen wir immer wieder auf das dringende Bedürfnis, das Problem des sexuellen Mißbrauchs schnell und grundlegend zu lösen. Das heißt: Der Wunsch ist groß, betroffene Kinder sicher als solche erkennen und den sexuellen Mißbrauch endgültig unterbinden zu können. Für den präventiven Bereich wünschen sich Eltern Mittel und Wege, Kinder mit 100prozentiger Sicherheit schützen zu können. Dies ist in absoluter Form nicht möglich.

Sexueller Mißbrauch an Kindern kann vielfältig in Erscheinung treten und hat komplexe Ursachen; deshalb ist er nicht durch einfache Maßnahmen schnell und gründlich zu verhindern.

Auch unsere Arbeit ging und geht immer noch häufig mit starken Gefühlen einher. Wir bewegen uns zwischen Resignation und Hoffnung und kommen immer wieder deutlich an die Grenzen unserer Handlungsmöglichkeiten. Wir wissen, daß das Ideal des vollständigen Schutzes nicht zu erreichen ist. Trotzdem können wir viel zur Verhinderung sexueller Ausbeutung von Kindern beitragen. Davon handelt das im folgenden vorgestellte Projekt.

Dieses Projekt hat in erster Linie *primäre Prävention* zum Ziel. Primäre Prävention bedeutet, das *erstmalige* Auftreten von sexuellem Mißbrauch zu verhindern. Dabei ist natürlich klar, daß primäre Prävention immer auch mit Aspekten sekundärer Prävention (Früherkennung von aktuellem sexuellen Mißbrauch) zu tun hat: Wenn ich mit Eltern und/oder Kindern arbeite, um das erstmalige Auftreten von sexuellem Mißbrauch zu verhindern, muß ich stets auch damit rechnen, auf Betroffene zu stoßen. Dies sollte in jedem Präventionsprogramm berücksichtigt werden.

Die Problematik sowohl des sexuellen Mißbrauchs als auch der Prävention wurde vor circa 15 Jahren von der Frauenbewegung in den USA aufgegriffen und wird mittlerweile auch in der Bundesrepublik Deutschland verstärkt thematisiert (WEHNERT-FRANKE et al. 1992). Viele Impulse zur Prävention gehen auch bei uns von US-amerikanischen Ansätzen aus.

Betrachtet man US-amerikanische Präventionsansätze, so fällt zunächst auf, daß sich die meisten Programme hauptsächlich oder sogar ausschließlich mit der *Zielgruppe der Kinder* beschäftigen (MILLER-PERRIN UND WURTELE 1988; THARINGER et al. 1988; WEHNERT-FRANKE et al. 1992); und dies, obwohl andere Zielgruppen meines Erachtens im Grunde naheliegender sind, wie zum Beispiel Erwachsene, die mit Kindern zusammenleben oder mit ihnen arbeiten. Auf die Gefahren einer solchen, nur auf Kinder abzielenden Arbeitsweise gehe ich an späterer Stelle noch ein.

Die Programme unterscheiden sich sehr in bezug auf ihren Umfang und ihre Inhalte (vgl. CONTE et al. 1986). Die Inhalte reichen von teils gefährlichen Ansätzen wie Selbstverteidigung (z.B. COLAO et al. 1981) über stark vereinfachendes Regellernen (z.B. FRYER et al. 1987) bis hin zu Ansätzen des *empowerments* (z.B. COOPER et al. 1983). Empowerment bedeutet in diesem Zusammenhang die Unterstützung der Kinder bei der Entfaltung selbstbewußter Verhaltensweisen. Der überwiegende Teil der Programme basiert auf dem empowerment-Ansatz – der in seinem Selbstverständnis sehr unterschiedlich gehandhabt wird –, und etwa ein Drittel der Präventionsprogramme sind »theoriefrei«, das heißt ohne explizite theoretische Grundlagen (THARINGER et al. 1988).

Angesichts der Vielfalt präventiver Ansätze stellt sich schnell die Frage nach der Effektivität der einzelnen Programme. Die meisten Präventionskonzepte basieren auf Annahmen, von denen Fachleute *glauben,* daß sie hilfreich seien. Sie werden meist sehr kreativ und unterhaltsam für Kinder gestaltet. Leider steht eine Überprüfung der tatsächlichen *Wirksamkeit* der meisten Programme und Ansätze noch immer aus (CONTE et al. 1986; REPPUCCI UND HAUGAARD 1989; WURTELE 1987). Zur Zeit existieren weder für positive noch für negative Auswirkungen der durchgeführten Präventionsprogramme ausreichende empirische Belege (DARO 1991).

Die einfache Übernahme US-amerikanischer Ansätze ist deswegen und aus Zweifeln an der kulturellen Übertragbarkeit nicht möglich. Auch in der Bundesrepublik gibt es Personen und Gruppen, die präventiv arbeiten (z.B. BRAUN 1989; FEY 1990; MITZLAFF 1989). Hier einen Überblick zu geben ist sehr schwer, da bislang kaum Grundlagen dieser Ansätze veröffentlicht wurden.

## Zusammenfassende Projektübersicht

Unser Projekt zur Prävention von sexuellem Mißbrauch an Kindern hatte eine Laufzeit von 2 1/2 Jahren und wurde an der Universität Bamberg in Zusammenarbeit mit Prof. H. Selg durchgeführt. Es umfaßte folgende Schwerpunkte (vgl. Abbildung 1):

*Ziel* des Projekts war es, eine Veranstaltungsreihe für Eltern und deren Kinder im Grundschulalter zur Vorbeugung gegen sexuellen Mißbrauch zu erstellen und durchzuführen.

Die Entwicklung der Veranstaltungen wurde in verschiedene Schritte unterteilt.

1. Zunächst mußten vorhandene Präventionsmaterialien für Eltern und Kinder gesichtet werden; dies diente einer umfassenden Orientierung und Einschätzung.

2. Um angemessen mit Eltern und Kindern arbeiten zu können war es notwendig, deren Kenntnisstand über sexuellen Mißbrauch und Prävention zu erfassen. Hierzu gab es bislang keine Untersuchungen im deutschsprachigen Raum. Wir führten die Befragung in zwei Schritten durch:

Sammlung und Bewertung
vorhandener Präventionsmaterialien

Befragung

*Eltern*                                          *Kinder*

Interviews
Fragebogen                                    Interviews

Entwicklung von Eltern- und Kinderveranstaltungen

*Durchführung*

*Eltern*                                          *Kinder*

Vorbefragung
Durchführung                               Durchführung
Nachbefragung                             Nachbefragung

*Abbildung 1*

2.1. Zunächst wurden Eltern und Kinder interviewt.

2.2. Die daraus gewonnenen qualitativen Erkenntnisse versuchten wir daraufhin durch eine Befragung der Eltern mittels Fragebogen auf »quantitative Füße« zu stellen.

3. Die Erkenntnisse aus der Materialsichtung und den Befragungen wurden in die Entwicklung der Eltern- und Kinderveranstaltungen aufgenommen.

4. Die so konzipierten Eltern- und Kinderveranstaltungen wurden umgesetzt und bewertet.

# Die Befragung: Was wissen Eltern über sexuellen Mißbrauch und wie setzen sie ihr Wissen in der Erziehung um?

## Die Konzeption der Befragung

Die Befragung der Eltern erfolgte in zwei Schritten. Die Interviews, an denen zehn Elternteil-Sohn- und zehn Elternteil-Tochter-Paare, also insgesamt zwanzig Eltern und zwanzig Kinder teilnahmen, ermöglichten uns einen vertieften Einblick in das Wissen und den Umgang mit der Thematik.

Der auf den Erkenntnissen aus den Interviews basierende Fragebogen wandte sich ausschließlich an Eltern von Kindern im Grundschulalter. Die Stichprobe umfaßte 264 Familien; die Rücklaufquote betrug knapp 50%. Der Fragebogen setzte sich aus einer Mischung von vorgegebenen Antwortkategorien und frei zu formulierenden Antworten zusammen.

Die Befragung der Eltern betraf folgende Themenkomplexe:
- Über welches Wissen/Handlungswissen verfügen Eltern bezüglich sexuellen Mißbrauchs? Wirkt sich dieses Wissen auf präventive Aspekte aus?
- Welche Maßnahmen/Verhaltensweisen erachten Eltern als vorbeugend gegen sexuelle Gewalt?
- Welche Informationen geben Eltern ihren Kindern über sexuellen Mißbrauch, sofern sie das Thema überhaupt mit ihnen besprechen? Falls Eltern dieses Thema nicht besprechen: Welche Befürchtungen und Schwierigkeiten halten sie davon ab?

Erste Hinweise zum Umgang der Eltern mit der Thematik lieferten FINKELHOR (1984) und DUERR BERRICK (1989). In diesen amerikanischen Untersuchungen zeigte sich, daß Eltern kaum über Informationen zum sexuellen Mißbrauch verfügten; die Minderheit der Eltern, die mit ihren Kindern über sexuellen Mißbrauch sprach, gab zudem viele falsche und vage Informationen (FINKELHOR 1984). Massive Befürchtungen der Eltern traten deutlich zutage. Unser Anliegen war es zu überprüfen, ob sich bei uns ähnliche Erkenntnisse finden ließen.

## Ergebnisse der Befragung

Es zeigte sich sowohl in den Interviews als auch in den Fragebogen, daß die befragten Eltern ein eher realistisches Bild von sexuellem Mißbrauch hatten.

Das heißt, sie waren überwiegend der Meinung, sexueller Mißbrauch findet im sozialen Nahbereich des Kindes durch Verwandte oder Bekannte statt (lediglich 8,0% gingen ausschließlich vom Bild des Fremdtäters aus); es wird in der Regel eher psychischer Druck (86,4%) als physische Gewalt vom Mißbraucher ausgeübt, und der Mißbrauch findet meist über einen längeren Zeitraum hinweg (85,6%) statt. Ein Teil der Eltern ging jedoch von einem relativ eingeschränkten Bild von Mißbrauchshandlungen aus: 24,0% nahmen an, daß es sich bei sexuellem Mißbrauch um Vergewaltigung handelt.

Die klischeehafte Beschreibung betroffener Kinder, die durch aufreizende Kleidung oder aufreizendes Verhalten den eigenen Mißbrauch »provozieren« oder sexuellen Mißbrauch erfinden, fanden wir in unserer Untersuchung kaum. Die Befragten waren überwiegend der Meinung, sexueller Mißbrauch könne jedes Kind treffen (99,2%), wobei Mädchen meist als höher gefährdet eingeschätzt wurden.

Es zeigte sich aber eine signifikante Änderung, sobald die Eltern ihr Wissen über sexuelle Gewalt gegen Kinder auf den eigenen Lebensbereich übertragen sollten:

Die Eltern gaben zwar an,

– daß sexueller Mißbrauch jedes Kind betreffen könnte; das eigene Kind wurde jedoch sehr häufig für überhaupt nicht gefährdet (28,4%) beziehungsweise kaum gefährdet (42,4%) gehalten;

– daß sexueller Mißbrauch meist durch Verwandte und Bekannte stattfindet; den eigenen Verwandten- und Bekanntenkreis schlossen viele Befragte jedoch kategorisch aus.

Es scheint also so zu sein, daß sexueller Mißbrauch in seiner Erscheinungsform und Dynamik zwar relativ deutlich ist, von den Eltern jedoch nicht auf die eigene Lebenswelt übertragen wird oder werden kann.

Eine Gruppe von Befragten unterschied sich hier jedoch von den übrigen Eltern: Diejenigen Eltern, denen ein konkreter Fall von sexuellem Mißbrauch bekannt war. Daß sie einen konkreten Fall kennen, berichteten 20,8% der Befragten, ein Drittel davon nannte sich selbst als Opfer sexuellen Mißbrauchs. Der Unterschied zu den anderen Eltern war in folgender Hinsicht signifikant:

– Die Eltern, denen ein konkreter Fall bekannt war, hielten die Gefahr des sexuellen Mißbrauchs ihres Kindes für eher gegeben als die übrigen Eltern; und

– sie redeten mehr mit ihrem Kind über sexuellen Mißbrauch.

Im Gegensatz zu FINKELHOR (1984), der in seiner Untersuchung fand, daß Betroffene die bessere Präventionsarbeit in Form eines Aufklärungsgesprächs leisten, zeigte sich bei uns, daß der ausschlaggebende Faktor die Kenntnis eines konkreten Falls war (wobei es sich in bezug auf die Präventionsarbeit herausstellte, daß es unerheblich war, ob die Befragte selbst Opfer war oder anderweitig zur Kenntnisnahme eines Falles kam).

Die Eltern wurden auch zu allgemeinen präventiven Möglichkeiten gegen sexuellen Mißbrauch befragt (vgl. Übersicht 1).

Ein Fünftel (19,1%) der Eltern gab an, daß es keine vorbeugenden Möglichkeiten gegen sexuellen Mißbrauch gibt oder machten keine Angaben dazu. Von den Eltern, die sich inhaltlich zu präventiven

*Übersicht 1*

| Frage: Worauf kommt es Ihrer Meinung nach an, damit Kinder vor sexuellem Mißbrauch geschützt sind? | |
|---|---|
| 19,1% der Befragten: Keine vorbeugenden Möglichkeiten | |
| Angaben zur Prävention: (n = 215; Mehrfachnennungen möglich) | |
| Aufklärung über sexuellen Mißbrauch | 71,2% |
| Vertrauen zwischen Eltern und Kind | 40,0% |
| Warnungen/Mißtrauen | 18,1% |
| Kontrolle/Einschränkungen | 16,7% |
| Sexuelle Aufklärung | 8,8% |
| Strafe für Täter/härtere Gesetze | 6,0% |
| Willen des Kindes fördern/Grenzen akzeptieren | 5,1% |
| Erziehung zu Selbstbewußtsein | 5,1% |

Möglichkeiten äußerten, wurde am häufigsten die »Aufklärung über sexuellen Mißbrauch« genannt (71,6%).

Wir stellten jedoch sowohl im Fragebogen als auch im Interview fest, daß die Nennung dieses Aufklärungsgesprächs nicht damit zusammenhängt, ob ein solches Gespräch mit dem eigenen Kind tatsächlich stattgefunden hat. Das bedeutet: Eine ganze Reihe von Eltern halten zwar das Gespräch über sexuellen Mißbrauch für ein effektives Mittel zum Schutz der Kinder, haben mit ihrem Kind jedoch nicht über sexuellen Mißbrauch gesprochen. Ein weiterer, häufig genannter Schutz vor sexuellem Mißbrauch war die »Vertrauensbasis zwischen Eltern und Kind« (40,0%); in dem Sinn, daß das Kind durch diese Vertrauensbasis offen über »komische« Vorfälle oder gar sexuellen Mißbrauch mit den Eltern sprechen könnte. Ein großer Teil der genannten vorbeugenden Möglichkeiten bezog sich jedoch – oft entgegen dem Wissen der Eltern über sexuellen Mißbrauch – auf das Klischeebild sexuellen Mißbrauchs (Fremder, Dunkelheit, einmalig, gewalttätig). Dementsprechend fielen die genannten Möglichkeiten aus:

Das Kind solle »mißtrauisch gegenüber Fremden« sein, auf »Warnungen der Eltern vor Entführern hören«, »sich nicht locken lassen« und so fort. Teilweise wurden auch einschränkende und kontrollierende Präventionsvorstellungen erwähnt (wie z.B. »bestimmte Straßen und Plätze meiden«, »den Freundeskreis genau überwachen«, »Kind niemals unbeaufsichtigt lassen«), die Kinder in ihrer Entwicklung einschränken und wenig hilfreich sind.

Maßnahmen und Gegebenheiten, von deren Wirksamkeit wir – neben dem Gespräch über sexuellen Mißbrauch – ausgehen, wie etwa Erziehung zu Selbstbewußtsein und selbstbestimmten Körperkontakt, wurden von den Eltern eher selten genannt (ges. 10,2%).

Wir konnten *keinen* Zusammenhang zwischen dem Wissen über Prävention und der Einschätzung der Gefährdung des Kindes feststellen (etwa, daß Eltern, die bestimmte Präventionsvorstellungen haben, ihr Kind für weniger gefährdet halten). Sind Eltern von ihren präventiven Ideen so wenig überzeugt?

Die Eltern hatten eine sehr pessimistische Einschätzung, was die präventiven Handlungsmöglichkeiten der Kinder betraf: Hier gaben 18,9% der Befragten keine Antwort, und 20,1% der Eltern gaben an, es sei kein Schutz möglich (ges. 39%). Darüber hinaus schätzten 15% der Eltern den präventiven Handlungsraum als sehr gering ein. Interessant wäre sicherlich zu erheben, ob man bei Fachleuten zu ähnlichen Einschätzungen – für die sich durchaus argumentative Unterstützung finden läßt – gelangen würde; dies würde die meisten der bestehenden Präventionsansätze ad absurdum führen, die gerade die *Möglichkeiten des Kindes* zur Verhinderung sexueller Übergriffe betonen.

Es zeigt sich also bei den erfragten Präventionsideen, daß Eltern trotz ihres eher realistischen Wissens über sexuellen Mißbrauch bei ihren präventiven Überlegungen oft auf das alte Klischeebild sexuellen Mißbrauchs übergehen. Im Grunde müßte den Eltern klar sein, daß Warnungen vor dunklen Wegen und/oder Fremden wirkungslos sind angesichts der (für viele Eltern bekannten) Tatsache, daß sexueller Mißbrauch nahezu immer im sozialen Nahbereich des Kindes stattfindet.

Auch beim *Gespräch über sexuellen Mißbrauch* mit dem Kind, das immerhin 46,2% der Eltern geführt hatten, wurde deutlich, daß Eltern sich inhaltlich eher am Klischeebild sexuellen Mißbrauchs orientierten. Ausschließlich Fremde als mögliche Täter wurden von 27,3% der Eltern genannt; 43,0% der Eltern hatten Fremde und Bekannte erwähnt. In nahezu jedem Gespräch (91,7%) wurde der Fremde als möglicher Täter genannt. Die Handlungen, die zur Erklärung sexuellen Mißbrauchs herangezogen wurden, waren häufig sehr vage umschrieben (wie z.B. »jemand tut etwas mit dem Kind, was das Kind nicht will«). Häufig wurde Exhibitionismus genannt (62,5%); dies war oft aufgrund aktueller Vorkommnisse der Fall. Das Gespräch über sexuellen Mißbrauch wurde von der Mutter (49,2%) oder den Eltern gemeinsam (45,1%) geführt. Wir konnten keinen Zusammenhang zwischen dem Geschlecht des Kindes und einem Gespräch über sexuelle Ausbeutung feststellen (wie z.B., daß mit Mädchen häufiger über sexuellen Mißbrauch gesprochen würde).

Die Gründe der Eltern gegen ein Gespräch über sexuellen Mißbrauch, die FINKELHOR (1984) in seiner Untersuchung fand, spielten auch in unserer Befragung eine Rolle: Ein Teil der Eltern hegte die Befürchtung, das Kind könne durch die Aufklärung über sexuellen Mißbrauch zu mißtrauisch Erwachsenen gegenüber werden (23,5%), das Kind könne über ein solches Gespräch zu sehr erschrecken (34,8%) oder das Thema sei zu schwierig, um mit dem

Kind darüber zu reden (20,1%). Eltern, die diese Befürchtungen hatten, sprachen signifikant weniger mit ihrem Kind über sexuellen Mißbrauch. Neben diesen Befürchtungen trug auch das Bild, das Eltern von sexuellem Mißbrauch hatten, entscheidend dazu bei, ob ein Gespräch über sexuellen Mißbrauch stattfand: Diejenigen, die glaubten, er sei mit Vergewaltigung gleichzusetzen, sprachen deutlich weniger mit ihrem Kind über sexuellen Mißbrauch.

Befragt nach der Einschätzung ihrer geleisteten Präventionsarbeit, waren die Eltern geteilter Meinung: 40,9% erkannten deutliche Mängel in ihren Bemühungen, ihr Kind zu schützen; 52,7% waren der Meinung, ihr Kind – so gut es geht – vor sexueller Gewalt geschützt zu haben. Die Einschätzung des Schutzes war unabhängig davon, ob die Eltern mit ihren Kindern über sexuellen Mißbrauch gesprochen hatten oder nicht.

Ein recht erschütterndes Ergebnis fanden wir in unserer Untersuchung bezüglich der *Anlaufstellen im Krisenfall:* 68% der Eltern konnten keine Anlaufstellen nennen, an die sie sich im Notfall hätten wenden können. Die übrigen Eltern hatten teilweise sehr vage Vorstellungen von helfenden Einrichtungen (z.B. »Caritas«, »Mütter-Stelle«, »Beratungsstelle«); spezielle Einrichtungen wie der Notruf für vergewaltigte und sexuell mißbrauchte Mädchen und Frauen oder Wildwasser-Beratungsstellen wurden nur in 2,3% der Fälle genannt.

*In der Befragung zeigte sich also, daß Eltern die Problematik des sexuellen Mißbrauchs an Kindern zwar erkennen, sie aber aus verschiedenen Gründen, die an dieser Stelle nicht geklärt werden können, nicht auf ihren (erzieherischen) Alltag beziehen oder in ihn integrieren können.*

Kritische Betrachtung der Befragung

Die gefundenen Ergebnisse müssen sicherlich auf eine breitere Basis gestellt werden. Unsere Stichprobe wurde in einer süddeutschen, katholischen, politisch mehrheitlich konservativen Mittelstadt gewonnen. Eltern von sechsjährigen Kindern sind allerdings aufgrund unserer Vorgehensweise überrepräsentiert. Es bleibt die Frage, ob sich solche Ergebnisse auf Eltern in einer Großstadt wie etwa Berlin übertragen lassen. Nicht geklärt werden kann außerdem, welche Eltern nicht bereit waren, den Fragebogen auszufüllen, und welche Gründe sie dafür hatten.

In einer weiteren Befragung wäre es sicherlich sinnvoll, Eltern auf den so häufig festgestellten Bruch zwischen dem Wissen über sexuellen Mißbrauch und der Anwendung des Klischeebilds von sexuellem Mißbrauch in der Erziehung der Kinder aufmerksam zu machen und dies näher zu untersuchen. Für solche Vertiefungen ist ein strukturiertes Interview geeignet. Widersprüche, die die parallel erhobenen Interviews mit Eltern und deren Kindern zutage förderten, müssen weiter untersucht werden; so konnte sich die Hälfte der Kinder nicht an ein Gespräch über sexuellen Mißbrauch erinnern, obwohl die Eltern berichteten, mit ihren Kindern darüber gesprochen zu haben. Eine weitere Frage, die den Eltern konkret gestellt werden sollte, ist: Was schützt *Ihr* Kind vor sexuellem Mißbrauch?

Erziehungshaltungen (wie z.B. Erziehung zu Selbstbewußtsein), die im Lauf der Veranstaltungskonzeptionen immer deutlicher in den Vordergrund rückten, wurden in diesem Fragebogen (leider) nicht explizit berücksichtigt. Daher wurde ein großer Teil präventiver Aspekte in dieser Untersuchung nicht systematisch erfaßt und untersucht.

## Unser Programm zur Prävention

### Vorüberlegungen zu den Veranstaltungen

Im Lauf des Projekts wurde uns zunehmend deutlich, daß Erwachsene die Verantwortung tragen müssen, präventiv gegen sexuelle Gewalt an Kindern zu arbeiten. Kinder sind ohne angemessene soziale Unterstützung kaum in der Lage, sich gegen sexuelle Übergriffe zu schützen. Deshalb halte ich das alleinige Arbeiten mit Kindern für schwierig: Wir können Kinder kaum mit Erfolg ermuntern, sich gegen Erwachsene zu wehren, und ihnen von der Wichtigkeit ihrer Gefühle erzählen, wenn ihre tagtäglich erlebte Realität ihnen das genaue Gegenteil beibringt. Hier müssen Eltern und andere Erwachsene, die mit der Erziehung von Kindern betraut sind, auf ihre Verantwortung hingewiesen werden.

Auch bei der Betrachtung verbreiteter Präventionsprogramme kann man sich gelegentlich nicht des Eindrucks erwehren, daß häufig mit Kindern als Zielgruppe gearbeitet wird, weil dies das scheinbar Naheliegende ist (Kinder als Opfer sexuellen Mißbrauchs) und auch weil Kinder vor allem durch Institutionen (Schule, Kindergarten) am leichtesten erreichbar und verfügbar sind. Wir dürfen Kinder nicht in Umkehrung der Verantwortung in die Lage bringen, daß sie für die Verhinderung sexueller Übergriffe von Erwachsenen verantwortlich sind. Nach dem Motto: Hättest du ordentlich Nein gesagt, wäre das alles nicht passiert ...

Daher wurden Eltern konsequent stärker in das Projekt eingebunden als deren Kinder. Damit wollten wir unter anderem den Eindruck bei den Eltern vermeiden, wir würden ihre Kinder präventiv »behandeln«, so daß die Eltern ihrer Verantwortung diesbezüglich enthoben wären. Kinder sollen in ihren sozialen Fertigkeiten unterstützt und gefördert werden und lernen, eigene Interessen zu vertreten und Unerwünschtes abzulehnen. *Die Verhinderung sexuellen Mißbrauchs ist die Aufgabe Erwachsener.*

Die von uns entwickelte Veranstaltungsreihe umfaßt fünf Veranstaltungen: Drei Elternabende und zwei Kindernachmittage für Kinder im Grundschulalter. Die Veranstaltungen bauen jeweils aufeinander auf.

Die ersten beiden Elternveranstaltungen sind den Kindernachmittagen vorgeordnet, und der letzte Elternabend bildet den Abschluß der Veranstaltungsreihe (vgl. Abbildung 2). Die Veranstaltungen finden in wöchentlichen Abständen statt. Für alle Veranstaltungen stehen drei Trainerinnen (im Idealfall ein gemischtgeschlechtliches Team) zur Verfügung. Es ist den Eltern möglich, an den Veranstaltungen teilzunehmen, ohne daß das eigene Kind teilnehmen muß; eine Teilnahme des Kindes ohne die Teilnahme der Eltern oder eines Elternteils wird von uns ausgeschlossen.

Um Veränderungen des Wissens sowie von Einstellungen durch die Veranstaltungen feststellen zu können, wurden die teilnehmenden Eltern gebeten, vor und nach der Veranstaltungsreihe einen Fragebogen auszufüllen. Der Fragebogen deckte sich weitgehend mit dem bereits verwendeten Fragebogen; allerdings wurden zusätzlich Einstellungen zu Erziehungshaltungen erfaßt. Die teilnehmenden Kinder wurden lediglich nachbefragt.

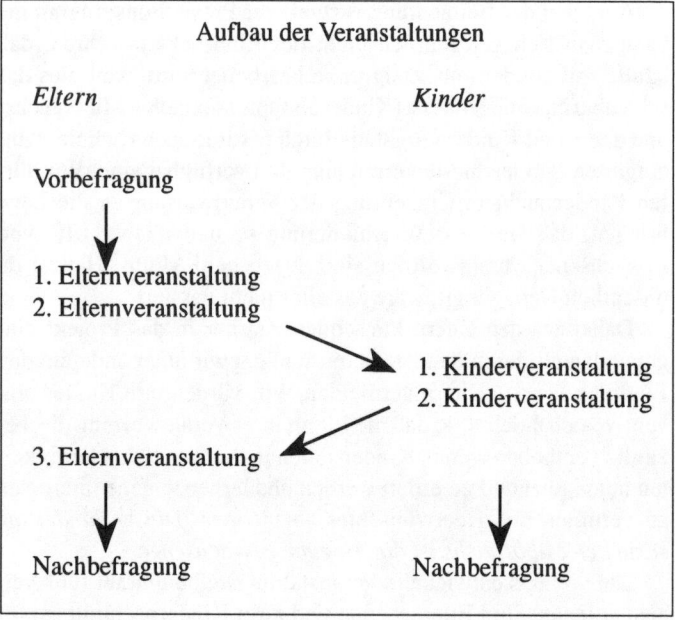

Aufbau der Veranstaltungen

*Eltern*                                    *Kinder*

Vorbefragung

1. Elternveranstaltung
2. Elternveranstaltung

                                    1. Kinderveranstaltung
                                    2. Kinderveranstaltung

3. Elternveranstaltung

Nachbefragung                       Nachbefragung

*Abbildung 2*

Da wir die Eltern möglichst umfassend erreichen wollen, ist unser Ziel, verschiedene Ebenen im Lauf der Veranstaltungen anzusprechen:

a. die kognitive,
b. die emotionale
c. und die Verhaltensebene.

Wissensvermittlung allein scheint uns ein zu begrenztes Vorgehen, dessen Effektivität bereits häufiger in Frage gestellt worden ist.

Zur *kognitiven* Ebene gehört die Vermittlung von Wissen über sexuellen Mißbrauch. Gefühle (*emotionale* Ebene), die mit sexuellem Mißbrauch zusammenhängen, wie Ohnmacht oder Angst, sollen aufgegriffen und besprochen werden. Auf der *Verhaltensebene* soll den Eltern der Umgang mit dem Thema »sexueller Mißbrauch« gegenüber ihren Kindern aufgezeigt und möglichst viele konkrete präventive Anregungen gegeben werden.

254

Ein weiteres Anliegen der Veranstaltungen ist es, den Eltern die Möglichkeit zur Diskussion und zum Austausch über sexuellen Mißbrauch zu bieten. Ich halte das für besonders wichtig, weil gerade sexueller Mißbrauch ein immer noch stark tabuisiertes Thema ist. Ein Erfahrungs- und Meinungsaustausch ermöglicht es, *Wege des Sprechens über sexuellen Mißbrauch* zu eröffnen.

Die Eltern- und Kinderveranstaltungen

Im folgenden möchte ich die wesentlichen Inhalte der Veranstaltungen (vgl. Übersichten 2 und 3) und unsere Erfahrungen damit vorstellen. Hierbei beziehe ich mich auf 124 Eltern, deren Teilnah-

*Übersicht 2*

Elternveranstaltungen

1. Veranstaltung

Wissensvermittlung über sexuellen Mißbrauch
Sensibilisierung für die Thematik
Signale sexuellen Mißbrauchs
Grundsätze der Krisenintervention

2. Veranstaltung

Erlebnisweise des Kindes
Diskussion »traditioneller« Prävention
Vermittlung sinnvoller präventiver Ansätze
Gespräch über sexuellen Mißbrauch mit dem Kind
Vorstellung begleitender Materialien
Vorstellung der Kinderveranstaltungen

3. Veranstaltung

Erfahrungsaustausch der Eltern
Reflexion der Kinderveranstaltungen
Auf Wunsch: Mehr Informationen zu bestimmten Themen
Individuelle Fragen und Beratung

me an den Veranstaltungen wissenschaftlich begleitet wurde (Tonbandprotokolle, Fragebogen).

Ein Schwerpunkt des *1. Elternabends* lag in der Wissensvermittlung über sexuellen Mißbrauch. Eltern brauchen fundierte Informationen, um die Ernsthaftigkeit des Problems zu erkennen und einschätzen zu können. Schritte zur Krisenintervention und Prävention lassen sich dann einleiten, wenn den Eltern klar ist, was die spezifischen Komponenten sexuellen Mißbrauchs sind. Obwohl wir im Interview und im Fragebogen ein eher realistisches Bild von sexuellem Mißbrauch fanden, können wir nicht »automatisch« von einer ausreichenden Wissensbasis aller Eltern ausgehen.

Das Gespräch über die Problematik sexuellen Mißbrauchs löste in den verschiedenen Elterngruppen eine große Bandbreite von Reaktionen aus, die fast geschlechtstypisch zuzuordnen war: Männer fragten in der Regel häufig und vertieft nach Forschungsmethoden, die solche Aussagen ermöglichen; gelegentlich wurden von Männern gezielt (?) destruktive Einwürfe gebracht (»Wieso soll eigentlich sexueller Kontakt schädlich sein?« – »Das sind für mich keine Fakten; Gerichtsurteile sind für mich Fakten«). Frauen erfragten eher Anzeichen für sexuellen Mißbrauch, das besondere Gefährdungsalter der Kinder und so weiter und berichteten zum Teil von eigenen Mißbrauchserfahrungen oder den Mißbrauchserfahrungen von Bekannten.

Heftig und kontrovers wurde meist beim Schwerpunkt Bekannte und Verwandte als Täter diskutiert. Hier war ebenfalls häufig (ähnlich den Befragungen) der Standpunkt vertreten: Täter sind zwar Verwandte und Bekannte, aber die der anderen, nicht meine Verwandten und Bekannten.

Beispiele aus der Arbeit mit sexuellem Mißbrauch und Textpassagen aus teils autobiographischen Büchern (z.B. Dirks 1986; Moggach 1985) vertieften den Einblick emotional. Dieses emotionale Erleben wurde von den Eltern durchweg gut aufgenommen und in keinem Fall in Frage gestellt.

Ein weiterer Teil des ersten Abends wurde zur *Krisenintervention* gestaltet. Ziel war es, die Eltern in den Stand zu versetzen, Anzeichen sexuellen Mißbrauchs wahrnehmen und angemessen reagieren zu können. Neben einigen konkreten Verhaltensanweisungen im Krisenfall bekamen die Eltern Informationen über verschiedene

Anlaufstellen. Bei der Krisenintervention zeigte sich oft eine Vermischung der elterlichen mit beruflichen Interessen: Einige Eltern fragten nicht mehr als Eltern, sondern zum Beispiel als Sonderschullehrer, der bezüglich einer Schülerin den Verdacht auf sexuellen Mißbrauch hat. Es wurde deutlich, daß ein großer Informationsbedarf über sexuellen Mißbrauch auch für diejenigen besteht, die beruflich damit konfrontiert sind. Dieser Bedarf konnte natürlich im Rahmen der Veranstaltungen nicht abgedeckt werden. Häufiger trafen wir auf die Erwartung, in einer Art »Stufenplan« detaillierte Handlungsschritte angewiesen zu bekommen. Da kriseninterventorische Schritte nur teilweise schematisch ablaufen können und ein großer Teil individuell angepaßt werden muß, konnten diese Erwartungen auch nur zum Teil erfüllt werden.

Für individuelle Beratung und Fragen standen die Trainerinnen nach Abschluß der Veranstaltung zur Verfügung; dieses Angebot nutzten vor allem selbst mißbrauchte Mütter und Berufstätige, die in ihrer Arbeit mit sexuellem Mißbrauch konfrontiert waren.

Der 2. *Elternabend* war den präventiven Möglichkeiten vorbehalten. Um sinnvolle Prävention verständlich zu machen, wurde den Eltern zunächst das Erleben von Kindern, das sich von dem Erwachsener unterscheidet, verdeutlicht. Ansätze »traditioneller« Prävention (wie z.B. die Warnung vor Fremden, die Kinder mit Süßigkeiten locken) wurden thematisiert und deren Sinnlosigkeit in bezug auf sexuellen Mißbrauch aufgezeigt. Diese Sinnlosigkeit war den meisten Eltern schnell plausibel; eine gewisse Ratlosigkeit herrschte darüber, wie sinnvolle Prävention aussehen kann.

In einem weiteren Schritt wurden also *angemessene Strategien zur Prävention* verdeutlicht. Dabei sollte den Eltern klar werden, daß sinnvolle Prävention keine punktuelle Angelegenheit ist (wie etwa eine »Impfung«), sondern im Grunde eine bestimmte *Erziehungshaltung* (BRAUN 1989) widerspiegelt. Eine solche Erziehungshaltung schließt folgende Aspekte mit ein:
- keine unbedingte Gehorsamserziehung,
- genügend Aufmerksamkeit und Zuwendung,
- gute Sexualaufklärung,
- keine geschlechtsspezifische Erziehung,
- sich auf Gefühle verlassen und danach handeln,
- Grenzen setzen und Nein sagen,
- selbstbestimmter Körperkontakt.

Diese präventiven Aspekte und Erziehungshaltungen sind unmittelbar plausibel; zu prüfen bleibt deren Wirksamkeit.

Da Eltern bei den genannten Punkten möglichst konkrete Anregungen zur Umsetzung brauchen, wurden Kinderbücher zu den einzelnen Aspekten vorgestellt. Hierzu lassen sich eine ganze Reihe Kinderbücher finden; wichtig ist nach unserer Erfahrung, daß die vermittelten Botschaften widerspruchsfrei sind und Text und Bild auf ähnlich konkretem Niveau (Negatives Beispiel: MEBES UND SANDROCK 1988; positives Beispiel: ALIKI 1987).

Häufig waren die Eltern erleichtert, daß Prävention auch schöne Aspekte haben kann. Zu den einzelnen Punkten waren bei den Eltern durchaus verschiedene Meinungen anzutreffen. Einige präventive Ideen waren den Eltern unmittelbar einsichtig, wie zum Beispiel genügend Aufmerksamkeit und Zuwendung oder eine gute Sexualaufklärung; manchen Eltern schienen bestimmte Aspekte fast schon zu selbstverständlich, als daß man noch darüber reden müßte (z.B. keine geschlechtsspezifische Erziehung), was in der Diskussion jedoch häufig revidiert wurde; Wunschvorstellungen der Eltern und tatsächliches Verhalten standen hierbei im Mittelpunkt.

Zum Aspekt des selbstbestimmten Körperkontakts wurde von zwei Trainerinnen ein modellhaftes Gespräch mit dem Kind gezeigt, das von den Eltern gut angenommen wurde. Einige Eltern berichteten gerade in bezug auf das körperliche Selbstbestimmungsrecht von oft heftigen Konflikten (meist mit den eigenen Eltern), wenn sie versuchten, ihr Kind hier zu unterstützen (Beispiel Großmutter: »Wenn deine Mami und du das nicht wollen, dann ist die Oma sehr traurig; Geschenke gibt's dann auch keine mehr«). Gelegentlich hatten Eltern auch eine sehr eingeschränkte Vorstellung, wer über die Form und den Zeitpunkt von Körperkontakt bestimmt (Beispiel Vater: »Wenn das Kind nicht will, dann wird es halt zwangsbeschmust«).

Ein kleiner, aber wichtiger Baustein in der Prävention ist das *Gespräch über sexuellen Mißbrauch mit dem Kind*. Kinder brauchen Informationen über sexuellen Mißbrauch, um Mißbrauchs-Situationen als solche erkennen zu können. Außerdem dient ein solches Gespräch dem Kind als Signal dafür, daß den Eltern diese Problematik bekannt ist und daß darüber gesprochen werden kann. Wir besprachen mit den Eltern, wie und zu welchem Zeitpunkt

Eltern mit ihrem Kind darüber reden sollten. Ein modellhaftes Gespräch wurde wiederum von zwei Trainerinnen im Rollenspiel aufgezeigt. Hier wurden wesentliche Informationen über sexuellen Mißbrauch in möglichst undramatischer Form dargestellt. Betont wurde, daß dem Kind vermittelt werden sollte, daß man ihm glaubt und daß der sexuelle Mißbrauch nicht die Schuld des Kindes ist, ganz gleich, wie es in die Situation geraten ist. Dieses Modell-Gespräch wurde unterschiedlich aufgenommen: Einige der Eltern waren der Meinung, gute Anregungen für die Umsetzung bekommen zu haben; es konnten jedoch nicht immer alle Bedenken der Eltern ausgeräumt werden.

Anschließend wurden kurz die wesentlichen Inhalte der Kinderveranstaltungen besprochen. Zum Abschluß der Veranstaltung konnten die Eltern an einem Büchertisch mit einer breiten Palette von Fachbüchern (z.B. BASS UND DAVIS 1990; ENDERS 1990; GUTJAHR UND SCHRADER 1988), Romanen (z.B. DIRKS 1986; FRASER 1990), Elternratgebern (ADAMS UND FAY 1989; CLEMES UND BEAN 1991), Romanen für Jugendliche (z.B. STEENFATT 1986; TALBERT 1989) und Kinderbüchern (z.B. ALIKI 1987; BRAUN UND WOLTERS 1991; COLE 1986; FAGERSTRÖM UND HANSSON 1979; HERRATH UND SIELERT 1991) in Ruhe »stöbern«.

Die *Kindernachmittage* fanden zwischen der zweiten und dritten Elternveranstaltung statt und hatten jeweils eine Dauer von zwei Stunden. Sie basieren auf den in den Elternveranstaltungen vorgestellten Präventionsansätzen. Die verschiedenen Aspekte können innerhalb der Veranstaltungen zwar aufgegriffen und dargestellt werden, eine erschöpfende Aufarbeitung ist jedoch weder durchführbar noch geplant. Die Eltern wurden daher deutlich darauf hingewiesen, daß eine Weiterführung der präventiven Ideen in ihrer Verantwortung liegt. Bevor ich die Inhalte der Kinderveranstaltungen konkretisiere, möchte ich noch einige Gedanken zur präventiven Arbeit mit Kindern voranstellen:

Kinder müssen ihrem Entwicklungsstand und ihren Möglichkeiten entsprechend behandelt und unterstützt werden. Sie sollen Vorbilder (Modelle) für bestimmte Verhaltensweisen, wie etwa unerwünschten Körperkontakt abzulehnen, bekommen. Die Präventionsveranstaltungen sollen nicht in eine Art Leistungsstreß für Kinder ausarten, sondern sie in ihren Fertigkeiten unterstützen. Deshalb braucht auch die Besprechung der Probleme bei der

Umsetzung (z.B. warum es manchmal schwierig oder unmöglich ist, zu Erwachsenen »Nein« zu sagen) einen breiten Raum.

Bei der didaktischen Aufbereitung war es uns wichtig, die jeweiligen Inhalte möglichst spielerisch zu vermitteln und flexibel auf Gruppenbedürfnisse einzugehen. Die Themen wurden mit unterschiedlichen didaktischen Mitteln umgesetzt, wie Rollenspiele, Malen, Handpuppen, Vorlesen, um die Nachmittage möglichst abwechslungsreich zu gestalten. Die Kinder wurden zu einem hohen Grad aktiv in die Veranstaltungen eingebunden.

In der *1. Kinderveranstaltung* ging es nach dem Kennenlernen zunächst um Gefühle. Dazu wurden den Kindern Abbildungen von Mädchen und Jungen gezeigt, die jeweils verschiedene Gefühle zum Ausdruck brachten. Die dargestellten Gefühle waren: Freude, Traurigkeit, Angst, Scham, Wut und Stolz/Selbstvertrauen.

Die Kinder wurden gefragt, was das abgebildete Kind wohl erlebt hat und ob sie selbst auch schon einmal dieses Gefühl hatten. Es zeigte sich, daß die Gefühlsbilder meist schnell und richtig identifiziert wurden. Die Kinder erzählten ohne viel Zögern von ihren Erlebnissen und die Besprechung der positiven Gefühle

*Übersicht 3*

Kinderveranstaltungen

1. Veranstaltung

Kennenlernen
Über Gefühle sprechen
Körperliche Selbstbestimmung
Unerwünschten Körperkontakt zurückweisen
Nein sagen

2. Veranstaltung

gute/schlechte Geheimnisse
sich Hilfe holen/sich wehren
der eigene Körper und Sexualität
Informationen über sexuellen Mißbrauch
Nein sagen/schreien

verlief erwartungsgemäß problemlos. Bei schwierigen oder negativen Gefühlen zeigte sich, daß sich nur ein Teil der Kinder damit an jemanden, meist die Eltern, wendet. Manche Kinder berichteten davon, mit Gefühlen wie Traurigkeit, Angst und Scham aus verschiedenen Gründen allein zu bleiben (»Wenn ich traurig bin, gehe ich ins Bett«; »... dann erzähle ich es nur meinem Stofftier«). Es zeigte sich, daß insbesondere Scham ein Gefühl ist, mit dem Kinder nur schwer umgehen können. Zum einen war es für manche Kinder (besonders die jüngeren) schwierig, dieses Gefühl richtig zu identifizieren, und zum anderen hatten Kinder häufiger Angst, ausgelacht oder bestraft zu werden, wenn sie jemandem davon erzählen.

Als nächster Schwerpunkt des ersten Nachmittags wurde von zwei Trainerinnen ein Rollenspiel zu *unerwünschten Berührungen* gezeigt. In dem Rollenspiel geht es um eine Tante, die ihre Nichte drückt und in einer dem Mädchen unangenehmen Art anfaßt. Anhand des Rollenspiels wurde mit den Kindern die Thematik unerwünschten Körperkontakts besprochen. Ihnen wurde das Recht auf körperliche Selbstbestimmung und die Möglichkeit, Grenzen zu setzen, vermittelt. In einem weiteren Rollenspiel wurde eine modellhafte Lösung aufgezeigt. Im Anschluß daran hatten die Kinder die Möglichkeit, sich selbst am Rollenspiel zu beteiligen und das Nein-Sagen direkt auszuprobieren.

Es war sichtbar, daß die Kinder die Rollenspiele immer mit großer Aufmerksamkeit verfolgten. Häufiger griffen sie – gemäß unserer Konzeption – durch Fragen, Kommentare und Einwürfe in das Rollenspiel ein. Diese Beiträge wurden integriert. Die Besprechung des Rollenspiels zeigte, daß den Kindern das »Betatschtwerden« aus eigener Erfahrung gut bekannt war. Die ersten Vorschläge zur Lösung des Problems waren oft gewalttätig (»Die Tante ins Klo stopfen«; »Ihr eine scheuern«) oder für das Kind selbst einschränkend (»das Kind soll sich verstecken, wenn die Tante kommt«), doch alle Gruppen kamen schließlich zu dem Schluß, daß das Kind »Nein« zur Erwachsenen sagen muß. Die Kinder waren von der Lösung, »Nein« zu sagen, begeistert; dieses Nein-sagen wurde auch in der Nachbefragung häufig als Schlüsselerlebnis genannt. Es waren deutliche Unterschiede im aktiven Engagement der Kinder zu bemerken: Während einige wiederholt Beiträge lieferten und gleich zum Rollenspiel bereit waren, beobachteten andere eher still; nachdem sie einige Durchläufe gesehen hatten, waren die meisten Kinder zur Teilnahme am Rollenspiel bereit. Viele Kinder waren gut zu ihrem »Nein« in der Lage; andere mußten eher dazu ermuntert werden. Häufig waren die Kinder hinterher stolz, Nein gesagt zu haben. Manchmal gab es auch Einwände gegen das Nein-sagen. Dabei erzählten die Kinder, Angst vor den Erwachsenen zu haben. Manche Kinder meinten auch, es fehle ihnen einfach die Übung darin. Die Probleme beim Nein-sagen zu Erwachsenen wurden besprochen und als Alternative dazu erarbeitet, daß Kinder es weitererzählen sollen, wenn sie jemand auf unangenehme Weise berührt oder sich über sie hinwegsetzt und sie sich nicht dagegen wehren können.

Als Abschluß des Nachmittags bekamen die Kinder eine Geschichte zum Nein-Sagen (Braun 1992) vorgelesen, die sie mit großer Spannung verfolgten. Zuletzt konnten die Kinder ausprobieren, Nein zu schreien. Hier zeigte sich, daß die Mädchen von den Jungen dominiert wurden; erst nach gezielter Ermunterung waren die Mädchen in der Lage, ähnlich laut zu schreien wie die Jungen.

Am 2. *Kindernachmittag* wurden den Kindern zwei verschiedene Rollenspiele zur Unterscheidung von guten und schlechten Geheimnissen gezeigt. Im einen Rollenspiel geht es um ein Geburtstagsgeschenk für die Mutter, im anderen Fall nimmt ein älteres Schulkind einem Kind aus der ersten Klasse seine Süßigkeiten ab; beide Male soll das Kind nichts verraten. Die grundlegenden Unterscheidungsmerkmale zwischen den hier aufgezeigten guten und schlechten Geheimnissen wurden besprochen. Dabei zeigte sich, daß vor allem den jüngeren Kindern die Unterscheidung häufiger Probleme bereitete.

Das Rollenspiel der zwei Schulkinder wurde weiter ausgearbeitet. Die Trainerinnen verdeutlichten den Kindern, daß das Nein-sagen in diesem Fall nichts genützt hatte; gemeinsam mit den Kindern wurden die Alternativen »Hilfe holen« und »Weitererzählen« erschlossen. Beim erneuten Aufgreifen des Rollenspiels wurden die Kinder mit in das Geschehen einbezogen: Sie unterstützten das Kind (Trainerin) bei der Abwehr des großen Schulkindes. Durch das gemeinschaftliche Auftreten war es allen Kindern möglich, am Rollenspiel teilzunehmen und die Erfahrung gemeinsamer Stärke und Unterstützung zu machen.

Ein neuer Themenkreis wurde damit begonnen, daß die Kinder

paarweise (nach Geschlechtern getrennt) zusammengingen und gegenseitig ihre Körperumrisse zeichneten. Dies war der Ausgangspunkt für das anschließende Gespräch über den Körper, Nacktheit, Genitalien und andere intime Dinge. Ziel war es, den Kindern einen positiven Umgang damit zu vermitteln. Sie sollten auch ein Modell für das Sprechen über Nacktheit, Genitalien und so weiter bekommen.

Das gegenseitige Malen machte den Kindern viel Spaß. Insgesamt unterschieden sich die einzelnen Gruppen stark im Umgang mit den »intimen Themen«; vor allem einer Gruppe mit 9- bis 10jährigen war es eher peinlich, während andere Gruppen oft unter lautstarken Kommentaren und großem Gelächter zugange waren. Die Kinder hatten ganz klare Vorstellungen davon, welche Körperteile von vielen Menschen berührt werden (können) und welche eher privat sind.

Ein kleiner Teil dieses Nachmittags war dem Thema *Sexueller Mißbrauch* gewidmet. Anhand von (im Projektteam entworfenen) Plakaten, auf denen ein nackter Junge und ein nacktes Mädchen abgebildet waren, wurde nochmals das »Anfassen« aufgegriffen. Die Trainerinnen verdeutlichten, daß es verschieden sensible Bereiche für Berührungen gibt. Von hier aus wurde zur Thematik des sexuellen Mißbrauchs übergeleitet. Ziel des Gesprächs war es, den Kindern die elementarsten Informationen über sexuellen Mißbrauch zu geben und gleichzeitig sollten die Kinder ein Modell aufgezeigt bekommen, daß und wie man über sexuellen Mißbrauch reden kann.

Das Gespräch über sexuellen Mißbrauch wurde von den Kindern unterschiedlich aufgenommen. Meist waren ein paar Kinder dabei, die etwas unruhig wurden, andere waren eher gespannt. Es zeigte sich außerdem, daß einige Kinder bereits ein Vorwissen über sexuellen Mißbrauch hatten; dies bezog sich jedoch eher auf das Klischeebild sexuellen Mißbrauchs (z.B. »Kinderfänger«). Einige Kinder berichteten auch von Exhibitionisten, die sich ihnen gezeigt hatten. Als Abwehrmöglichkeiten für sexuelle Übergriffe nannten einige Kinder spontan sich körperlich oder verbal zu wehren (»Den hau ich drauf«; »Zu dem sag ich: Hör auf!«). Der angebotenen Lösung, solche Begebenheiten Erwachsenen weiterzuerzählen, standen doch einige Kinder kritisch gegenüber, weil sie fürchteten, daß ihnen »so was« nicht geglaubt würde.

Den Abschluß des zweiten Nachmittags bildete das nochmalige Nein-schreien in der Gruppe, ein abrundendes Spiel zum Ausklang (Bewegungsspiel mit großer Folie) und der gemeinsame Rückblick auf die beiden Nachmittage.

Der *3. Elternabend* fand nach den gerade beschriebenen Kinderveranstaltungen statt und wurde flexibel nach den Bedürfnissen der Eltern ausgerichtet. Die Eltern konnten sich nach eigener Wahl Themen zum sexuellen Mißbrauch herausgreifen. Die meisten Eltern wünschten sich einen Bericht über die Kindernachmittage; hier wurde jedoch stets nur über den Gesamtverlauf und nicht über einzelne Kinder gesprochen. Die Eltern erzählten häufig, daß ihren Kindern die Teilnahme großen Spaß gemacht hatte; daher hatten sie auch im Nachhinein keinerlei Bedenken gegen diese Teilnahme. Negative Auswirkungen berichteten die Eltern nicht.

Manchmal waren die Eltern beunruhigt über einzelne Aspekte, die sie selbst anders eingeschätzt hatten: So war der Tenor der Eltern häufig »Mein Kind kann mit allem zu mir kommen«; dem stand manche gegenteilige Aussage der Kinder gegenüber (»Wenn ich traurig bin, erzähle ich das höchstens meinem Stofftier«). Einige Eltern dachten laut darüber nach, inwieweit ihr Wunschdenken über die Beziehung zum Kind mit der Wirklichkeit übereinstimmt.

Nachbefragung der Eltern und Kinder

Etwa vierzehn Tage nach den Veranstaltungen fand die *Nachbefragung* der Eltern (Fragebogen) und Kinder (Interview) statt. Aufgrund der relativ kleinen Stichprobe lassen sich hier nur Trends feststellen.

Die Nachbefragung der Kinder erwies sich als sinnvolles Vorgehen, neben der Befragung einzelne Aspekte mit den Kindern individuell nachzubereiten. Die Kinder äußerten sich durchgängig positiv über die Veranstaltungen; besonders das Rollenspiel mit dem Nein-sagen wurde hervorgehoben; es zeigten sich keine kritischen Punkte. Zum sexuellen Mißbrauch nannten die Kinder vor allem die Strategie des Weitererzählens.

Die Eltern beurteilten die Veranstaltungen größtenteils als positiv. Viele Eltern fanden es gut, daß endlich etwas in Richtung

Elternaufklärung unternommen wurde und fühlten sich der Thematik besser gewachsen als zuvor. Ein Trend zur Einstellungsänderung ließ sich in folgenden Bereichen feststellen:

- Die Gefühle ihrer Kinder wurden von mehr Eltern als handlungsleitend betrachtet als zuvor;
- das Selbstbewußtsein von Kindern wurde wichtiger genommen;
- die körperliche Selbstbestimmung von Kindern wurde ernster genommen als zuvor.

Bei den präventiven Leitideen verlor das »Mißtrauen gegenüber Erwachsenen« gravierend an Bedeutung und auch einschränkende und kontrollierende Präventionsmaßnahmen. Einige Eltern, die bislang nicht über sexuelle Ausbeutung mit ihren Kindern gesprochen hatten, begannen während der Veranstaltungsreihe damit. Es zeigte sich, daß der von uns häufig festgestellte »Bruch« zwischen dem Wissen der Eltern und der Umsetzung von Präventionsideen jetzt sehr viel weniger aufzufinden war.

Rückblickend wurde von den Eltern die Wichtigkeit des Erfahrungs- und Meinungsaustauschs untereinander besonders betont. Viele Eltern fanden die praktischen Hinweise zur Umsetzung (Kinderbücher, Rollenspiele) gut; systematische negative Kritik gab es nicht.


Kritische Reflexion der Veranstaltungen

Die von uns konzipierten Veranstaltungen werfen – neben einigen Lösungsmöglichkeiten, die sie zeigen – eine Reihe von Fragen und bislang nicht gelösten Problemen auf.

Unsere Veranstaltungen wurden an selektiven, kleinen Eltern- und Kindergruppen durchgeführt. Es bleibt unklar, wie die Eltern zu erreichen sind, die sich nicht für die Thematik interessieren. Dem Argument, man erreiche mit solchen Veranstaltungen sowieso nur Eltern, »die es gar nicht nötig hätten zu kommen« bleibt entgegenzuhalten, daß

- viele Eltern Informationslücken bezüglich der Thematik hatten; insbesondere zeigten sich Lücken bei der Umsetzung von Präventionsideen;
- die Kinder engagierter Eltern nicht automatisch von der Möglichkeit, sexuell mißbraucht zu werden, ausgeschlossen sind;

– Eltern nicht nur als Eltern, sondern auch als Onkel, Tante oder Bekannte anderer Familien anwesend sind; sie sind somit Multiplikatoren.

Wir gehen darüber hinaus davon aus, daß durch das offene Besprechen sexueller Gewalt das Thema mehr und mehr enttabuisiert wird: (Potentielle) Mißbraucher können dann nicht länger vom Schweigen über sexuellen Mißbrauch profitieren.

Die oben genannten Aussagen über positive Veränderungen durch den Besuch der Veranstaltungen müssen relativ gesehen werden: Es waren nicht alle Eltern bereit, Vor- und Nachfragebogen zur Erfassung von Veränderungen auszufüllen. Zu fragen bleibt auch, ob die festgestellten Einstellungs- und Wissensveränderungen tatsächlich zu einem veränderten *Umgang* der Eltern mit ihren Kindern führt. Und schließlich: Bleiben die veränderten Einstellungen bestehen?

Die fünfteilige Veranstaltungsreihe hatte den Vorteil, relativ viel Zeit für einzelne Aspekte und individuelle Gruppenanpassung aufwenden zu können. Wir mußten jedoch auch hinnehmen, daß die Zahl der Teilnehmerinnen in der dritten Elternveranstaltung deutlich abnahm. Angemessene Präventionsarbeit bleibt wohl ein Balanceakt zwischen der Zumutbarkeit für Eltern (»Wissen Sie, als Eltern hat man so viele verschiedene Erziehungsaufgaben«) und der benötigten Zeit zur sorgfältigen Umsetzung.

Dringend erforderlich sind Überlegungen, wie Interessierte, die mit Eltern und Kindern arbeiten, in den Stand versetzt werden können, eine solche Veranstaltungsreihe durchzuführen. Darüber hinaus erscheint es uns sinnvoll, in gemischtgeschlechtlichen Teams zu arbeiten, was in unserem Projekt nicht der Fall war. Männer werden als positive Modelle im Umgang mit sexuellem Mißbrauch dringend benötigt.

Des weiteren haben wir als »externe« (nicht der veranstaltenden Einrichtung zugehörende) Trainerinnen nicht die Möglichkeit, Eltern und Kinder über einen längeren Zeitraum zu begleiten. Vor- und Nachteile des Einsatzes externer oder interner Trainerinnen müßten erfaßt werden.

Zuletzt noch ein Wort zur theoretischen Grundlage unserer präventiven Ideen: Wir gehen von lern- und entwicklungstheoretischen Ansätzen aus, integrierten Ideen des empowerments und fügten einen kreativen Schuß »plausibler« Präventionsideen hinzu, deren Wirksamkeit noch überprüft werden muß. Überlegungen, die sich zum Beispiel entwicklungspsychologisch ableiten lassen, wie Gruppenvariationen bei den Kindern nach Alter und Geschlecht, wurden bislang nur ansatzweise ausprobiert. Hier bleibt weiterhin ein großer Forschungsbedarf bestehen.

## Schlußfolgerungen

Mit dem Versuch, Antworten auf viele drängende Fragen zur Prävention von sexuellem Mißbrauch zu bekommen, sind wir auf immer neue Gedanken und Fragen gestoßen. Trotzdem hoffen wir, einige Umsetzungsmöglichkeiten und Anregungen mit unserer Arbeit geliefert zu haben.

– Die von uns konzipierten und durchgeführten Veranstaltungen sind für eine breite Zielgruppe von Eltern und Kindern (im Grundschulalter) gut anwendbar und hilfreich. Sie haben keine bestimmten Eingangsvoraussetzungen. Die durchgeführten Veranstaltungen zeigen eine Möglichkeit präventiver Arbeit. Weitere Differenzierungen müssen erprobt werden. Anzustreben ist ein ständiges Angebot solcher Veranstaltungen für Eltern und Kinder. Angebote für Kinder anderer Altersstufen müssen entwickelt werden.

– Die unbedingte Einbeziehung der Eltern in den präventiven Prozeß hat den Nachteil, daß Kinder, deren Eltern sich nicht engagiert um sie kümmern, von diesem Ansatz nicht berücksichtigt werden. Auch hier sind weitere Überlegungen dringend notwendig.

– Die vorgestellten Veranstaltungen sind für spezielle Zielgruppen, wie etwa Behindertengruppen, nur teilweise geeignet. Hier müssen modifizierte Konzeptionen für spezielle Bereiche erarbeitet werden.

– Dringend erforderlich ist die Einbeziehung der Thematik des sexuellen Mißbrauchs in die Ausbildung sozialer Berufe. Der Bedarf an Information und Handlungshilfen, wie etwa Supervision, ist in diesen Gruppen immens.

– Als letztes möchte ich mich an die männlichen Leser wenden: Was Sie hier gelesen haben, war im Grunde die Vorstellung eines »Frauenprojekts«: Die Männer fehlten bei den Interviews; von 20 Eltern, die sich freiwillig dazu gemeldet hatten, waren 19 Frauen. Die Männer fehlten bei den Fragebogen; nur 6,4% wurden allein von Vätern ausgefüllt. Die Männer fehlten in den Veranstaltungen; hier betrug das Verhältnis etwa 10:1. Auch bei uns im Team waren Männer unterrepräsentiert. Sexueller Mißbrauch an Kindern geht uns alle an, Frauen und Männer. Wir brauchen auch Männer in der Arbeit gegen sexuellen Mißbrauch. Bitte nehmen Sie Ihre Verantwortung diesbezüglich ernst.

# Literatur

ADAMS, C.; FAY, J. (1989): Ohne falsche Scham – Wie Sie Ihr Kind vor sexuellem Mißbrauch schützen können. Rowohlt, Reinbek.

ALIKI (1987): Gefühle sind wie Farben. Beltz und Gelberg, Weinheim/Basel.

BASS, E.; DAVIS, L. (1990): Trotz allem. Wege zur Selbstheilung sexuell mißbrauchter Frauen. Orlanda Frauenverlag, Berlin.

BRAUN, G. (1989): Ich sag Nein. Arbeitsmaterialien gegen den sexuellen Mißbrauch an Mädchen und Jungen. Die Schulpraxis, Mülheim.

BRAUN, G.; WOLTERS, D. (1992): Das große und das kleine Nein. Verlag an der Ruhr, Mülheim.

CLEMES, H.; BEAN, C. (1991): Selbstbewußte Kinder – Wie Eltern und Pädagogen dazu beitragen können. Rowohlt, Reinbek.

COLAO, F.; HOSANSKY, T.; McDONNELL, P. (1981): Children's creative safety programs. New York.

COLE, B. (1986): Prinzessin Pfiffigunde. Carlsen, Reinbek.

COLE, B. (1986): Prinz Pfifferling. Carlsen, Reinbek.

CONTE, J. R.; ROSEN, C.; SAPERSTEIN, L. (1986): An analysis of programs to prevent the sexual victimisation of children. Journal of Primary Prevention 6 (3): 141-155.

COOPER, S.; LUTTER, Y.; PHELPS, C. (1983): Strategies for free children – Child assault prevention project. Columbus.

DARO, D. (1991): Child sexual abuse prevention: Seperating fact from fiction. Child Abuse and Neglect 15: 1-4.

DIRKS, L. (1986): Die liebe Angst. Suhrkamp Verlag, Hamburg.

DUERR BERRICK, J. (1988): Parental involvement in child abuse prevention training: What do they learn? Child Abuse and Neglect 12: 543-553.

ENDERS, U. (Hg.) (1990): Zart war ich – bitter war's. Kölner Volksblatt Verlag, Köln.

FAGERSTRÖM, G.; HANSSON, G. (1979): Peter, Ida und Minimum. Otto Maier Verlag, Ravensburg.

FEY, E. (1990): Wie kann ich mein Kind vor sexuellem Mißbrauch schützen? Ein Elternabend im Kindergarten oder in der Schule. In: ENDERS, U. (Hg.) (1990), S. 265-271.

FINKELHOR, D. (1984): Child sexual abuse: New theory and research. Free Press, New York.

FRASER, S. (1990): Meines Vaters Haus. Fischer Taschenbuch Verlag, Frankfurt a.M.

FRYER, G. E.; KRAIZER, S.; MIYOSHI, T. (1987): Measuring actual reduction of risk to child abuse: A new approach. Child Abuse and Neglect 11: 173-179.

GILBERT, N.; DUERR BERRICK, J.; LEPROHN, N.; NYMAN, N. (1989): Protecting young children from sexual abuse: Does pre-school training work? Free Press, Lexington.

GUTJAHR, K.; SCHRADER, A. (1990): Sexueller Mädchenmißbrauch. Papy Rossa Verlag, Köln.

HERRATH, F.; SIELERT, U. (1991): Lisa und Jan. Ein Aufklärungsbuch für Kinder und ihre Eltern. Beltz Verlag, Weinheim/Basel.

MEBES, M.; SANDROCK, L. (1988): Kein Küßchen auf Kommando. Donna Vita, Berlin.

MILLER-PERRIN, C. L.; WURTELE, S. K. (1989): The child sexual abuse prevention movement: A critical analysis of primary and secondary approaches. Clinical Psychology Review 8: 313-329.

MITZLAFF, E. (1989): Prävention: Gespräche mit Eltern. Pro Familia Magazin: Sexualpädagogik und Familienplanung 2: 3-4.

MOGGACH, D. (1985). Rot vor Scham. Rowohlt, Reinbek.

REPPUCCI, N. D.; HAUGAARD, J. J. (1989): Prevention of child sexual abuse: Myth or reality. American Psychologist 44: 1266-1275.

STEENFATT, M. (1986): Nele – ein Mädchen ist nicht zu gebrauchen. Rowohlt, Reinbek.

TALBERT, M. (1989). Das Messer aus Papier. Anrich Verlag, Kevelaer.

THARINGER, D. J.; KRIVACSKA, J. J.; MCDONOUGH, M. L.; JAMISON, L.; VINCENT, G. G.; HEDLUND, A. D. (1988): Prevention of child sexual abuse: An analysis of issues, educational programs, and research findings. School Psychology Review 17 (4): 614-634.

WEHNERT-FRANKE, N.; RICHTER-APPELT, H.; GAENSLEN-JORDAN, C. (1992): Wie präventiv sind Präventionsprogramme zum sexuellen Mißbrauch von Kindern? Zeitschrift für Sexualforschung 5 (1): 41-55.

269

# Die Autorinnen und Autoren

ARNON BENTOVIM, geb. 1936, Kinderpsychiater, ist seit 1966 am Great-Ormond-Street-Krankenhaus in London tätig. Er ist Gründungsmitglied der »Association for Family Therapy« in Großbritannien sowie der »International Association of Child Abuse and Neglect«. Seit den sechziger Jahren engagiert er sich für die Entwicklung der Familientherapie in Großbritannien, und seit 1980 beschäftigt er sich mit der Entwicklung von Beratungsstellen für sexuell mißbrauchte Kinder. Dr. Bentovim ist Mitherausgeber von Büchern über Familientherapie und sexuellen Mißbrauch von Kindern. Zu diesen Themen hielt er zahlreiche Workshops und Seminare in Nordamerika, Australien, Asien und Europa.

KLAUS-JÜRGEN BRUDER, geb. 1941, Professor für Psychologie, lehrte von 1972 bis 1992 an der Universität Hannover, derzeit lehrt er an der Freien Universität Berlin. Er ist Klinischer Psychologe und Psychotherapeut (BDP) und arbeitet therapeutisch mit sexuell mißbrauchten Jungen und mißbrauchenden Erwachsenen im Rahmen der »Beratungsstelle für sexuell mißbrauchte Kinder und deren Familien – Kind im Zentrum«, Berlin. Zuletzt veröffentlichte er *Subjektivität und Postmoderne. Der Diskurs der Psychologie* (Suhrkamp-Verlag, 1993).

URSULA BUSS, geb. 1949, Diplom-Pädagogin, Lehrerin und Psychodrama-Assistentin, ist seit 1980 in der stationären Jugendhilfe tätig. 1990 begann sie die Leitung der ersten Kindergruppen nach dem Giarretto-Ansatz in Berlin, dessen Konzeption für die Arbeit mit sexuell mißbrauchten Kindern sie weiterentwickelte. Ursula Buss leitet Psychodrama-Märchenseminare für Erwachsene.

DAVID FINKELHOR, geb. 1947, Ph.D., Professor der Soziologie, Leiter des *Family Research Laboratory* und des *Family Violence Research Program* der Universität New Hampshire, U.S.A. Zu seinen Publikationen gehören Standardwerke wie das *Sourcebook on Child Sexual Abuse* (Sage, 1986). Seit 1977 widmet er sich der Erforschung der Bedingungen innerfamiliärer Gewalt. Hierzu veröffentlichte er *Stopping Family Violence* (Sage, 1988), *License to Rape* (Free Press, 1985) und *Child Sexual Abuse: New Theory and Research* (Free Press, 1984) sowie über zwei Dutzend Artikel. Seine Forschung wird vom *National Institute of Mental Health* und dem *National Center on Child Abuse and Neglect* gefördert.

HELGA HANKS, geb. 1939, MSc, Dipl.-Psych., ist Klinische Psychologin, Psychotherapeutin und Familientherapeutin mit den Schwerpunkten Mißbrauch und Mißhandlung von Kindern an der St. James' Universitätsklinik in Großbritannien. Sie ist Dozentin im Fachbereich Psychologie der Universität Leeds und Klinische Leiterin des Zentrums für Familientherapie und Forschung des selben Fachbereichs. Seit den siebziger Jahren arbeitet sie zu den Themen Mißbrauch und Mißhandlung mit Erwachsenen, Familien und Kindern, wodurch sie eine entwicklungsbezogene Perspektive gewann. Ihre Mitarbeit im pädiatrischen Team erweiterte das Verständnis der Zusammenhänge zwischen körperlichen Verletzungen und psychologischen Traumata. Zu den genannten Themen veröffentlichte sie zahlreiche Beiträge.

MATHIAS HIRSCH, geb. 1942, Dr. med., Facharzt für Psychiatrie, Psychoanalyse (DGPT). In Düsseldorf in psychoanalytischer Praxis niedergelassen, Dozent am Institut für Psychoanalyse und Psychotherapie Düsseldorf. Forschungsinteressen: Sexueller Mißbrauch in der Familie (»Realer Inzest«, Springer, Berlin, Heidelberg 1987, 3. Aufl. in Vorbereitung); Psychoanalyse des Körpers (Hrsg.: »Der eigene Körper als Objekt. Zur Psychodynamik selbstdestruktiven Körperagierens«, Springer, Berlin, Heidelberg 1989); weitere Veröffentlichungen u.a. zur Pathologie von Objektbeziehungen.

ANNE KNAPPE, geb. 1963, Diplom-Psychologin, arbeitet als wissenschaftliche Assistentin an der Universität Bamberg am Lehrstuhl für Psychologie I bei Prof. H. Selg und als Psychotherapeutin in freier Praxis. Besonderer Arbeitsschwerpunkt ist die sexuelle Gewalt gegen Kinder und gegen Frauen. Im Bereich der Prävention sexueller Mißhandlung leitete sie von 1990 bis 1992 ein Forschungsprojekt.

JACQUIE ROBERTS, geb. 1949, MA, MSc, CQSW, arbeitet derzeit als Group Manager in der Leitung von *Children and Family Services* des Amtes für Sozialarbeit von Dundee, Schottland. 1975 spezialisierte sie sich auf die praktische Arbeit, Lehre und Forschung zu den Themen Kindesmißhandlung und Vernachlässigung. Fünf Jahre leitete sie ebenfalls in Dundee die Kinderschutzabteilung der *Polepark* Familienberatungsstelle des Amtes für Sozialarbeit. Von hier aus koordinierte sie das Forschungsprojekt über sexuell mißbrauchte Kinder und Jugendliche. Sie veröffentlichte u.a. *Consequences of Child Abuse* (Academic Press, 1982, zusammen mit Margret Lynch).

JACQUI SARADJIAN, geb. 1952, MSc, ist Klinische Psychologin einer psychiatrischen Tagesklinik in Leeds, Großbritannien. Die überwiegende Mehrheit ihrer Klienten sind ehemalige Opfer sexuellen Mißbrauchs und/oder selbst Täter. Über einen Zeitraum von vier Jahren forschte sie über Frauen, die Kinder sexuell mißbrauchen. Sie ist Mitarbeiterin des *Leeds Familiy Therapy and Research Centre* der Universität Leeds.

OLIVER SCHUBBE, geb. 1962, Diplom-Psychologe, MA der Paar- und Familientherapie. Während der Ausbildung bei Satir, Framo und Boszormenyi-Nagy arbeitete er als Autovermieter und Heimerzieher. Er leitete die Öffentlichkeitsarbeit der *Normal Street Clinic,* San Diego, und richtete dort Therapiegruppen für Erwachsene ein, die sexuellen Mißbrauch erfahren hatten. In Escondido, Kalifornien, leitete er Kindergruppen des *Child Sexual Abuse Treatment Program;* und 1990 etablierte er zusammen mit Ursula Buss Gruppen dieser Art in Berlin. Er arbeitet als Institutionsberater mit Einrichtungen für Kinder und als Psychotherapeut in eigener Praxis.

NANCY STRAPKO, geb. 1952, Ph.D., ist Assistenz-Professorin am Plymouth State College, Plymouth, New Hampshire, U.S.A. Dr. Strapko arbeitete in einem klinischen Forschungsprojekt über menschliche Sexualität am Medizinischen Institut der Universität von Minnesota. Sie graduierte an der New York Universität. Dr. Strapko ist Mitautorin und Autorin zahlreicher Artikel und Buchbeiträge zum Thema menschlicher Sexualität.

CATHY TAYLOR, geb. 1954, MA, MSc, CQSW, arbeitet als wissenschaftliche Mitarbeiterin am Forschungszentrum für Sozialarbeit der Universität Stirling, Schottland. Nach sieben Jahren praktischer Sozialarbeit wechselte sie zum Forschungsprojekt über sexuell mißbrauchte Kinder und Jugendliche in Dundee. Derzeit bereitet sie ein Forschungsprojekt vor, in dem zahlreiche Aspekte der Kinderschutzarbeit Schottlands beleuchtet werden sollen.

ANDREW VACHSS, geb. 1944, arbeitete als Untersuchungsbeamter (verfolgte die Ansteckungsketten von Geschlechtskrankheiten, die ihn immer wieder zu Kindern führten) und leitete mehrere soziale Einrichtungen. Für Romane der *»Burke-Serie«* (deutsch bei Ullstein) erhielt er den französischen »Grand Prix de Littérature Policiére«, den »Deutschen Krimi-Preis« und den japanischen »Falcon Award«. Zu seinen wissenschaftlichen Arbeiten zählt *The Life-Style Violent Juvenile* (Lexington Books). *Shella,* ein Roman außerhalb der »Burke-Serie«, wird 1994 in Deutschland beim Eichborn Verlag erscheinen. Seit 15 Jahren leitet Andrew Vachss eine Rechtsanwaltspraxis in Manhattan, die ausschließlich Kinder und Jugendliche vertritt.